HANNE BAHRA   ANGELA LIEBICH

EINE KULINARISCHE ENTDECKUNGSREISE

Mecklenburg-Vorpommern

UMSCHAU

INHALT

KARTE

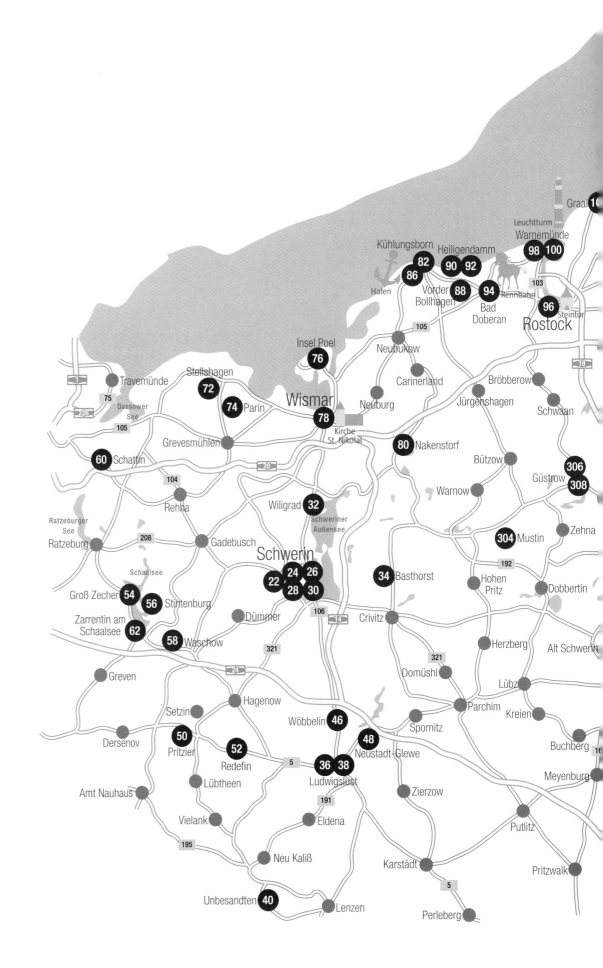

Graal 10

Leuchtturm
Warnemünde

Kühlungsborn Heiligendamm 98 100

82
86 90 92

Hafen Vorder
Bollhagen 88 94 Rennbahn 103

Bad
Doberan 96 Steintor

Rostock

Insel Poel Neubukow 105

76 19

Stellshagen Carinerland Bröbberow

Travemünde 72 Jürgenshagen

75 74 Parin Neuburg Schwaan

Dassower
See Wismar

105 78 Kirche
St. Nikolai 80 Nakenstorf Bützow

Grevesmühlen Güstrow 306

60 Schattin 20 Warnow 308

104 Zehna

Rehna Wiligrad 32 304 Mustin

Ratzeburger
See Schweriner
Außensee

Ratzeburg 208 Gadebusch Schwerin 192 Hohen
Pritz Dobbertin

34 Basthorst

Schaalsee 24 26
22 28 30 Alt Schwerin

Groß Zecher 54 106 Crivitz Herzberg

56 Stintenburg 14

Zarrentin am
Schaalsee 62 Dümmer Domüsl

58 Waschow 321 Lübz

Greven 24 Parchim Kreien

Setzin Hagenow Spornitz Buchberg

Dersenov 50 Wöbbelin 46 Meyenburg

Pritzier 52 48

Redefin 5 Neustadt-Glewe

Lübtheen 36 38 Zierzow

Amt Nauhaus Ludwigslust

Vielank 191 Putlitz

195 Eldena

Neu Kaliß Karstädt Pritzwalk

5

Unbesandten 40 Lenzen

Perleberg

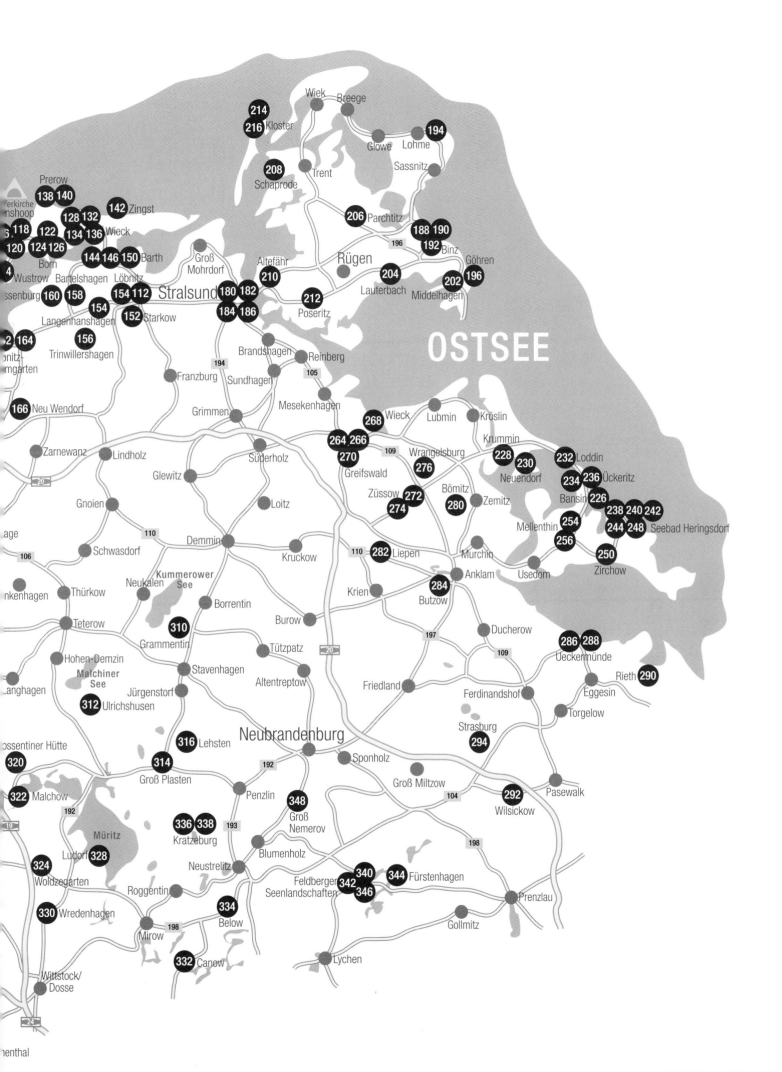

Wiek
Breege
214
216 Kloster
Glowe
Lohme
194
Sassnitz
Trent
208
Schaprode
Prerow
138 140
Parchtitz
206
ferkirche
188 190
nshoop
142 Zingst
192 Binz
6.118
128 132
Wieck
Göhren
122
134 136
Rügen
204
202 196
120
124 126
144 146 150 Barth
Groß
Mohrdorf
Altefähr
Lauterbach Middelhagen
Born
210
Wustrow
Bartelshagen Löbnitz
160 158
154 112 Stralsund
180 182
212
ssenburg
154
184 186
Poseritz
152 Starkow
Langenhanshagen
OSTSEE
2 164
156
Brandshagen
Reinberg
mgarten
Trinwillershagen
194
Franzburg
Sundhagen
105
166 Neu Wendorf
Grimmen
Mesekenhagen
268 Wieck
Lubmin
Kröslin
Zarnewanz
Lindholz
Krummin
264 266
228
232 Loddin
20
Glewitz
Süderholz
270
109 Wrangelsburg
230
234 236 Ückeritz
Greifswald
276
Neuendorf
Gnoien
Loitz
Züssow
272
Bömitz
Bansin 226
110
Demmin
274
280 Zemitz
238 240 242
Schwasdorf
Kruckow
Mellenthin
254
244 248 Seebad Heringsdorf
106
110 282 Liepen
256
age
Murchin
250
Kummerower
Anklam
Usedom Zirchow
See
284
nkenhagen Thürkow
Neukalen
Krien
Butzow
Teterow
Borrentin
Burow
197
Ducherow
310
Hohen-Demzin
Grammentin
Tützpatz
109
286 288
Malchiner
Stavenhagen
Altentreptow
Ueckermünde
Langhagen See
Friedland
Rieth 290
Jürgenstorf
Ferdinandshof
Eggesin
312 Ulrichshusen
Torgelow
Neubrandenburg
Strasburg
ossentiner Hütte
316 Lehsten
294
320
Sponholz
314
192
Groß Miltzow
292
Groß Plasten
Penzlin
Pasewalk
322 Malchow
104
Wilsickow
192
348
Müritz
336 338
Groß
193
Nemerov
324
Kratzeburg
Blumenholz
198
Ludorf 328
340
19
Neustrelitz
342
344 Fürstenhagen
Woldzegarten
Feldberger
346
Roggentin
Seenlandschaften
Prenzlau
330 Wredenhagen
334
198
Below
Gollmitz
Mirow
Lychen
332 Canow
Wittstock/
Dosse
24
nthal

VORWORT

Liebe Leserinnen und Leser,

der Titel dieses Buches verspricht Ihnen eine kulinarische Reise durch das wohl schönste Bundesland Deutschlands. Und schon der Titel macht hungrig. Warum schmeckt es so gut bei uns? Da ist die einmalige Naturkulisse genauso zu nennen wie die Landwirtschaft. Unser Land hat beste Voraussetzungen für die Herstellung von hochwertigen Lebensmitteln. Die Küche unseres Landes steht für das Anknüpfen an Traditionen und deftige Hausmannskost. Gerichte aus Mecklenburg-Vorpommern sind aber auch neue Kreationen und Kombinationen von Bekanntem mit dem Neuen. „Ländlich fein" kochen die Vertreter der gleichnamigen Initiative, die mir besonders am Herzen liegt. Einige Vertreter werden Sie mit ihren kulinarischen Besonderheiten auf den folgenden Seiten kennenlernen.

Leider ist unsere typisch norddeutsche Küche noch nicht so bekannt, wie sie es verdient hätte. Dies zu ändern, ist auch ein Anliegen dieses Buches.

Zahlreiche Spezialitäten- und Gourmetwochen laden bereits ein, Leckerbissen des Landes kennen zu lernen. Zwei Beispiele: Jeden März steht in der alten Hansestadt Wismar der Hering im Mittelpunkt und bei den „Usedomer Tüftentagen" wird besonders unsere Kartoffel gewürdigt.

Die Lage an der Ostsee macht Mecklenburg-Vorpommern zu einem Mekka für Fischliebhaber. Wo immer auch Spezialitäten des Landes präsentiert werden, geht es nicht ohne Fisch. Ob aus dem Meer oder dem klaren Wasser der über 2 000 Binnenseen – sie sind eine Delikatesse. Auf den Speisekarten erscheint Fisch in allen Variationen: frisch gebraten, geräuchert, eingelegt oder in Bierteig gebacken.

In der einmaligen Landschaft Mecklenburg-Vorpommerns hat sich ein großer und gesunder Wildbestand entwickelt. Das Wildbret wird immer beliebter, weil es ein besonders schmackhaftes und hochwertiges Lebensmittel ist. Bei den Landeswildtagen im Herbst in Ludwigslust darf probiert werden. Dort gibt es unterschiedlichste Wildprodukte von der Wildwurst bis zum Hirschfilet.

Höchste Qualitäten und höchster Genuss – dieses Credo der „Slow-Food-Bewegung" wünsche ich mir auch als Maßstab für unsere Spitzengastronomie. Mein Haus unterstützt verschiedene Initiativen, die es sich zum Ziel gesetzt haben, frische Lebensmittel aus dem Land zu vermarkten. Für den Verbraucher sollen Erzeugung, Verarbeitung und Vermarktung nachvollziehbar sein. Diese Nähe schafft Vertrauen zu unseren Produkten, zu unserer Land- und Ernährungswirtschaft.

Gehen Sie auf eine kulinarische Reise, lassen Sie sich zu Gaumenfreuden verführen. Probieren und erleben Sie mit jedem Bissen ein Stück Mecklenburg-Vorpommern.

Ihr
Dr. Till Backhaus
Minister für Landwirtschaft, Umwelt und Verbraucherschutz

SO SCHMECKT DER NORDEN

Mecklenburg-Vorpommern auf dem Weg zum Genussland

„Watt de Buer nicht kennt, dat itt hei nicht", ist ein geflügeltes mecklenburgisches Wort. Feinschmecker zwischen München und Hamburg zweifelten lange am guten Geschmack im Land der Tüften (Kartoffeln) und des Zanders. Doch allmählich hat es sich herumgesprochen: Die Küche hier ist viel besser als ihr Ruf. Feinschmecker aufgepasst: Inzwischen weist Mecklenburg-Vorpommern laut „Gerolsteiner Restaurant-Bestenliste" ostdeutschlandweit die meisten Edellokale auf. Insgesamt kann sich das Bundesland für 143 Spitzenrestaurants rühmen. Mit Michelin-Sternen schmücken sich sechs Gourmet-Restaurants – auch das ist ein Spitzenwert im Osten Deutschlands.

Man bedient sich hier mit Vorliebe ausgezeichneter regionaler Produkte. Dem Agrarland mangelt es nicht an frischem Fisch, Wild und Vieh. Manche Äcker werden nach Prinzipien des ökologischen Landbaus bestellt. Auch Milch und Honig von Ökobauern fließen in die Töpfe der hiesigen Küche. Obst, Gemüse und Getreide reifen in reiner Luft, zudem zählt Mecklenburg-Vorpommern in weiten Teilen

zum sonnenscheinreichsten Bundesland. Hauptheld der kulinarischen Szene ist der Fisch aus der Ostsee sowie aus den Bodden- und Binnengewässern. Das Frühjahr beginnt am Meer mit dem Hering. Er kommt in Scharen vom Kattegat und zieht zum Laichen vor die Küste, vor allem in der Nähe von Rügen und Usedom. Beide Inseln heißen den grätigen Gast mit genussvollen Heringswochen willkommen, in denen die heimischen Köche den Fisch als Suppe, knusprig gebraten oder gedünstet anbieten.

„Landschaft kann man schmecken", sagten sich auch die Köche, Gastronomen, Produzenten und Lebensmittel-Handwerker und beschlossen 2010, mit der Initiative „ländlich fein" die Aromen des Meeres und der Seen, der Salzwiesen und Wälder zu nutzen. Die inzwischen über 60 Mitglieder wollen regionales Genusshandwerk fördern, nachhaltige Esskultur etablieren und vor allem regionale Erzeuger hochwertiger Lebensmittel stärken. „Ländlichfein soll Mecklenburg-Vorpommern ein Gesicht als Genussland geben", bringt Sternekoch und Mitinitiator Tillmann Hahn das Ziel dieser kulinarischen Bewegung auf den Punkt.

Einfachheit im Sinne von unverfälschten Naturprodukten ist der Reichtum der norddeutschen Küche – das haben inzwischen viele im Land erkannt. Wir laden Sie ein auf Landgasthöfe, in Kultkneipen und Schlossrestaurants; auf Bauernhöfe, in Kräutergärten, zu Käsern und Konditoren, Metzgern, Mostern und Meistern anderer mecklenburgisch-vorpommerscher Manufakturen, und damit zu Menschen mit spannenden Lebensentwürfen – und gutem Geschmack.

SCHWERIN UND WESTMECKLENBURG

Westmecklenburg schmückt sich mit märchenhaften Schlössern und glasklaren Seen

Das „nordische Florenz" nannte man Schwerin im 16. Jahrhundert. „Schwerin ist ein Sommermärchen", schrieb der Publizist Ludwig Reinhard vor 150 Jahren. „Stadt der Seen und Wälder" heißen die Schweriner die Stadt heute, für die Wassersport zu den liebsten Freizeitbeschäftigungen zählt. Mit gut 63 Quadratkilometern ist der Schweriner See nach der Müritz das zweitgrößte Binnengewässer Mecklenburg-Vorpommerns. Ausflugsschiffe starten vom Anleger unterhalb der Schlossinsel. Bei Kaffee und Kuchen lassen die Passagiere die abwechslungsreiche Uferlandschaft vorüberziehen. Vier der Schweriner Seen sind durch Kanäle verbunden. So kann man eine Rundreise bis zum Schweriner Au-

ßensee unternehmen, der 1842 durch den Paulsdamm vom Innensee abgetrennt wurde. Weithin sichtbar blinkt die goldene Schlosskuppel über das Wasser. Das Schweriner Schloss gibt der alten Residenz- und heutigen Landeshauptstadt fürstlichen Glanz. Es ist einer der bedeutendsten Historismusbauten Europas, dessen älteste Teile noch aus dem 15. und 16. Jahrhundert stammen. Aufwendig saniert, teilen sich heute der Landtag und das Schlossmuseum die insgesamt 635 Räume.

Schwerin ist, gemessen an ihrer Einwohnerzahl von 95 000, die kleinste Landeshauptstadt Deutschlands und somit auch eine der gemütlichsten. Vom Schloss aus flanieren die Besucher zur historischen Innenstadt über den Alten Garten, der mit den Prachtbauten der heutigen Staatskanzlei, des Mecklenburgischen Staatstheaters und dem Staatlichen Museum einer der schönsten Plätze Deutschlands ist. Die vom Zweiten Weltkrieg und auch von sozialistischem Neuerungswillen weitgehend verschonte Stadt ist ein Bilderbuch norddeutscher Architekturgeschichte. In den verwinkelten Straßen und Gassen steht barockes Fachwerk dicht neben hell aufgeputzem Klassizismus und prachtvoller Gründerzeit, überragt von himmelwärts strebender Backsteingotik. Bereits 1175 wurde der Grundstein für den Schweriner

Dom gelegt. Vom romanischen Bau stammt noch die Paradiespforte am südlichen Seitenschiff. Ab 1270 wurde in der damaligen Bischofsstadt gotisch gebaut. Heinrich I. hatte einen Edelstein, wahrscheinlich einen Blutjaspis, aus dem Heiligen Land mitgebracht. Man hielt ihn für einen Blutstropfen Jesu und machte Schwerin zur Pilgerstadt. Vom mit 117,5 Metern höchsten Kirchturm des Landes, errichtet 1889–1892, kann man die traumhafte Lage Schwerins zwischen mindestens sieben Seen aus der Perspektive der Turmfalken betrachten.

Nach Süden hin zieht sich eine Landschaft mit sandigen Wegen, schmalen Feldstreifen, ausgedehnten Kiefernforsten, alten Eichen, großen Dörfern und kleinen Höfen bis hin zur nächsten kleinen Residenzstadt. Es ist das „Land der tönenden Stille", wie der Dichter Johannes Gillhoff sie nannte. Die einstige Residenzstadt Ludwigslust, als ideale Barockstadt entworfen, gilt als das „Mecklenburgische Versailles". Weit im Westen liegt das Biosphärenreservat Schaalsee, eine mit 24 sauberen Seen

gesegnete Landschaft. Einst verlief die deutsch-deutsche Grenze durch diese Region. Das kam der Natur zugute, sie konnte sich hier fast ungestört entfalten. Mit der Errichtung des Naturparks Schaalsee im Jahre 1990 und zehn Jahre später mit der internationalen Anerkennung als Biosphärenreservat durch die UNESCO auf mecklenburgischer Seite wurden die Voraussetzungen geschaffen, diese für mitteleuropäische Verhältnisse einzigartige Seenlandschaft zu bewahren. Vom Namensgeber dieser geschützten Landschaft, vom Schaalsee, „welcher itzt breit, dann versteckt/wie ein Strom rauscht an des Waldes Hügeln umher/ Selber von steigenden Hügeln voll" schwärmte schon der Dichter Klopstock. Viele Fische schwimmen in seiner Tiefe, mit 71 Metern ist er der tiefste Binnensee Norddeutschlands, von denen die Große Maräne ein wahrer Leckerbissen ist. Es heißt, eine Äbtissin, die vom Bodensee her in das Zarrentiner Kloster gekommen war, hätte einst den Teufel gebeten, ihr mitten in der Fastenzeit den Fisch zu besorgen. Dann aber plagte sie wohl das Gewissen und sie warf die Maräne in den Schaalsee, wo sich noch heute ihre Nachkommen wohl fühlen.

HOHE HOTELKULTUR

Regionale Zutaten verarbeitet Benjamin Paul zu Gerichten aus aller Herren Länder

Rindertatar
Dieses Rezept finden Sie auf der Seite 64

Am Pfaffenteich zeigt sich Schwerin von der elegantesten Seite. Vornehme Fassaden säumen das Westufer des im 12. Jahrhundert künstlich angelegten Gewässers, das immer wieder zum Vergleich mit Hamburgs Binnenalster inspiriert. Am gegenüberliegenden Ufer überragt die Turmspitze des Schweriner Doms das Panorama der Stadt. Die großen Spiegel im Restaurant vervielfältigen den schönen Ausblick. Seit 1901 schreibt der „Niederländische Hof" am Pfaffenteich Hotelgeschichte. Mit seinem ungewöhnlichen Namen gedachte das „erste Hotel am Platze" der Vermählung des mecklenburgischen Herzogs Heinrich mit der niederländischen Königin Wilhelmina im selben Jahr. Schließlich war man Hoflieferant. Claire Waldoff, Asta Nielsen und Paul Linke sollen hier zu Gast gewesen sein, später auch Hardy Krüger, Klaus Maria Brandauer und Hannelore Elsner. 2010 besuchte es das dänische Kronprinzenpaar, begrüßt von Martina Lux-Grella, die das Haus seit 2006 neu beseelt. Sensibel ausgebaut und nostalgisch-elegant mit englischem Mobiliar eingerichtet, atmet es den Charme vergangener Zeit, dezent gepaart mit modernem Zeitgeist. 105 Jahre nach der Eröffnung des Hauses setzte sich hier Benjamin Paul die Kochmütze auf den blonden Schopf. Nach seiner Lehre

HOTEL
NIEDERLÄNDISCHER HOF
Martina Lux-Grella
Alexandrinenstrasse 12–13
19055 Schwerin
Tel. 03 85 / 59 11 00
Fax 03 85 / 59 11 09 99
www.niederlaendischer-hof.de
hotel@niederlaendischer-hof.de

bei Erik Schröter hatte der gebürtige Schweriner sein Nase auch in die Töpfe der Spitzenköche Heiko Stock in Hamburg und Jörg Müller auf Sylt gesteckt. Nun beglückt er seine Heimatstadt mit einer ausgezeichneten regionalen und internationalen Küche. Natürlich gibt es auch Wiener Schnitzel – die Hausherrin ist Österreicherin. Besondere Virtuosität entfaltet Benjamin Paul im süßen Bereich und man sollte erst gar nicht versuchen, die Dessertkarte zu ignorieren, zu verführerisch ist das Angebot. Kräutereis von Rosmarin oder Lavendel sind seine Stärke, lecker ist auch das Cappuccinoparfait im Baumkuchenmantel. Am besten, man bestellt von allem ein bisschen, das nennt sich Benjamins Klassiker.

DOLCE VITA IM BIEDERMEIER-PAVILLON

Manuela Blohm etabliert in Schwerin beste mediterrane Küche

Zarzuela
*Dieses Rezept finden Sie
auf der Seite 64*

„Meine Bühne ist die Küche", sagte Manuela Blohm verlegen, als sie 2007 den Unternehmerpreis empfing. Hier läuft sie zur Hochform auf, jongliert geschickt mit Töpfen und Pfannen und bringt schließlich gebratene Sardinen „Sizilianische Art" auf den Tisch, wie man sie sonst nur im Süden bekommt. Auch die Paella ist sensationell. Manche sagen, es wäre die beste Norddeutschlands. Der spanische Fischtopf „Zarzuela" darf ebenfalls nicht auf der Karte fehlen. Im Duft der Meeresfrüchte träumen sich die Gäste auf den Sonnenplätzen vor dem Pavillon in eine südländische Landschaft. Selbst Vegetarier macht die Köchin glücklich, beispielsweise mit Spagetti „Trevisaner Art" mit gebratenem Radicchio, Walnusssplittern, Pinienkernen, Rosinen und frischem Thymian. „Ars Vivendi" – die Kunst zu leben. Für Manuela Blohm gehört medi-

ARS VIVENDI
RESTAURANT & CAFÉ IM
SCHLOSSGARTENPAVILLON
Manuela Blohm
Lennéstraße 2a
19061 Schwerin
Tel. / Fax 0385 / 7588458
www.ars-vivendi-schwerin.de
service@ars-vivendi-schwerin.de

terrane Küche unbedingt dazu. Und da Kunst von Können kommt, hat sich die Köchin leidenschaftlich der korrekten Deutung dessen verschrieben, was mediterrane Küche wirklich ausmacht. Dass hier keine Nudel in Soße ertränkt oder unter Käse erstickt wird, ist selbstverständlich. Dezent wird auf weißem Porzellan angerichtet, denn „mediterrane Küche ist eine ehrliche Küche", wie die Köchin sagt, die nie ein Kochbuch braucht, auch nicht für ihr einzigartiges Cateringprogramm. Das erste Büfett hatte sie bereits als 14-Jährige für den Sportverein ihres Vaters ausgerichtet. Als sie sich 1999 mit dem ersten Schweriner mediterranen Restaurant in der Innenstadt auf die eigenen Beine stellte, dekorierte sie den Raum mit Halbsäulen und sehnte sich nach lieblicher Landschaft. Seit 2011 kann man ihre Gerichte mitten im Schweriner Schlossgarten, zwischen barockem Kreuzkanal und dem im

19. Jahrhundert angelegten Grünhausgarten, genießen. Der Biedermeierpavillon mit echten Säulen wurde 1816 als „Erfrischungs-Boutique" erbaut. 2010 denkmalgerecht restauriert, ist der Schlossgartenpavillon heute eine schöne Kulisse für die Kochkünste Manuela Blohms und ihres eingeschworenen Teams.

WASSER UND WEISSE SEGEL

Das Schweriner Ruderhaus ist dicht am Wasser gebaut

Poetisch gesehen ist der Schweriner See der schönste Spiegel der Stadt, die sich nicht satt sehen kann an ihren Wasserbildern mit der goldenen Schlosskuppel. Ausflugsschiffe und Segelyachten durchziehen das Wasser. Und Ruderboote. Das sportliche Rudern in Schwerin blickt auf eine lange Tradition zurück. Die vielen Seen um Schwerin lockten schon früh sportbegeisterte Männer zum Rudern. 1913 baute sich der Ruderverein ein Haus direkt an das Ufer des Schweriner Sees. Rechtzeitig zur Bundesgartenschau entstand ein neues modernes Gebäude mit einem hervorragendem Restaurant. Der nahezu puristisch designte Raum öffnet sich mit großen

Fenstertüren auf Wasser und weiße Segel. Am gegenüberliegenden Ufer ein Märchenschloss. Der Welt scheinbar entrückt, ist das feine Ausflugsrestaurant über den Franzosenweg im Park angenehm auch zu Fuß erreichbar. Für Restaurantchef Ronny Winter ist es der „schönste Arbeitsplatz Schwerins". Auch auf der Terrasse genießen die Gäste nicht nur den herrlichen Ausblick sondern auch die frische regionale Küche, die der junge Küchenchef Felix Baiker gerne mit arabischen, asiatischen und karibischen Zutaten akzentuiert. Die Karte wechselt entsprechend der Jahreszeiten alle vier Monate. Dabei spielt der Koch gerne mit Farben, Aromen und Konsistenzen. Viele der

Barsch mit Wurzelgemüse, Trüffel-Kartoffelsäckchen und Estragonsoße
Dieses Rezept finden Sie auf der Seite 65

Grundlagen für seine frische Küche stammen aus der Region. Viele Fische schwimmen in der Müritz und im Schweriner See, Kräuter wachsen im eigenen Garten. Eine der prägendsten Begegnungen auf seinem Weg durch die Edel-Küchen von Konstanz über St. Moritz bis nach Akaba war der experimentierfreudige Sternekoch Dirk Hoberg. Im Grand Hotel Heiligendamm brachte er es zum Souschef. Im Jagdhaus „Waldfrieden" in Quickborn und im Berliner Adlon wuchs seine Liebe zur Patisserie. Sein Tartuffi Crème Brûlée sollte man nicht verpassen.

RUDERHAUS
RESTAURANT UND CAFÉ
Daniel Gluske
Franzosenweg 21
19061 Schwerin
Tel./Fax 03 85 / 20 24 12 59
www.ruderhaus.info
info@ruderhaus.info

TAFELSILBER

Coco Radsack ziseliert wie die alten Ägypter

Dass Coco Radsack mit silbernen Löffeln aufgewachsen ist, hat nichts mit vermeintlicher aristokratischer Abstammung zu tun, sondern mit dem Beruf ihrer Großeltern. Aus einer Hallenser Goldschmiedefamilie stammend, studierte sie später selbst an der Burg Giebichenstein dieses Kunsthandwerk. 1988 zog sie nach Mecklenburg und baute sich gemeinsam mit ihrem Mann im denkmalgeschützten Dörfchen Stresdorf eine Silberschmiede und Schmiedewerkstatt auf. Noch heute entsteht dort ein großer Teil ihrer feinen reliefartigen Ziselierarbeiten aus fast reinem Silber. Auf einer Unterlage aus Rindertalg, Ziegelmehl, Bienenwachs und Pech treibt Coco Radsack mit Ziselierhammer und Stahlpunzen „Träume der Nacht, Zauberberge, Silberblüten, Liebespaare, Mond und Sonne, wilde Vögel und Tänzer" in das edle Metall. Manchmal kombiniert sie ihre außergewöhnlichen Stücke mit farbigem Pergament, Horn, Glas, Ostseekieseln oder Edelsteinen, wobei sie das Natürliche, also Unvollkommene, liebt, das scheinbar Fehlerhafte, wie blassrosa Rubine. Cocos Broschen, Armreifen, Ketten, Dosen,

DAS KONTOR
KUNSTHAUS UND MUSEUM
Coco Radsack
Puschkinstr. 36, 19055 Schwerin
Tel. 03 85 / 209 44 88
www.kontor-schwerin.de
info@kontor-schwerin.de

Bücher und Wandbilder sind ebenso fantasievolle Unikate wie ihre Löffel, Messer, Kellen, Tortenheber, Schalen und Teller, mit denen eine Tafel kunstvoll eingedeckt werden kann. Tee- und Kaffeeservice aus Keramik oder Porzellan ergänzt sie partiell mit ziselierten Metallstücken. Das Kontor, ein einstiges Renaissance-Handelshaus von 1572 und eines der ältesten städtischen Fachwerkhäuser des Landes, ist heute mit einem Schauarbeitsplatz in der hohen Diele öffentliche Werkstatt und vom historischen Kellergewölbe über die Küche mit alter Feuerstelle bis zu den ehemaligen Wohnräumen „Kunstkaufhaus" und Begegnungsstätte unter anderem für Maler, Grafiker, Fotografen, Bildhauer, Objektkünstler und Modegestalter. Geschichte, altes Handwerk und aktuelle Werke mecklenburgischer Kunsthandwerker und Künstler haben unter dem Dach des 2009 sanierten Fachwerkgebäudes ein ideales Quartier gefunden.

FEINE WARE

Zur täglichen Arbeit gehören auch Sonderanfertigungen

„Wir sind keine Künstler, wir drehen unsere Ware in Serie", warnt Maia Lenz vor Pathos und möglicher Euphorie, in die man durchaus verfallen könnte, angesichts der weißen dünnwandigen Tassen, Becher, Krüge, Teekannen und Schalen in den Regalen des Werkstattladens. Alles ist so schön wie nützlich, in der Form geradlinig, das Dekor minimalistisch. Wer hier im besten Sinne an IKEA denkt, liegt richtig. Das schlichte, junge Design des schwedischen Unternehmens gab die Initialzündung für Form und Dekor, jeweils eine einzelne Margeriten-, Kornblumen-, Rosen- oder Lavendelblüte als zartes Relief auf weiß glasiertem Grund, auf dem die hohe Brenntemperatur die Fayencefarbe organisch schmelzen lässt. „Wir machen Dinge, die die Welt nicht braucht, die sie aber schöner machen", sagt Susanna Neetz. Das ist die poetische Seite. Zudem bewirken die 1 180 Grad im Elektrobrennofen, dass das Gebrauchsgeschirr prak-

KERAMIKWERKSTATT
LOZA FINA
Susanna Neetz
Puschkinstraße 51–53
19055 Schwerin
Tel. 03 85 / 20 23 41 22
www.loza-fina.de
loza.fina@gmx.de

tischerweise mikrowellen-, backofen- und spülmaschinenfest ist. Sollte doch einmal etwas zerbrechen, kann man hier jederzeit das passende Stück nachbestellen und auch noch zuschauen, wie es entsteht.

Seit 2005 drehen, glasieren, bemalen, brennen und verkaufen Susanna Neetz, Maia Lenz und Konstanze Wodsak, drei handwerklich ausgebildete Scheibentöpferinnen, ihr tägliches Werk gemeinsam. 2008 bezogen sie die 50 m² große Laden- und Werkstattfläche mitten im Schweriner Altstadtzentrum, gleich neben dem Marktplatz mit dem mittelalterlichen Dom.

Sie nannten das Unternehmen Loza fina, weil das so schön weiblich klingt. In der spanisch-portugiesischen Keramikentwicklungsgeschichte steht Loza fina für „feine Ware" aus hoch gebranntem Steinzeugton. Durch die Schaufensterscheiben kann man schon im Vorbeigehen die helle Irdenware vor den hohen dunklen Wänden sehen. Das macht neugierig. Wer eintritt, wird von warmer Arbeitsatmosphäre empfangen, denn „hier wird noch mit viel Liebe gebastelt, gemalt und gedreht – alles mit unseren eigenen Händen".

VOM SCHÖNEN UND NÜTZLICHEN

Köstliches aus der Schlossgärtnerei Wiligrad

Kürbismarmelade
mit Äpfeln und Ingwer
*Dieses Rezept finden Sie
auf der Seite 65*

Am Steilufer des Schweriner Sees, Deutschlands viertgrößtem See, steht das historische Ensemble von Schloss Wiligrad, das 1896/98 als letzter Bau des Schweriner Landesfürsten Johann Albrecht entstand. Dieses Kulturdenkmal, ein Kleinod der Neorenaissance inmitten urwüchsiger Landschaft, ist als Ausflugsziel ein wahrer Geheimtipp. 2001 haben Ute und Günter Lenz das Gelände der historischen Schlossgärtnerei erworben und beleben es seitdem ganz im Sinn seiner Geschichte. Obst, Gemüse und über hundert Sorten Kräuter gedeihen auf der Streuobstwiese, in den Gewächshäusern bzw. in dem vom Weidenzaun umgebenen Garten, in dem allein über 20 Minzesorten duften. Günter Lenz hat sich uraltes Kräuterwissen angeeignet und schwört z. B. auf die geradezu magische Harmonisierung von Ysop. Aber auch scheinbar Alltägliches wie Brennnessel,

SCHLOSSGÄRTNEREI
WILIGRAD
Ute und Günter Lenz
GARTENCAFÉ
Anne Hanczyk
*Wiligrader Straße 6
19069 Lübstorf / OT Wiligrad
Tel. Café 03867 / 612703
Tel. Schlossgärtnerei 03867 / 6672
Fax 03867 / 612702
www.schlossgaertnerei-wiligrad.de
lenz@schlossgaertnerei-wiligrad.de*

Schachtelhalm und Sauerampfer behandelt er mit Respekt. Einst landete alles, was in der Schlossgärtnerei wuchs, in der Küche des Herzogs, heute wird es im Café und im Hofladen verarbeitet. In der Küche zaubert Tochter Anne Hanczyk das ganze Jahr über wohlschmeckende, originelle, manchmal durch ihre Einfachheit faszinierende Gerichte, die sie gerne mit essbaren Blüten schmückt. „So entsprechen wir der immer lauter werdenden Forderung nach Transparenz der Lebensmittelverarbeitung", sagt Günter Lenz. „Regionalität und

Saisonalität werden bei uns mit Zweckmäßigkeit verbunden". Köstlicher Duft erfüllt das kleine Café im ehemaligen Gewächshaus. Auf der sonnigen Wiese laden Gartenmöbel zur ländlichen Kaffeepause ein. Bei Kuchen, Kräutertee oder selbstgebackenem Steinofenbrot werden Rezepte und Gartenweisheiten ausgetauscht. Der Hofladen bietet viele eigene Produkte zum Verkauf. Zudem präsentieren sich hier regionale Kunsthandwerker. An schönen Sommertagen wird vor Ort für das Publikum gewerkelt.

UNTERWEGS ZUHAUSE SEIN

Französische Kochkunst und mecklenburgische Tradition

Gebratener Kaninchenrücken mit Kartoffelbaumkuchen, bunter Bete, gebratenen Kräutersaidlingen und Schwarzwurzelpüree
Dieses Rezept finden Sie auf der Seite 66

Im Kölpiner Wald, nur etwa 20 Kilometer von Schwerin entfernt, wachsen alte Mammutbäume. Tief versteckt in dieser ursprünglichen Landschaft steht ein Schloss mit viel Flair. Das malerische Gebäudeensemble am Ende der mit Rosen und Lavendel bepflanzten Auffahrt geht auf das Jahr 1824 zurück. Nach 1900 wurde der klassizistische Backsteinbau noch erweitert und trägt nunmehr auch die Züge späterer Reformarchitektur. 1995 wurde die romantisch in einem 12 Hektar großen Landschaftspark eingebettete Gutsanlage restauriert. Von extravaganter Noblesse ist vor allem die holzvertäfelte Bibliothek – mit farbiger Glaswand zum Wintergarten ein Kleinod des Jugendstils. Von der großen Terrasse aus reicht der Blick bis zum Glambecker See. 2003 erwarben die Holländer Marjon Hopman-Wolthuis und Mark Hopman die Anlage, die sie mit einer 1 300 Quadratmeter großen Wellnesslandschaft und einer modernen Waldresidenz vervollkommneten. Sensibel für Landschaft und Stil

eingerichtet, fühlt man sich im Schloss Basthorst sofort geborgen. „Unterwegs zuhause sein" ist hier nicht nur ein Slogan. Wellness, Wandern und vor allem der nahe Winston Golfplatz, einer der spektakulärsten Golfplätze Europas, sind die vornehmlichen Vergnügungen der Gäste. Im Restaurant „Wilhelmina Helena", so benannt nach der niederländischen Monarchin, verwöhnt Chef de Cuisine Tim Kuhlmann königlich seine Gäste. Der gebürtige Mecklenburger liebt die Kombination französischer Kochkunst und mecklenburgischer Traditionsküche.

Ziegenkäse, Tomaten, sogar Eis stammt von regionalen Landwirten. Kräuter für die frische Küche wachsen auf schlosseigenem Terrain. Wild aus dem Mecklenburger Forst und Fisch aus der Müritz verwandelt Tim Kuhlmann in Gerichte wie Tranchen vom Wiziner Dammwild mit sautierten Zucchinis und Rotweinschalotten und Müritzer Zanderfilet auf Paprika-Mais-Gemüse. Den Appetit zwischendurch stillen feine Snacks und frisch gebackene Kuchen in der Schloss-Lounge und auf den Sonnenterrassen.

SCHLOSS BASTHORST
Marjon Hopman-Wolthuis
Schlossstraße 18
19089 Crivitz OT Basthorst
Tel. 0 38 63 / 52 50
Fax 0 38 63 / 52 55 55
www.schloss-basthorst.de
info@schloss-basthorst.de

OASE FÜR GEIST UND GAUMEN

Kulinarisches und kulturelles Vergnügen im historischen Gasthaus

Hirschkalbsrücken
mit Portwein-Pfeffer
und Karamellstrudel
*Dieses Rezept finden Sie
auf der Seite 66*

Ludwigslust ist das Versaille Mecklenburgs. Mit Schloss und backsteinroten Bauten atmet die alte denkmalgeschützte Residenzstadt Geschichte. So haben im über 200 Jahre alten Hotel de Weimar schon Herzöge diniert. 1790 von Großherzog Franz I. als Gasthaus für renommierte Reisende erbaut, war es schon immer eine Oase für Geist und Gaumen. Fürstliche Jagdgesellschaften logierten in diesem Haus, das der Großherzog seiner Schwiegertochter Caroline Luise von Weimar gewidmet hatte. Wilfried Glania-Brachmann und Petra Fuchs, zwei gebürtige Mecklenburger, sind mit feudaler Küche und herzlicher Gastfreundschaft der Tradition treu geblieben. Aus der umfangreichen, weltoffenen Weinkarte, vor allem mit hervorragenden Rieslingen, empfiehlt Petra Fuchs den zum Menü passenden Tropfen. Der kochmützengekrönte Küchenmeister Wilfried Glania-Brachmann, der „Stern" nannte ihn zurecht einen „der kreativsten Weißmützen im Osten", bewahrt in seinen Töpfen beste kulinarische Traditionen Mecklenburgs und legt Wert auf frische Produkte. So stammen Fisch, Wild, Spargel und Rhabarber aus unmittelbarer Nachbarschaft. Lamm bezieht er von der Insel Rügen, Enten, Wachteln und Perlhühner aus der näheren Umgebung, Wild aus den umliegenden Wäldern, Blutwurst vom Ludwigsluster Schlach-

HOTEL DE WEIMAR

Wilfried Glania-Brachmann
& Petra Fuchs
Schlossstrasse 15
19288 Ludwigslust
Tel. 038 74 / 41 80
Fax 038 74 / 41 81 90
www.hotel-de-weimar.de
info@hotel-de-weimar.de

ter, Fische aus der Müritz. Seine Ideen entstehen immer dann, wenn er seiner Fantasie freien Lauf lässt. So steht auf der Speisekarte eine Palette von Königsberger Klopse vom Ostseelachs und Wildschweinsülze bis hin zu Gänseleberterrine mit Schokolade. Im Foyer des Hauses präsentiert sich Köstliches aus der eigenen Marmeladenmanufaktur, etwa Kürbis-Orangen- und Aprikosen-Lavendel-Konfitüre. Unter dem Motto „Kunst, Kultur und Kaviar" können kulturelle mit kulinarischen Vergnügen kombiniert werden.

ZITRONE DES NORDENS

Die größte Sanddornplantage Deutschlands liegt in Mecklenburg

Wer an Sanddorn denkt, hört das herbstliche Heulen des Windes und das Tosen der Wellen am Hochufer der Ostsee. Hier oben im Norden schützt der dornige Strauch schon seit Jahrhunderten den losen Dünensand. Nur wenige Eingeweihte wussten auch von seiner Heilkraft. Die 1960 in Ludwigslust gegründete GPG Storchennest pflanzte zunächst auch Johannisbeeren an. 1980 wurden die ersten drei Hektar mit Sanddorn bepflanzt. Heute ist die 1993 gegründete Sanddorn Storchennest GmbH die älteste und zugleich größte Sanddornplantage Deutschlands. Auf 121 Hektar (von deutschlandweit 500 Hektar) reifen jährlich über 100 t dieser

sauren Früchte. Sanddorn ist eine einzigartige Mischung von physiologisch aktiven Stoffen wie Vitamin E, B 12, A, sowie Mineralstoffen, Spurenelementen und ungesättigten Fettsäuren. Vor allem aber hat Sanddorn siebenmal mehr Vitamin C als die Zitrone. Die kostbaren Beeren werden in biozertifizierten Unternehmen zu Säften, Sirups, Tees, Likören, Marmeladen, Gelees und Naschereien verarbeitet, die man vor Ort oder im Online-Shop, aber auch in vielen Natur- und Feinkostläden des Landes kaufen kann. Auch in der Naturkosmetik findet Sanddorn Verwendung. Gemeinsam mit UBF Altlandsberg, dem Universitätsklinikum Freiburg und Logocos Naturkosmetik wird nun sogar aus den Blättern der Sanddornpflanze ein hochwirksames Anti-Aging-Extrakt entwickelt.

Seit 2012 ist das Storchennest ein Demeterbetrieb, der dem Boden keine synthetischen oder chemischen Düngemittel, sondern nur Hornkiesel, Rindermist und Quarzsand zuführt. Die Ernte der dornigen Früchte war früher recht schwierig. Heute werden in Ludwigslust die fruchttragenden Zweige schockgefrostet, so dass man die Beeren später wie Eisperlen unversehrt abschütteln kann. Erst nach zwei, drei Jahren hat sich die Pflanze soweit regeneriert, dass sie wieder neue Früchte trägt.

SANDDORN
STORCHENNEST GMBH
Silvia Hinrichs
Heideweg 9, 19288 Ludwigslust
Tel. 03 874 / 2 19 73
Fax 03 874 / 66 32 44
www.sanddorn-storchennest.de
info@sanddorn-storchennest.de

LANDIDYLL AN DER ELBE

Annett Senst und Dirk Wolters leben „Raffinierte Normalität"

„Alter Hof" Möhren
im Herbst an einem
Steak vom Wildbret und
Rosmarinkartoffeln
*Dieses Rezept finden Sie
auf der Seite 67*

Fährt man auf dem Elberadweg von Dömitz in Richtung Lenzen, erlebt man vom Deich aus die Elblandschaft in ihrer ganzen herben Schönheit. Nach einigen Kilometern – gerade zur richtigen Zeit für eine Pause – erreicht man den „Alten Hof am Elbdeich". Der denkmalgeschützte ehemalige Bauernhof aus dem Jahr 1823 in Backstein- und Fachwerkbauweise ist heute ein idyllisches Restaurant und Hotel. Längst hat es sich nicht nur unter Fahrradtouristen herumgesprochen, dass in diesem Haus Wert auf Regionaltypisches wie Wild vom Jäger direkt vor der Haustür, Bauernente oder Müritzfisch gelegt wird. Ausschließlich natürliche und frische Produkte werden traditionell und gleichzeitig raffiniert verarbeitet. Mit geröstetem Kreuzkümmel, Koriander und Schabzigen Klee werden hier sogar Möhren, die so ayurvedisch gewürzt wunderbar ihr ureigenes Aroma entfalten, zur Spezialität.

Das Unternehmerpaar Annett Senst und Dirk Wolters erfindet täglich neu, was es als „raffinierte Normalität" bezeichnet. 2010 fanden die beiden in diesem romantischen Winkel im Biosphärenreservat Flusslandschaft Elbe ihr Zuhause, auf der einen Seite mit Blick auf

ALTER HOF AM ELBDEICH
Annett Senst und Dirk Wolters GbR
*Am Elbdeich 25
19309 Lenzer Wische
OT Unbesandten
Tel. 03 87 58 / 357 80
Fax 03 87 58 / 357 81
www.alter-hof-am-elbdeich.de
info@alter-hof-am-elbdeich.de*

die Elbe, auf der anderen Seite auf Europas größte Binnendüne bei Klein Schmöllen – ein Geheimtipp für Naturentdecker.

Nach langer Wanderung im „Alten Hof am Elbdeich" einzukehren, sich an „Omis Küche", Prignitzer Kartoffeln mit Blütenquark, oder „Kräuterhexe aus dem Ofenloch" zu laben, dazu deutsche Winzerweine zu trinken und schließlich in einem der großzügigen Zimmer oder in einer Ferienwohnung zu übernachten, in der Biosauna aufzutanken und sich mit Ayurvedischen Massagen verwöhnen zu lassen, ist ein rundum gelungener Urlaub.

DIE KUH IST NICHT LILA

Innovatives vom Hof Denissen

Spargelbeete mit Fußbodenheizung, im Winter reifen Tomaten, „des Deutschen liebstes Gewächs", unter Vegetationslicht. Die Energie kommt aus der Biogasanlage, die Dächer der Kuhställe tragen Photovoltaikanlagen. Auf dem Hof Denissen wird mit innovativen Methoden gewirtschaftet, die Mensch und Tier zugute kommen. Nicht Pestizide, sondern Nützlinge dienen der Schädlingsbekämpfung. Hummeln sorgen für die Bestäubung der Tomatenblüten. Die Milchkühe im großen offenen Stall ruhen auf Wasserbetten. Das schont die Gelenke. Die Stallungen der ehemaligen LPG haben Michaela und Rudie Denissen so umgebaut, dass die Kühe Bewegungsfreiheit und frische Luft haben. Dafür geben die etwa 750 Milchkühe auch Milch der Güteklasse S. Auf knapp 1500 Hektar Acker- und Grünland wachsen garantiert gentechnisch unveränderte Futtermittel und der Energiemais für die Biogasanlagen, die die Spargel-, Tomaten-, Gurken- und Paprikagewächshäuser sowie die Erdbeertunnel erwärmen.

Über 20 Jahre haben die Kauffrau Michaela Denissen aus Schleswig-Holstein und der holländische Landwirt Rudie Denissen den landwirtschaftlichen Betrieb in Wöbbelin aus-

DENISSEN
LANDWIRTSCHAFTS
GMBH & CO. KG
Michaela Denissen
Ludwigsluster Str. 21
19288 Wöbbelin
Tel. 03 87 53 / 80 472
Fax 03 87 53 / 80 473
www.hof-denissen.de
mail@hof-denissen.de

gebaut und modernisiert. Dabei entstanden 70 Arbeitsplätze. Die Familie wohnt inmitten der Hofanlage in einem italienisch anmutenden Familienhaus. Steinerne Urlaubsträume. Viel Zeit zum Reisen bleibt nicht. Dafür wachsen heute auf 60 Hektar ca. 350 Tonnen edles Stangengemüse – damit ist der Hof Denissen einer der größten Spargelanbaubetriebe in Mecklenburg-Vorpommern. Die Produkte, zu denen auch 12 Sorten Kartoffeln gehören, vermarkten sie im eigenen Hofladen und beliefern damit auch regionale Märkte. Gäste sind auf dem Hof Denissen willkommen. Stadtkinder begreifen hier rasch: Milch kommt nicht aus der Tüte. Man kann sie aber ganz frisch und pasteurisiert (nicht homogenisiert) im Hofladen „zapfen". Übrigens ist diese Milch auch Grundlage für leckeres Eis.

FROSTIGE FREUDEN

Köstliches Eis vom Hof Denissen

Erdbeertorte
„Stracciatella Art"
Dieses Rezept finden Sie
auf der Seite 67

18 000 Liter Milch sind eine gute Grundlage für viel Eis. So viel produzieren die Milchkühe auf dem Hof Denissen pro Tag. Aus dieser Milch entstehen dann unter anderem 80 Sorten Eis. Sechzehn davon kann man in wechselnder Auswahl im Eiscafé Rudolfo in Neustadt-Glewe genießen – von Klassikern wie Vanille- und Schokoladeneis bis hin zu raffinierten Kreationen wie Kürbiskernöl- und Datteln / Feigen / Balsamico-Eis. Auch Basilikum-Eis ist lecker. Eisbecher locken als Südsee- und Schokotraum, Cherry-Mania oder Erdbeerbecher. Nur das Tomateneis wurde kein Renner. „Aber nur wer nichts bewegt, macht keine Fehler", sagt Michaela Denissen. Und bewegt haben die Denissens viel. Das moderne Café im historischen Haus gegenüber dem Schloss von Neustadt-Glewe ist gut besucht. Über viele Jahrzehnte diente der stattliche Bau als Post. Als ihn die Familie Denissen 2010 erwarb, gehörte viel Mut dazu, das damals abbruchreife Gebäude zu erhalten. Nahe der Elde stehend, drohte das Haus im feuchten Grund abzusacken. Doch der Aufwand hat sich gelohnt. Heute ist es schöner Rahmen für ein Kaffeestündchen mit Eis in

Waffeln, Bechern oder auch als Eistorte. Natürlich gibt es auch hausgebackenen Kuchen. Der Sommer bringt Erdbeeren, Himbeeren, Blaubeeren auf die Biskuitböden. Im Herbst locken Blechkuchen mit Äpfeln und Pflaumen, sowie Crêpes und Waffeln.

Die Ideen dazu entwickeln drei fröhliche Bäckerinnen auf dem Hof Denissen. Dabei schöpfen die Mecklenburgerinnen aus dem heimischen Repertoire. Das Eiscafé Rudolfo lieben Einheimische ebenso wie Touristen. Die

EISCAFÉ RUDOLFO
Michaela Denissen
Breitscheidstr. 5
19306 Neustadt-Glewe
Tel. 03 87 53 / 885 75
www.hof-denissen.de
mail@hof-denissen.de

kleine Stadt am Südrand der Lewitz, einer großen nahezu unbewohnten, von Wasserkanälen durchzogenen Niederung, ist ein schönes Ausflugsziel. An der nördlichen Stadtgrenze mündet der Störkanal in die Müritz-Elde-Wasserstraße. Wer mit dem Boot nach Neustadt-Glewe kommt, kann am Fuß der sich trutzig über den Ort erhebenden Wehrburg vor Anker gehen. Nur wenige Schritte sind es bis zum Eiscafé Rudolfo im Zentrum des Stadt.

SCHWECHOWER
Obst-brand
SCHWECHOWER
Wild-Pflaume
LIKÖR
SCHWECHOWER
Platinum
Edelster Obstbrand
Vogelbeere

HEUTE SCHON GESCHWECHELT?

Edelspirituosen aus Schwechow

Obstbrand aus Mecklenburg war eine Sensation des Jahres 2002. In dem Land von Korn und Kümmel hatte sich der gelernte Süßmoster und Getränkeunternehmer Richard Hartinger damals die Frage gestellt: Was ist die höchste Veredlung von Obst? Die zukunftsweisende Antwort lautete: der Obstbrand. Die mecklenburgische Revolution auf den Digestifwagen nicht nur der hiesigen Gastronomen begann. Heute führt der Weg nach Schwechow, im Herzen des Naturparks „Mecklenburgisches Elbtal" durch Apfelplantagen. Ein Fest für 450 Bienenvölker, die im Frühjahr die weißen und rosafarbenen Blüten bestäuben und sich dafür mit aromatischem Apfelblütenhonig bedanken. Doch sind die jährlich 15 Tonnen Honig eher ein Nebenprodukt. Auf der rund 1400 Hektar großen Ostplantage der 1. Mecklenburger Obstbrand Gut Schwechow GmbH, Deutschlands größter zusammenhängender Obstplantage für Mostäpfel, reifen auch andere Früchte wie

Schwarze Johannisbeeren, Kirschen, Mirabellen, Zwetschgen und Pfirsiche – allesamt Grundlage für den mit Gold- und Silbermedaillen prämierten Schwechower Obstbrand. Auch der aus Himbeeren, Hagebutten, Sanddorn und Schlehen erzeugte Schwechower Obstgeist ist hochdekoriert.

Hinter den mit dem DLG Prädikat ausgezeichneten Schwechower Produkten stehen 130 Jahre Erfahrung der Firma Wesergold. 1996 erwarb und sanierte Richard Hartinger das ehemalige Rittergut, in dessen einstigem Taubenhaus nun die Edelspirituosen hergestellt werden. Brigitte Hartinger kreiert Süßes und Süffiges wie Mirabellen in Riesling, Pflaumen in Rotwein, Stachelbeeren in Weißwein und beschwipstes Sauerkirschgelee – alles ohne künstliche Konservierungs- und Farbstoffe oder Geschmacksverstärker. Gutes von Gut Schwechow kann man per Internet bestellen und im Hofladen erwerben. Die Geschäfte dieses naturverbundenen Unternehmens führt der in der Region gebürtige Frank Jehring – studierter Volkswirt und entfernter Nachfahre des Obermundschenks des Herzogs von Mecklenburg.

1. MECKLENBURGER
OBSTBRAND
GUT SCHWECHOW GMBH
Geschäftsführer: Frank Jehring
Am Park 3-5
19230 Schwechow / Pritzier
Tel. 03 88 56 / 37 80
Fax 03 88 56 / 3 78 21
www.schwechower.de
gut.schwechow@t-online.de

MECKLENBURGER PFERDEZUCHT

Redefin steht auch für Bildung, Kultur und Tourismus in historischem Ambiente

Die klassizistische Gestütsanlage, die 1812 von Friedrich Franz I., Herzog von Mecklenburg-Schwerin, zur Verbesserung der mecklenburgischen Pferdezucht gegründet wurde, ist heute Ziel für Gäste aus aller Welt. Um das klassizistische Reithallenportal reihen sich symmetrisch Stallungen und Wirtschaftsgebäude zu einem einzigartigen architektonischen Ensemble des frühen 19. Jahrhunderts. Das Landgestüt Redefin hat seine traditionellen Aufgaben in der Hengsthaltung (größtenteils Mecklenburger Warmblut), in der Durchführung von Leistungsprüfungen und in der Ausbildung durch die Landesreit- und Fahrschule. Auf 70 Hektar leben und arbeiten 36 Mitarbeiter, zehn Auszubildende und 130 Pferde. Gesellschaftliche Höhepunkte des sich in den vergangenen Jahren zunehmend mehr auch als touristischer Anziehungspunkt öffnenden Landgestütes sind neben Turnieren, Präsentationen, Konzerten und Festspielen die

LANDGESTÜT REDEFIN
Wirtschaftsbetrieb des Landes M-V
Betriebsgelände 1, 19230 Redefin
Tel. 03 88 54 / 62 00
info@landgestuet-redefin.de
www.landgestuet-redefin.de

traditionellen Redefiner Hengstparaden, die
jährlich mehr als 15 000 Pferdefreunde und
Touristen anziehen. Der Gestütsweg, ein insgesamt 160 Kilometer langer Reitwanderweg,
der die Landgestüte Redefin und Neustadt /
Dosse verbindet, führt durch idyllische Dörfer
auch zu Regionalvermarktern und Landgast-
höfen. Ein wunderschöner Klangteppich brei-
tet sich über der Griesen Gegend aus, wenn
sich Redefins Tore zu den alljährlichen Pferde-
Picknick-Sinfoniekonzerten öffnen. Klassische
Musik vereint mit ästhetischer Reitkunst und
rustikal-kulinarischem Vergnügen bietet dann
Auge, Ohr und Gaumen gleichermaßen Genuss. Mit Klappstühlen, Decken, Picknick-
körben und Kühlboxen lassen sich die mehr
als 2 500 Konzertgäste auf dem Rasen des acht
Hektar großen, zur BUGA 2009 nach historischem Vorbild wieder hergerichteten Ge-
stütspark nieder. Über allem liegt ein Hauch
britischer Noblesse. Doch bevor Kent Nagano
oder Hélène Grimaud durch die Reitbahn zum
Podium in der Reithalle schreiten, gibt es rau-
schenden Applaus für Hengste und Wagen-
lenker, die mit Zwei- und Vierspännern auf
dem alten Paradeplatz vor dem Portal ihre
Künste zeigen.

GUTSHOFKÜCHE IM EHEMALIGEN PFERDESTALL

Hannelore von Witzendorff bewahrt ländlich-adeligen Charme

Kutschertorte
Dieses Rezept finden Sie auf der Seite 68

Das Gut Groß Zecher, nur wenige Schritte nördlich der Mecklenburgischen Grenze zum Herzogtum Lauenburg, ist bereits seit 1681 im Besitz der Familie von Witzendorff. 1994 übernahm Hannelore von Witzendorff die Bewirtschaftung dieses sowohl landwirtschaftlich als auch touristisch genutzten Anwesens. Die Gartenstühle des Restaurants und Cafés Zur Kutscherscheune stehen dicht am Ufer des Schaalsees. Der türmchengeschmückte Klinkerbau diente einst als Stall für die Kutsch-und Reitpferde, davon erzählen im Innenraum noch die Eisenringe in den Futternischen und die alten Heuraufen. Die Speisekarte erfüllt, was der hohe Raum mit den geschnitzten Eichenbalken und dem rustikalen Mobiliar verspricht: bodenständige Küche aus heimischen Produkten. Frischer Schaalseefisch aus gutshofeigener Fischerei, Wild aus eigener Jagd, hofeigene Schweine, Käse vom Biohof in Fredenburg, Seedorfer Himbeeren, Spargel aus Salem, Ziegenkäse und Moorschnucken aus dem Biosphärenre

ZUR KUTSCHERSCHEUNE
Hannelore von Witzendorff
Lindenallee 15
23883 Groß Zecher
Tel. 045 45 / 801
Fax 045 45 / 800
www.kutscherscheune.de
cafe@kutscherscheune.de

servat Schaalsee landen hier in Kochtopf, Pfanne und Ofen. Der Wildschweinburger mit Tomaten-Käse überbacken, ist der Renner für Wanderer und Radler. Länger verweilt man hier bei Edelmaränenfilet „Nonnenglück", beim Rumpsteak von der Holsteiner Färse oder am originellen Grilltisch. Gerne verarbeitet Küchenchef Reimer Johannsen auch althergebrachtes Gemüse wie Steckrüben, Linsen, Kohl und Kürbis. Toskanischer Wildschweinpfeffer hingegen verrät den zeitweiligen Abstecher des Kochs in die italienische Küche.

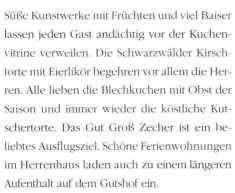

Süße Kunstwerke mit Früchten und viel Baiser lassen jeden Gast andächtig vor der Kuchenvitrine verweilen. Die Schwarzwälder Kirschtorte mit Eierlikör begehren vor allem die Herren. Alle lieben die Blechkuchen mit Obst der Saison und immer wieder die köstliche Kutschertorte. Das Gut Groß Zecher ist ein beliebtes Ausflugsziel. Schöne Ferienwohnungen im Herrenhaus laden auch zu einem längeren Aufenthalt auf dem Gutshof ein.

INSEL DER FROHEREN EINSAMKEIT

Moderne frische Küche im historischen Brückenhaus

Rosa gebratener Rehrücken aus dem gräflichen Revier auf Erbsenpolenta mit Babykarotten und Aprikosenjus
Dieses Rezept finden Sie auf der Seite 68

BRÜCKENHAUS
AM SCHAALSEE
Johann H. Graf von Bernstorff
und Andy Wabbel
Klopstockweg 1
19246 Lassahn OT Stintenburg
Tel. 03 88 58 / 2 27 19
Fax 03 88 58 / 2 27 29
www.brueckenhaus-
am-schaalsee.de
info@brueckenhaus-
am-schaalsee.de

Plötzlich lichtet sich der Tunnel aus hohen Linden und gibt den Blick auf das Klinkerfachwerk des alten Brückenhauses frei. Es steht auf einer Insel mitten im Biosphärenreservat Schaalsee, umgeben von glasklaren Wassern. Die Lage des gräflichen Gutes Stintenburg ist so idyllisch, dass ihm schon der Dichter Klopstock 1771 eine Ode gewidmet hat: „Insel der froheren Einsamkeit,/ Geliebte Gespielin des Widerhalls/ Und des Sees, welcher itzt breit, dann, versteckt/ Wie ein Strom, rauscht an des Walds Hügeln umher." Das Gedicht hat fünfzehn Strophen. Lang ist auch die Geschichte derer von Bernstorffs auf dieser Insel. Die Bernstorffs gehören zum mecklenburgischen Uradel. Nach dem Ende der DDR bekam die Familie des Widerstandskämpfers Albrecht Graf von Bernstorff einen großen Teil ihres Besitzes zurück. Großneffe Johann H. Graf von Bernstorff kümmerte sich um den Wiederaufbau des Brückenhauses. Sein Fazit heute: „Das Brückenhaus steht für einen Brückenschlag zwischen Mensch und Natur, Tradition und Moderne, Ost und West, Regionalität und Internationalität." Aus einer kleinen Fischerei mit Ausflugskiosk wurde ein architekto

nisches und kulinarisches Highlight. Aus allen Fenstern und von der Gartenterrasse aus genießt man einen herrlichen Blick auf den buchtenreichen See. Dem Koch schwimmen hier die Fische fast von alleine in die Pfanne. Der Fischer landet seinen Fang direkt im Bootsschuppen an. Was nicht sofort verarbeitet wird, hält sich frisch in Hälterkisten. Das junge ambitionierte Küchenteam kreiert aus regionalen Produkten und mediterranen sowie maritimen Zutaten tagesfrische und leichte Gerichte, so schnörkellos und edel wie die Ankündigung auf der Speisekarte: Trio vom Zander, Saibling und Edelmaräne, Kalbsbäckchen in Portwein geschmort oder Rosa gebratener Rehrücken aus dem gräflichen Revier.

ALLES AUS EINER HAND

Familie Zieger ist Direktvermarkter aus Passion

Hausgemachte Rouladen
von unserem Aubrac
*Dieses Rezept finden Sie
auf der Seite 69*

Die Landwirte Wolfram und Marina Zieger haben mit ihrem besonderen Konzept einen funktionierenden Familienbetrieb geschaffen, auf dem auch die Kinder kräftig mit anpacken. Die robusten französischen Aubrac-Rinder und die mehr als 100 Schweine werden artgerecht gehalten. Weidegang und Auslauf an der frischen Luft in Verbindung mit naturbelassenem Futter sorgen für hochwertiges Fleisch von bestem Geschmack. Tochter Winnie, die Agrarwirtschaft studiert hat, wird diesen Teil des Betriebes weiterführen.

Die Schlachtung direkt auf dem Hof erspart den Tieren stressende Transportwege. Fleischermeisterin Maxi Zieger hatte bereits mit 21 Jahren ihren Meisterbrief in der Tasche. Sie verknüpft in ihrer Arbeit traditionelle Verfahren mit innovativem Wissen. Gemeinsam mit Schwester Fränze produziert sie hochwertige Fleisch- und Wurstwaren ohne künstliche Aromen, Geschmacks- und Farbstoffe. Ihre Schinken werden noch trocken gesalzen und über Buchenspänen geräuchert. Der Verkauf erfolgt im Hofladen und auf den Wochenmärkten in Schwerin und Wismar. Auch wenn es etwas zu Feiern gibt, ist die Familie für ihre Kunden da. Marina Zieger bietet mit ihrem Partyservice alles an, was Herz und Gaumen begehren. Am großen Küchentisch werden beim gemeinsamen Essen Tagwerk und Pläne besprochen, von denen es immer wieder neue gibt. So entstand auch die Idee, Wurstseminare anzubieten. Nun lernt man hier den Alltag des Fleischers aus nächster Nähe kennen. Mit Fleischwolf und Wurstspritze kann man seine eigenen Bratwürste herstellen und die Kreationen mit nach Hause nehmen.

Für ihre Bemühungen wurde der Betrieb seit 2008 mit der Regionalmarke „Für Leib und Seele" ausgezeichnet. Mit den acht Enkelkindern wächst hoffentlich eine neue Generation Direktvermarkter heran.

HOF SCHAALSEE
Martina Zieger
*Hof Zieger 1, 19243 Waschow
Tel. 03 88 52 / 5 21 33
Fax 03 8 52 / 90 64 51
www.hof-schaalsee.de
kontakt@hof-schaalsee.de*

NEUES SCHAFFEN – ALTES BEWAHREN

Essen und Erleben im originalgetreu rekonstruierten Bauernhof

GÄNSEBRATEN
*Dieses Rezept finden Sie
auf der Seite 69*

Die ehemalige Büdnerei im Westmeck-
lenburgischen, schon kurz vor Lübeck,
aus Lehmfachwerk und mit großem
Reetdach sieht aus, als würde sie seit 400
Jahren hier stehen. Doch hat das Gebäude
schon eine ziemlich weite Reise hinter sich.
Norbert Koop holte es Stück für Stück mit
seinem Trecker aus Schlagbrügge, um es in
Schattin originalgetreu wieder aufzubauen.
Der Hobby-Hofbesitzer und Gastronom im
Nebenberuf sammelt alte Fachwerkhäuser
wie andere Oldtimer, aber die besitzt Norbert
Koop in Form alter Traktoren auch. Aus seiner
Liebhaberei für alte Häuser wurde für die gelernte Bankkauffrau Frauke Koop ab 2008 eine
neue Lebensaufgabe, denn der Hof mit Ferienwohnungen, Heuhotel und dem Café in der
hohen Diele galt bald als Geheimtipp. Die gemütlichen alten Stuben und zahllosen über-
kommenen land- und hauswirtschaftlichen
Utensilien in dem urigen Gasthaus, dessen Herzstück der Schwibbogenherd ist, zeigen die Ge-
brauchsspuren früherer Generationen und versetzen die Gäste in alte Zeiten. Selbst das
Gartenmobiliar hat bereits Patina angesetzt. Das
ist gewollt, denn die Menschen sollen sich hier
von den Zwängen der polierten Gegenwart
erholen können. Toben, Ponys, Kaninchen und
Hühner bestaunen und eigenständig mit Old-
timer-Treckern Runden drehen – hier gibt es

HOF ALTE ZEITEN
Frauke und Norbert Koop
*Hauptstraße 29, 23923 Schattin
Tel. 03 88 21 / 6 64 92
Fax 03 88 21 / 6 59 59
koop@reetdachurlaub.de
www.hof-alte-zeiten.de*

Spaß für die ganze Familie. Ob bei Familienfeiern oder Trauungen auf dem Hof – Frau Koops hausgemachte Stachelbeer-Baiser- und Heidelbeer-Eierlikör-Torten sind ebenso beliebt wie die Blechkuchen mit Äpfeln oder Pflaumen. Der große Hunger kann beispielsweise mit Flammkuchen oder Bratkartoffeln mit Sauerfleisch gestillt werden. Ab September empfiehlt die wöchentlich wechselnde Tageskarte auch Gerichte vom Rotwild und Wildschwein aus heimischen Revieren. Alternativ gibt es vegetarische Suppen. Zum monatlichen mediterranen Buffet sollte man sich einen Platz reservieren. Auch das sonntägliche Frühstücksbuffet ist heiß begehrt.

FÜR LEIB UND SEELE

Mit Produkten der Regionalmarke für Umwelt und Natur

Gesäumt von Schilf, Erlen und Weiden erstreckt sich weit im Westen Mecklenburgs einer der tiefsten Seen Deutschlands. Der 71 Meter tiefe und 24 Quadratkilometer große Schaalsee ist das Herz des nach ihm benannten 302 Quadratkilometer großen UNESCO-Biosphärenreservates. In den vergangenen 5000 Jahren hat der Mensch die wasserreiche Naturlandschaft in eine abwechslungsreiche Kulturlandschaft verwandelt. Den Reichtum solcher Landschaften zu erhalten und auch für Besucher erlebbar zu machen, ist das Anliegen der Initiative „Biosphärenreservat Schaalsee – Für Leib und Seele", die sich für Regionalität, Qualität und Umweltschutz einsetzt. Folgt man ihren Wegweisern, so trifft man im Biosphärenreservat Schaalsee derzeit auf 77 Direktvermarkter, Gaststätten, Ferienwohnungen, Kunsthandwerker und andere Betriebe, die, wie in Dechow der Imker Christoph Antholz oder Familie Altmann, die Apfelsaft aus den Früchten der Streuobstwiesen gewinnt, von einer hiesigen Jury mit dem Label ausgezeichnet wurden. Die Gläserne Molkerei Dechow bietet im Hofladen eine große Auswahl an Bio-Milchprodukten. In Drönnewitz findet das Rauhwollige Pommersche Landschaf artgerechten Lebensraum. Liköre und Fruchtaufstriche produziert

AMT FÜR DAS
BIOSPHÄRENRESERVAT
SCHAALSEE
Wittenburger Chaussee 13
19246 Zarrentin am Schaalsee
Tel. 03 88 51 / 30 20
www.schaalsee.de
poststelle@afbr-schaalsee.mvnet.de

Hartmann's Manufaktur in Demern. Die Schaalseefischerei in Zarrentin bietet echte Leckerbissen wie die Große Maräne; der Waldhof Jantzen in Rosenow neben Wachteln auch nette Ferienwohnungen. Eine gute Adresse für ein vielfältiges Angebot unter einem Dach ist der Regionalwarenladen in Zarrentin. Von April bis November präsentieren sich jeden ersten Sonntag im Monat auf dem Schaalsee-Markt vor dem Pahlhuus zahlreiche Vertreter der Regionalmarke „Für Leib und Seele" mit ihren Produkten. Das Pahlhuus in Zarrentin ist Amtssitz und Informationszentrum des Biosphärenreservates. Hier können sich Bewohner und Gäste der Region in einer Ausstellung über die Naturausstattung des Gebietes und über touristische Angebote informieren sowie Infomaterial und Wanderkarten erwerben.

REZEPTE

RINDERTATAR

Hotel Niederländischer Hof, Seite 22

ZUTATEN

100 g abgehangenes Rinderfilet | 1 Eigelb | 1 Sardellenring | circa 5 Kapern | 1 Spritzer Tabasco | 1 Spritzer Masala | Eigelb als Deko | 1 Cornichons | 1 EL Rote Zwiebel in feinen Würfeln | 1 TL gehackte Petersilie | ½ TL Dijonsenf | 1 Spritzer Trüffelöl | 1 EL Crème fraîche | 1 Scheibe Schwarzbrot | ½ TL Kaviar | weißen Pfeffer und Meersalz aus der Mühle

ZUBEREITUNG

Das Eigelb in handwarmes Öl geben. Das Rinderfilet durch den Fleischwolf drehen (mittelgroße Scheibe) oder alternativ mit einem scharfen Messer fein hacken. Zum durchgelassenen Fleisch die fein gehackten Kapern, Sardellen, die Cornichon, Petersilie und die rote Zwiebel geben und mit dem Eigelb mischen. Nun mit Meersalz und Pfeffer aus der Mühle würzen – mit Tabasco, Masala, Trüffelöl verfeinern. Crème fraîche mit Salz und Pfeffer würzen. Die Schwarzbrotscheibe in einer Pfanne von beiden Seiten rösten, darauf das fertige Tatar geben und mit dem abgeschmeckten Crème fraîche bestreichen. Schließlich den Kaviar auf das Crème fraîche und darauf dann das in Öl erwärmte Eigelb legen und mit weißem Pfeffer und Meersalz aus der Mühle würzen.

ZARZUELA

Ars Vivendi Restaurant & Café im Schlossgartenpavillon, Seite 24

ZUTATEN für 6 Personen

Öl zum Braten | Salz | Pfeffer | Chili | 4 frische Knoblauchzehen, zerdrückt | 1 EL Mehl | 1 TL Paprikapulver | 2 Lorbeerblätter | 2 EL Weinbrand | 300 ml Fischbrühe | 2 EL gemahlene Mandeln | gehackte Petersilie | 24 frische Mies- oder Venusmuscheln | ca. 800– 1000 g frisches Seeteufelfilet | 300 g Kalmare, in Ringe geschnitten, oder Octopus in Stücke | 24 Garnelen, roh und ohne Schale | 12 Garnelen, roh mit Schale, nach Belieben auch gekochter Hummer | 500 g reife Tomaten, geviertelt | 4 Zwiebeln, geachtelt | 1 Zitrone

ZUBEREITUNG

Die Muscheln bürsten, beschädigte oder offene Muscheln aussondern. Die Seeteufelfilets in circa 80 g große Stücke schneiden. Kalmare oder Octopus sowie die Fischfilets in gewürztem Paprikamehl wenden und in dem erhitzten Öl anbraten, herausnehmen und dann die Garnelen anbraten. Die Zwiebeln, Lorbeerblätter und zwei Drittel des Knoblauchs in die Pfanne hinzugeben und drei Minuten mitbraten. Den Weinbrand angiessen und anzünden. Sobald die Flammen in sich zusammensinken, die Tomaten, Paprikapulver, Chili und Brühe zugeben. Kurz aufkochen lassen und bei kleiner Flamme 5 Minuten köcheln lassen. Die Muscheln hinzufügen und zugedeckt 4 Minuten kochen, bis die Schalen sich geöffnet haben. Nun auch die übrigen Zutaten wieder in den Sud geben, kräftig würzen und alles in eine große feuerfeste Form füllen. Die Mandeln mit dem restlichen Knoblauch und der Petersilie zu einer Paste verrühren. Die Paste über den Fischtopf verteilen und etwa 5–10 Minuten im Ofen gratinieren. Mit Zitronenvierteln garnieren und mit frischem Weißbrot sofort servieren.
Das spanische Wort „Zarzuela" bedeutet übrigens „Operette" also die bunte Vielfalt. Je nach Marktangebot und Anlass kann dieses Gericht abgewandelt werden, Krusten- und Schalentiere aber sind ein Muss für dieses Gericht.

BARSCH MIT WURZELGEMÜSE, TRÜFFEL-KARTOFFELSÄCKCHEN UND ESTRAGONSOSSE
Ruderhaus Restaurant und Café, Seite 26

ZUTATEN für 4 Personen
4 Stk. frischer Barsch küchenfertig vom Fischer des Vertrauens | 1 kg violette Kartoffeln | Trüffelpaste (Feinkostgeschäft oder beispielsweise Bos Food online) | 1 Pkg. Frühlingsrollenteig | Wurzelgemüse nach Marktlage (z. B. Karotten, Pastinaken, Sellerie…) | Zwiebeln | Salz | Pfeffer | Zucker | Kardamom | Sternanis | Estragon | Butter und Öl zum Braten | 250 ml Sahne | Weißwein oder Brühe

ZUBEREITUNG
Trüffel-Kartoffelsäckchen: Violette Kartoffeln schälen und in Salzwasser weich kochen. Mit einem Kartoffelstampfer grob stampfen und mit Salz, Pfeffer und Trüffelpaste abschmecken. Kartoffelmasse portionsweise in den Frühlingsrollenteig geben. Die Ränder mit Eigelb einstreichen und die Säckchen verschließen. Im Ofen bei 180 °C goldgelb backen und warm stellen.
Wurzelgemüse: Wurzelgemüse schälen und klein würfeln. Zwiebeln pellen und fein würfeln. In einem Topf Zucker karamellisieren. Sobald der Zucker braun ist, Kardamom, Sternanis und die Hälfte der Zwiebelwürfel zugeben. Alles mit Weißwein oder Brühe ablöschen. Gemüse und eine Flocke Butter zugeben und „al dente" kochen.
Estragonsoße: Die zweite Hälfte der Zwiebelwürfel in Butter anschwitzen. Mit Weißwein oder Brühe und Sahne ablöschen. Den Estragon mit einem Pürierstab einarbeiten und die Soße anschließend mit Salz und Pfeffer abschmecken.
Barsch: Die Haut der Barsche mit einem scharfen Messer einritzen und anschließend mit Salz würzen. In heißem Öl scharf anbraten. Dann die Hitze reduzieren und den Fisch circa 6 Minuten gar ziehen. Dabei mehrfach wenden.

KÜRBISMARMELADE MIT ÄPFELN UND INGWER
Schlossgärtnerei Wiligrad und Gartencafé, Seite 32

ZUTATEN
500 g Kürbisfleisch vom Hokaido | 500 g geschälte und entkernte Äpfel – am besten eignet sich der rote Boskop | 0,5 l Apfelsaft von selbstgepressten Äpfeln, naturtrüb und ohne Zusätze | 500 g Gelierzucker 3:1 | 100 g frischer Ingwer

ZUBEREITUNG
Frisch geernteter Hokaido braucht nicht geschält zu werden. Den Kürbis halbieren und mit einem großen Löffel das weiche Fruchtfleisch mit den Kernen entfernen. Der Kürbis wird nun sehr fein gehackt. Die Äpfel schälen, entkernen und ebenfalls in kleine Würfel schneiden. Ingwer schälen und reiben. Kleiner Tipp: Ingwerschalen mit kochendem Wasser übergossen, ergeben einen köstlichen Tee. Nun den Apfelsaft aufkochen, die Kürbiswürfel dazutun und 2 Minuten köcheln lassen. Gelierzucker und Apfelwürfel dazugeben und je nach Anleitung des Gelierzuckers aufkochen lassen. Zum Abschluss wird der frisch geriebene Ingwer kurz untergehoben. Die Marmelade ist fertig zum Abfüllen.
Die Kürbismarmelade ist herzhaft und schmeckt schon zum Frühstück, kann aber auch zu Käse gereicht werden. Wir mögen sie am liebsten zu unserer hausgemachten Lammsalami.
Die Kürbismarmelade kann auch zum Backen von Keksen oder Torten genommen werden. Tauschen Sie einfach mal die „langweilige" Erdbeermarmelade aus.

REZEPTE

GEBRATENER KANINCHENRÜCKEN MIT KARTOFFELBAUMKUCHEN, BUNTER BETE, GEBRATENEN KRÄUTERSAIDLINGEN UND SCHWARZWURZELPÜREE
Schloss Basthorst, Seite 34

ZUTATEN für 4 Personen
8 Kaninchenrückenfilets | 1–2 Gelbe Bete | 1–2 Bunte Bete |
4 Kräutersaidlinge | 1 Bund Schwarzwurzeln | ½ Stück Butter |
2 Schalotten | 2 cl Noilly Prat | 250 g mehlig kochende Kartoffeln |
25 g Mehl | 3 Eier | Muskatnuss | Salz | Pfeffer | Zucker | Kümmel

ZUBEREITUNG
Baumkuchen: Eigelbe mit 65 Gramm Butter schaumig, das Eiklar zu Schnee schlagen. Die gekochten, handwarmen Kartoffeln pressen, Eimassen unterheben und das gesiebte Mehl dazugeben. Mit Salz, Pfeffer, Muskatnuss abschmecken. Masse hauchdünn in eine feuerfeste Form geben und mit starker Oberhitze dunkel backen. Vorgang Schicht für Schicht wiederholen. Dann auskühlen lassen, aus der Form stürzen und portionieren.

Schwarzwurzelpüree: Schwarzwurzeln schälen, klein schneiden. Butter schmelzen, Schwarzwurzelstücke hineingeben, mit Noilly Prat ablöschen, bei niedriger Temperatur garen. Mit Salz, Pfeffer und Zucker abschmecken und cremig pürieren, bei 120 °C warm stellen.

Beten-Gemüse: Die Beten ungeschält mit Kümmel und Salz weichkochen, in kaltem Wasser abschrecken, schälen, schneiden, in Butter dünsten. Mit Salz, Pfeffer und Zucker abschmecken.

Kräutersaidlinge: In Scheiben schneiden. Schalotten schälen, würfeln, in Butter anschwitzen, anschließend die Pilze zugeben und braten, salzen und pfeffern.

Kaninchenrücken: Rückenstränge von Fett und Sehnen befreien, salzen, pfeffern, in einer heißen Pfanne mit Öl scharf anbraten. Die Rückenstränge in Aluminiumfolie einwickeln und bei 120 °C circa 4 Minuten ruhen lassen.

HIRSCHKALBSRÜCKEN MIT PORTWEIN-PFEFFER UND KARAMELLSTRUDEL
Hotel de Weimar, Seite 36

ZUTATEN für 4 Personen
1 Hirschkalbsrücken am Knochen | 1 Rotkohl | 4 Blätter Strudelteig |
200 g Schmalz | Essig | 500 g Pfifferlinge | 1 Knollensellerie |
3 Möhren | 1 Stange Lauch | 5 Haushaltszwiebeln | Zucker |
4 Schalotten | 2 Knoblauchzehen | 500 ml Portwein

ZUBEREITUNG
Hirschkalbsrücken vom Knochen ablösen und von Sehnen befreien. Von den Knochen und Abschnitten einen Soßenansatz ziehen, später das Suppengemüse dazugeben und mit etwas Portwein und Brühe ablöschen und köcheln lassen.

Den Rotkohl fein schneiden und mit Zucker, Essig und Salz marinieren. Einen Topf mit Schmalz und Zucker erhitzen, den Rotkohl zugeben, anschließend mit Apfelsaft ablöschen und garen bis er weich ist.

Hirschkalbsrücken mit Pfeffer und Salz würzen und in einer Pfanne anbraten, anschließend bei 160 °C im Ofen circa 8–10 Minuten garen und danach ruhen lassen.

Strudelteig mit etwas Rotkohl füllen, vorsichtig zusammenrollen und im Ofen erhitzen bis er braun wird.

Zucker karamellisieren, mit Portwein ablöschen, mit Pfeffer und Knoblauch reduzieren und mit dem Soßensatz auffüllen und kochen lassen. Mit Mehl abbinden. Die geputzten Pfifferlinge mit Schalotten und Knoblauch in Butter sautieren. Alles zusammen auf einem Teller anrichten.

„ALTER HOF" MÖHREN IM HERBST AN EINEM STEAK VOM WILDBRET UND ROSMARIN-KARTOFFELN

Alter Hof am Elbdeich, Seite 40

ZUTATEN für 4 Personen

500 g Möhren | Pflanzenöl | 160 ml Gemüsebrühe oder Wasser | Kreuzkümmel, geröstet | Schabziger Klee | Bohnenkraut | Koriander, geröstet | 20 g Butter | 1 Bund Petersilie | Hirschrücken oder Wildschwein in 2 cm dicken Scheiben | Piment | Pfeffer | Thymian | Lorbeer | Rosmarin | Senfmehl | 8 Kartoffeln | 1 EL Olivenöl | 1 Zweig Rosmarin | Petersilie | Salz | 1 Zehe Knoblauch

ZUBEREITUNG

Die Möhren waschen, schälen und im „Prignitzer 7/8 Schnitt" schneiden. Zwiebeln schälen und würfeln. Die Gewürze im Mörser zerreiben. In einem Topf Öl erwärmen und die Gewürze leicht anbraten. Dann die geschnittenen Möhren hinzugeben und durchrühren. Die Butter hinzugeben und bei kleiner Flamme 10–15 Minuten garen. Die Petersilie fein hacken und kurz vor dem Anrichten darüberstreuen. Die Kartoffeln als Pellkartoffeln ca. 10 Minuten vorkochen. Das Wasser abgießen und die Kartoffeln in beliebig große Stücke schneiden. In einer Pfanne das Olivenöl heiß werden lassen und die Kartoffelstückchen circa 5 Minuten bei mittlerer Hitze darin braten. Dann kommen Rosmarin und Petersilie hinzu, alles wenden. Mit Salz würzen und gelegentlich wenden, nicht zu oft, damit die Kartoffeln eine Kruste bekommen können. Jetzt wird der Knoblauch zu den Kartoffeln gegeben und das Ganze wird dann so lange gebraten, bis die Kartoffeln die gewünschte Bräune erreicht haben. Gewürze für das Wild in einem Mörser zerstoßen und das Fleisch einreiben.In einer Pfanne Pflanzenöl sehr heiß werden lassen. Das Steak in Mehl wenden und kurz von beiden Seiten 3 Minuten braten. Alles zusammen auf einem heißen Teller anrichten und servieren.

ERDBEERTORTE „STRACCIATELLE ART"

Eiscafé Rudolfo, Seite 48

ZUTATEN

Biskuit: 3 Eier | 80 g Zucker | 60 g Mehl | 20 g Speisestärke Füllung: 8 Blatt weiße Gelatine | 500 g Quark | 3 EL Orangenlikör | 150 g Zucker | 2 Päckchen Vanillezucker | 500 ml Sahne | 150 g Raspelschokolade

ZUBEREITUNG

Den Backofen auf 200 °C (Umluft) vorheizen. Für den Biskuit Eier und Zucker cremig schlagen. Mehl und Speisestärke vorsichtig unterheben. Den Teig nun in eine eingefettete Springform (Durchmesser 26 Zentimeter) geben und im vorgeheizten Ofen 10 bis 12 Minuten backen.

Für die Füllung die Gelatine einweichen (siehe Packungsanleitung). Quark, Orangenlikör, Zucker und Vanillezucker verrühren. Gelatine auflösen. Zum Temperaturausgleich 3 Esslöffel Quarkmasse unter die Gelatine rühren, dann die wohltemperierte Gelatine unter die Quarkmasse rühren und im Kühlschrank halb steif werden lassen. Anschließend die Sahne steif schlagen und die Raspelschokolade sowie die Quarkmasse unterheben. Den Tortenring um den Boden setzen und die Masse auf dem Tortenboden verteilen. Dann etwa 2 Stunden kalt stellen.

Für den Belag die Erdbeeren in Stücke schneiden und auf der Quarkmasse verteilen. Tortenguss nach Packungsanleitung zubereiten und über die Erdbeeren gießen. Torte über Nacht kalt stellen. Vor dem Servieren den Tortenring entfernen und die Raspelschokolade am Rand fest drücken.

Statt Erdbeeren kann man auch Himbeeren verwenden.

REZEPTE

KUTSCHERTORTE
Zur Kutscherscheune, Seite 54

ZUTATEN

Biskuitteig: 4 frische Eier | 200 g Zucker | 200 g Mehl | 5 g Backpulver
Creme: 750–800 g Schmand | 2 kleine Dosen Mandarinen |
20 g Zucker | 2 Tüten Vanillezucker | 6 Blatt Gelatine
„Schneebälle": 500 g Sahne | 100 g Instant-Getränkepulver „Orange" |
3 Päckchen Vanillezucker | 3 Blatt Gelatine | gehackte Pistazien |
Kakaopulver

ZUBEREITUNG

Biskuitteig: Das Eigelb mit dem Zucker schaumig schlagen. Anschließend Mehl, Backpulver und 4 Esslöffel Wasser dazugeben. Das
Eiweiß steif schlagen und unter die Masse heben. Den Teig in einer
mit Backpapier ausgelegen 28-er Springform etwa 40 Minuten bei
175 °C backen. Danach den Biskuitboden abkühlen lassen und
anschließend waagerecht halbieren. Einen Boden zur Verwendung
für eine spätere Torte einfrieren.

Creme: Die Gelatine einweichen. In der Zwischenzeit die Mandarinen abtropfen lassen und den Saft auffangen. 1/8 Liter des Mandari-
nensaftes mit dem Zucker und dem Vanillezucker verrühren. Danach
die Gelatine unter die Creme rühren und die Mandarinen vorsichtig
unterheben. Die Fruchtcreme auf dem Biskuitboden verteilen und
2–3 Stunden in den Kühlschrank stellen.

„Schneebälle": Die Gelatine einweichen und die Sahne steif schlagen.
Das Getränkepulver, den Vanillezucker und die aufgelöste Gelatine
vorsichtig unterheben. Die Sahnemischung 2–3 Stunden kühl stellen.
Anschließend mit einem Eiskugelportionierer „Schneebälle" formen
und auf der Fruchtcreme verteilen. Die gehackten Pistazien und das
Kakaopulver über die Schneebälle „schneien" lassen.

ROSA GEBRATENER REHRÜCKEN AUS DEM GRÄFLICHEN REVIER AUF ERBSENPOLENTA MIT BABYKAROTTEN UND APRIKOSENJUS
Brückenhaus Am Schaalsee, Seite 56

ZUTATEN für 4 Personen

1 kg Rehrücken und Knochen | 500 ml Wildjus | 200 g Aprikosen |
Pfeffer | Salz | Rosmarin | Thymian | 600 g Babykarotten |
30 g Rohrzucker
Erbsenpolenta: 200 g Hartweizengrieß | 80 g Butter | 80 g Erbsen,
püriert | 40 g geriebenen Parmesan | 20 ml Olivenöl | 2 Eier | Salz |
Mehl
Kartoffelpapier: 200 g mehlige Kartoffeln | Salz

ZUBEREITUNG

Kartoffelpapier: Kartoffeln mit wenig Salz gar kochen, pürieren,
gleichmäßig dünn ausstreichen. Danach 3 Stunden im Backofen
bei 60 °C trocknen.
Aprikosenjus: Rehrücken vom Knochen trennen, von Häuten befreien,
Knochen klein schneiden und daraus einen klassischen Wildjus kochen.
Durch ein Tuch passieren und zusammen mit den Aprikosen einkochen.
Erbsenpolenta: Butter, Erbsen, Öl und eine Prise Salz in 300 ml
Wasser aufkochen, den Grieß, Parmesan und Eier dazu geben. Ein
Blech mit Klarsichtfolie auslegen und die noch warme Polenta etwa
2 Zentimeter dick verteilen. Restliche Folie umschlagen, die Polenta
damit in Form bringen. Im Kühlschrank erkalten lassen.
Rehrücken: Würzen, von beiden Seiten scharf anbraten, im Ofen auf
den gewünschten Garpunkt bringen und ruhen lassen.
Babykarotten: Dünn schälen, liegend mit Wasser bedecken, leicht
salzen und Rohrzucker dazu geben. Ist das Wasser verkocht, bleibt
Rohrzuckerkaramell zurück, die Karotten werden glasiert.

ANRICHTEN

Polenta ausstechen, mehlieren und in Pflanzenöl goldbraun braten.
Den eingekochten Wildjus mit kalter Butter abbinden. Rehrücken
nochmals kurz in Butter mit Rosmarin und Thymian braten.

HAUSGEMACHTE ROULADEN VON UNSEREM AUBRAC
Hof Schaalsee, Seite 58

ZUTATEN für 4 Personen
4 Rouladen (à 200 g) | 2 EL Bautzener Senf | 50 g Bauchspeck | 1 große Zwiebel | 2 Gewürzgurken | Salz und Pfeffer aus der Mühle | etwas Schmalz | Rinderbrühe | Rotwein | Sahne

ZUBEREITUNG
Zuerst werden die Fleischscheiben gewaschen und abgetrocknet. Dann werden sie auf einem Brett ausgebreitet und mit Salz und Pfeffer gewürzt. Anschließend bestreicht man sie mit dem Senf und legt Würfel von Bauchspeck, Gewürzgurke und Zwiebeln darauf. Man rollt die Fleischscheiben von einer Seite fest auf und fixiert sie mit Küchengarn. In einem Schmortopf wird das Schmalz erhitzt und die Rouladen von allen Seiten scharf angebraten. Dann nimmt man den Topf von der Kochstelle, fügt nach Belieben Brühe und Rotwein dazu, legt den Deckel drauf und ab damit in den Backofen. Die Schmorflüssigkeit darf nicht kochen, sonst wird das Fleisch zäh. Nach etwa 90 Minuten sind die Rouladen gar. Man nimmt sie aus dem Bräter und bindet den Fond mit Mehl und Sahne. Zum Schluss wird noch einmal abgeschmeckt. Dazu schmecken Kartoffelklöße und Apfelrotkohl.

GÄNSEBRATEN
Hof Alte Zeiten, Seite 60

ZUTATEN für 4 Personen
1 Gans, ausgenommen, gewaschen, trocken getupft
Füllung: 800 g Äpfel | 100 g getrocknete Pflaumen | 30 g Sultaninen | 100 g Cashewkerne | 40 g brauner Zucker | ½ Bund frischer Majoran | 150 g Paniermehl

ZUBEREITUNG
Das überschüssige Fett der Gans abschneiden und die Gans innen und außen salzen. Die Zutaten für die Füllung vermengen und einmal kräftig durchkneten. Die Gans füllen und binden, in einen Bräter geben und circa 3 Zentimeter Wasser hinzufügen. Im Backofen bei 200 °C eine halbe Stunde braten, dann bei 150 °C 1,5 Stunden weiter schmoren. Wenn nötig, mit Alu-Folie abdecken. Soße abgießen und die Gans in einer weiteren halben Stunde kross braten. Soße abfetten, mit Speisestärke abbinden und nach Geschmack würzen.

ANRICHTEN
Die Gans auf einer Platte anrichten und tranchieren.
Dazu schmecken Knödel, Rotkohl und Rosenkohl.

DIE MECKLENBURGISCHE OSTSEEKÜSTE

Backstein, Bauernland und Zuckersand

An der Küste beginnt Mecklenburg-Vorpommern gleich hinter der Stadt Lübeck mit dem Klützer Winkel. Hier ist Urmecklenburger Land, das schon der Dichter Fritz Reuter als Anfang und Ende der Welt beschrieb: „As uns Herrgott de Welt erschaffen ded, fung hei bi Mecklenborg an, un tworsten von de Ostseetid her …" Naturstrände und fruchtbare Äcker geben dieser Landschaft urwüchsigen Charme. Die „Kornkammer Mecklenburgs" ist eine milde Moränenlandschaft. Zum Baden begibt man sich hier in das Ostseebad Boltenhagen.

An der insgesamt 260 Kilometer langen mecklenburgischen Küstenlinie zwischen Klützer Winkel und dem Ostseeheilbad Graal-Müritz erholen sich jährlich etwa 1,8 Millionen Gäste. Pralle Ländlichkeit, Badevergnügen und hanseatische Hochkultur liegen dicht beieinander. Etwa 300 Baudenkmäler zeichnen Wismars Altstadt aus, die mit 76 Hektar eine der größten erhaltenen Altstadtflächen Europas besitzt. Gemeinsam mit der historischen Altstadt Stralsund von der UNESCO zum Weltkulturerbe gekürt, zählt Wismar zu den schönsten Städten an der Ostseeküste. Zum Baden fährt der Wismaraner auf die Insel Poel. Wegen seines Heilklimas seit 2005 staatlich anerkannter Erholungsort herrscht Poeler Badetrubel vor allem am Strand vom Schwarzen Busch und in Timmendorf. Die Bewohner der drittgrößten Insel Mecklenburg-Vorpommerns leben auf 15 Orte verteilt. Von der höchsten Erhebung, dem 27 Meter hohen Kieckelberg übersieht man das ganz Eiland, dabei wird deutlich: Poel ist zwar eine Ferieninsel, aber, als eine der fruchtbarsten Inseln an der deutschen Ostseeküste, von unverkennbar ländlichem Charakter.

Purer Badespaß herrscht in Kühlungsborn, dem größten Seebad der Mecklenburgischen Ostseeküste. Vor der Ostseeallee mit ihren schönen Bädervillen rahmt die von einem Streifen Küstenwald gesäumte Strandpromenade den sechs Kilometer langen Zuckersandstrand.

Bädernostalgie in Heiligendamm. Nicht weit von dem lebhaften Familienbad Kühlungsborn entfernt lagert in vornehmer Blässe die weiße Stadt Heilgendamm am schmalen Strand. Willkommen in der Urzelle deutscher Bädergeschichte. Die Architekten von Seydewitz, Severin und Demmler haben hier im Auftrag des mecklenburgischen Herzogs Friedrich Franz einen der elegantesten und teuersten Seebadeorte Deutschlands gebaut. Bad Doberan, sechs Kilometer im Hinterland, war die herzogliche Sommerresidenz. Bedeutung hatte der Ort aber schon früher als eine der reichsten Zisterzienser-Abteien des Nordens. Das hochgotische Doberaner Münster, später bevorzugte Grablege der mecklenburgischen Herzöge, ist eine der wenigen ehemaligen Klosterkirchen Norddeutschlands, die noch einen beeindruckend großen Teil ihrer ursprünglichen Ausstattung besitzen.

OASE DER RUHE

Vegetarisches Schlemmen in Bio-Qualität im Gutshaus Stellshagen

Rote Bete Suppe –
vegan und glutenfrei
*Dieses Rezept finden Sie
auf der Seite 104*

Der Wind weht vom nahen Meer über die Felder bis in das kleine Dorf Stellshagen. Dann wird es still, nur das Plätschern der Fontäne im Gutshofweiher ist zu hören, und das Zwitschern der Vögel. Durch den Park wandeln Menschen mit bemerkenswert entspanntem Gesichtausdruck. Kein Handy schrillt, still werden inmitten des stillen Klützer Winkels sogar die eigenen Gedanken. Der gestresste Mensch kommt auf dem Gutshof Stellshagen in kürzester Zeit von 100 auf Null. Auch dank 100 Prozent Bio und null Prozent chemischer Zusatzstoffe in den Nahrungsmitteln. Die Hamburger Heilpraktikerin Gertrud Cordes hat gemeinsam mit ihrer Mutter, die hier aufgewachsen ist, und ihrem Ehemann William Nikiel, aus dem 1925 erbauten Familienanwesen eine Oase der Regeneration geschaffen, deren Qualität sich in vielen

BIO-HOTEL
GUTSHAUS STELLSHAGEN
Gertrud Cordes
Lindenstraße 1
23948 Stellshagen
Tel. 03 88 / 254 40
Fax 03 88 / 254 43 33
www.gutshaus-stellshagen.de
info@gutshaus-stellshagen.de

Auszeichnungen widerspiegelt. Die Philosophie des Bio-Hotels lässt sich in einem Satz zusammenfassen: „Gesundheit und die Natur sind für uns die höchsten Güter." CO_2-neutrales Heizen und die Verwendung von baubiologischen Materialien sind hier ebenso selbstverständlich wie eine eigene Landwirtschaft. Auf sechs Hektar wachsen Gemüse und Kräuter, die von Küchenchefin Marlies Spieß und ihrem kreativen Team in der Hotelküche zu vegetarischen Gerichten verarbeitet werden. Schon optisch widersprechen die opulenten Delikatessenbuffets jeglichen Vorurteilen vom lustfreien Vegetariertum. Brot, Brötchen, Kuchen und Torten kommen aus der hauseigenen Bio-Bäckerei. Mithilfe vegetarischer und ayurvedischer Kochkurse sowie Ernährungsberatungsgesprächen findet jeder hier sein eigenes kulinarisches Wohlfühlprogramm. Gesundes Essen und Genuss gehen in Stellshagen eine wunderbare Liaison ein, ergänzt vom Gutsherren William Nikiel durch hervorragende Bio-Weine. Saunahaus, Naturbadeteich und vielfältige Angebote des Tai-Gesundheitszentrums runden den Weg zu ganzheitlicher Erholung ab.

GENUSS OHNE REUE

*Im Gutshaus Parin werden gesundheitsbewusste Genießer
biologisch-korrekt verwöhnt*

Austernseitlinge mit
Mangold und Paprika zu
Kartoffel-Möhren-Ecken
*Dieses Rezept finden Sie
auf der Seite 104*

Vegetarisch Schlemmen in 100 Prozent
Bio-Qualität bietet auch das Gutshaus
Parin, etwa sechs Kilometer von Stellshagen entfernt. Selbst den kleinen Hunger unterwegs braucht kein Vegetarier zu fürchten,
denn schon im Nachbardorf, in Damshagen,
erwartet eine kleine Außenstelle des Gutshauses Stellshagen die Spaziergänger im „Alten
Feuerwehrhaus" mit Bio-Bistro und Hofladen.
Der Weg nach Parin führt durch die Felder
und Wiesen des Klützer Winkels. Zeitreise in
eine milde Moränenlandschaft, die im Frühjahr
knallgelb vom Raps und im Sommer weizen-
blond ist. Mittendrin das weiße Gutshaus Parin, umgeben von alten Bäumen und stillen
Teichen. Im rustikalen Gewölbekeller locken
leckere Kekse, Kuchen und Torten aus der
Bio-Backstube nicht nur die Gäste des alten
Gutshauses. Nach baubiologischen Gesichts-
punkten von Grund auf restauriert und zugleich elegant eingerichtet, bevorzugen vor
allem Seminargruppen das Haus mit Guts-
haussaal, Kaminzimmer, Weinstube, Wintergarten und Sonnenterrassen. Für das leibliche
Wohl sorgt auch hier das erfahrene Küchenteam um Marlies Spieß, das mal mecklenburgisch, mal italienisch, mal indisch inspirierte
vegetarische Büfetts für gesundheitsbewusste
Genießer kreiert, übrigens auch vegan, gluten-

GUTSHAUS PARIN
Gertrud Cordes
Wirtschaftshof 1, 23984 Parin
Tel. 03881 / 75 68 90
Fax 03881 / 75 68 89 555
www.gutshaus-parin.de
info@gutshaus-parin.de

und laktosefrei. Produkte, die nicht ausreichend in der eigenen Landwirtschaft wachsen, bestellt Marlies Spieß bei Biobauern und -großhändlern aus der Umgebung. So stammen Kartoffeln, Möhren und Frühstückseier von „Opas Bauernhof" aus dem nahen Neuenhagen. Auch die individuell gestalteten, elektrosmogreduzierten, allergikerfreundlichen Gutshauszimmer sind durch und durch ökologisch. Die Möbel aus weiß gekälkter Eiche wurden mit Naturtextilien dekoriert. Eine Besonderheit sind die 16 Zimmer im Zirbenhaus nebenan. Lehmwände verströmen hier ein angenehmes erdiges Klima, und es duftet nach Zirbenholz, dem man besonders stärkende Wirkung nachsagt.

KUNST UND KUCHEN

Kathy Gordon bietet Genuss für Gaumen und Augen

Mohn-Philadelphia-Torte
a la Café Frieda
*Dieses Rezept finden Sie
auf der Seite 105*

oel ist mit 37 Quadratkilometern die drittgrößte Insel Mecklenburg-Vorpommerns. Das Eiland liegt flach wie eine Flunder in der Wismarer Bucht. Zwischen losen Baumgruppen blitzen kleine eiszeitliche Wasserlöcher. Meist weht ein leichter Wind. Poel ist altes Bauernland, das sich bis heute stille Ländlichkeit bewahrt hat. Die beste Art, sich auf der Insel zu bewegen, ist das Radfahren. Der schönste Ort unterwegs einzukehren, ist das Café Frieda in Oertzenhof. Im Jahr 2000 kehrte die gebürtige Poelerin Kathy Gordon auf die Insel in das Haus ihrer Großmutter Frieda zurück und beschloss, den ehemaligen Schweinestall zum Kaffeehaus auszubauen. Nichts erinnert heute mehr in dem modern gestalteten Innenraum an seine einstige Funktion. An den Wänden und auch im oberen Galeriegeschoss hängen immer wieder neue Bilder. Die gelernte Restaurantfachfrau,

CAFÉ FRIEDA
*Oertzenhof 4
23999 Insel Poel
Tel. 03 84 25 / 42 98 20
www.cafe-frieda.de
geniessen@cafe-frieda.de*

die zuvor viele Jahre in England und in Hamburg lebte, wo sie auch ihren australischen Mann Andy kennenlernte, wollte von Anfang an mehr, als nur ein Gasthaus eröffnen. Die erste Ausstellung mit Werken einer Freundin im Jahr 2009, noch vor dem Umbau des historischen Wirtschaftsgebäudes, war der Testlauf zum Kunstcafé – mit unerwartet gutem Erfolg. So etwas gab es eben noch nicht auf der Insel. Aber auch nicht solche herrlichen Torten, die Café Frieda bald über die Inselgrenzen hinaus bekannt machen sollten. Inzwischen backt Kathy Gordon gemeinsam mit zwei Nachbarinnen bis zu 20 verschiedene Torten. Die Marzipan-Mohn-Torte ist Kult, aber auch die Sanddorntorte und die Mohn-Philadelphia-Torte dürfen nicht fehlen. Köstlich schmeckt auch der ofenwarme Apple Crumble mit Butterstreusel, Vanilleeis und Schlagsahne. Dabei sind diese Köstlichkeiten nicht sündhaft süß, denn die Poeler Bäckerinnen gehen sparsam mit Zucker um. Auch mit Veranstaltungen wie Konzerten, Pralinen-Workshops und Kulinarischen Lesungen, bietet das Café Frieda vielseitigen Genuss.

VOLL GLÜCKLICH

Im Café Glücklich kann jeder seine ganz persönlichen Glücksmomente erleben

Himbeertoni
Dieses Rezept finden Sie auf der Seite 105

Dieser Name ist ein Glücksfall. Schon wer ihn hört, bekommt gute Laune. Wer dann noch den Tag im Café Glücklich mit einem Frühstück beginnt, dem kann eigentlich nichts Böses mehr widerfahren. Ob „Frühstücksglück für Schleckermäuler", „Vollkorn voll Glücklich" oder „Liebesglück für zwei", liebevoll auf einer Etagere angerichtet – frühstücken kann man hier den ganzen Tag und dabei aromatische Tee- und Kaffeespezialitäten oder heiße Schokolade genießen. Frau Glücklich hat sich die schöne, so nahe dem Meer gelegene UNESCO-Weltkulturerbe-Stadt Wismar für ihr süßes kleines Café ausgesucht. Seitdem haben hier viele Gäste generationsübergreifend ihr Lieblingscafé gefunden. Im Sommer blühen vor dem Eingang die Kletterrosen, im Winter bullert in einem der beiden blauen Stübchen der alte weiße Kachelofen. Alles ist so gemütlich und einladend wie die Kissenparade auf der langen Wandbank. Während die Gäste schlemmen, plaudern oder einfach in den Tag hinein träumen,

FRAU GLÜCKLICHS REZEPT ZUM GLÜCKLICHSEIN ~ € 3.50

CAFÉ GLÜCKLICH
Katharina Glücklich
Schweinsbrücke 7
23966 Wismar
Tel. 03841 / 79 69 377
www.cafe-gluecklich.de
frauglueklich@gmx.de

malen Kinder bunte Bilder für die Wand über dem Kindertischchen. Frau Glücklich steht in ihrer Backstube und macht, was sie schon immer gerne getan hat: Kuchen backen. Jeden Tag backt sie „ausschließlich ihre Lieblingskuchen" nach eigenen Rezepten. „Ob üppige Aprikosen-Mandelverführung, Windbeuteltorte, Schoko Love Story, Beerenzauber oder traditionelle Streuselkuchen, alle sind mit guter Landbutter, frischen Eiern von glücklichen Hühnern aus der Region und natürlich mit ganz viel Liebe und Leidenschaft gebacken", betont Frau Glücklich. Die Schoko Love Story ist für sie „die Mutter aller Schokotorten". Dazu zaubert das Café-Glücklich-Team köstliche Kompositionen aus bestem Arabica-Kaffee. Der „Glücklich Spezial" ist eine dunkle Schokolade mit Espresso und cremiger Sahnehaube. Am Donnerstag, dem Waffeltag, kann sich jeder seine Lieblingswaffel kreieren. Wen es nach Herzhaftem gelüstet, der kann hier belegte Glücksstullen, hausgebackene Quiche, Ciabatta und Bagel genießen.

ALLESISSTGUT

Wie ein Besuch im Landhaus von Freunden

Gebratenes Hechtfilet mit
Rote Bete und Joghurt-
Sauerrahm
*Dieses Rezept finden Sie
auf der Seite 106*

Still ist es am Neuklostersee. Vogelgezwitscher, manchmal ein kurzer lustvoller Aufschrei eines erhitzten Saunabesuchers beim Sprung ins kühle Wasser. Kindergekicher aus dem Spielort Trafoturm. Viele Jahre lang haben das Berliner Architektenpaar Gernot und Johanne Nalbach für andere Hotels gebaut. Längst steht der Name Nalbach für die Gestaltung hervorragender Art'otels in Berlin, Leipzig und Köln. Mit dem Umbau des ehemaligen „Birkenhofes", später Ferienheim der LPG „Morgenröte" in Nakenstorf, nutzten sie ihre beruflichen Erfahrungen für ein eigenes Unternehmen. Inzwischen umgeben das alte backsteinrote Bauernhaus zwei mit Lärchenholz verkleidete Neubauten und geben als Badescheune und Wellness-Wohlfühlhaus dem nun dreiseitigen Ensemble Modernität mit Ortsbezug. „Sensibel in den Empfindungen, poetisch in der Ausdrucksweise und rational in der Umsetzung, verspielt im Detail, geradlinig in der Form, so könnte man das Wesen Johanne Nalbachs, aber auch das ihrer Architektur beschreiben." Die Einschätzung eines Design-Magazins lässt sich auch auf die Gestaltung des Nakenstorfer Seehotels anwenden. Die dänischen Kronprinzen dinierten hier 2011 bei einem inoffiziellen Staatsbankett. Gäste aus aller Welt, vor allem aber auch Hamburger und

SEEHOTEL
AM NEUKLOSTERSEE
Johanne und Gert Nalbach
*Seestraße 1
Nakenstorf b. Neukloster
Tel. 03 84 22 / 45 70
Fax 03 84 22 / 4 57 17
seehotel@nalbach-architekten.de
www.seehotel-neuklostersee.de*

Berliner Städter, zieht es in diese abgeschiedene Gegend mit Gourmetfaktor. Feuer brennt im Kamin des Restaurants „Allesisstgut". Die in die zartblau gewischten Wände eingelassenen Lichtquellen geben dem Raum sakrales Flair. Detlef Weiß, einst Sous-Chef bei Sternekoch Kurt Jäger, prägt eine Küche, die „ganz wundersam Welt und Region mischt" (Tagesspiegel) und beispielsweise Daskower Lamm mit eingelegtem Paprika und Couscous auf den Teller bringt. Der Zander auf schwarzem Vollkornrisotto stammt aus dem glasklaren Neuklostersee. Im Garten wächst Topinambur für feine Süppchen, dort reifen die Früchte für Apfelsaft, Chutney, Sorbet und Kuchen. Köstlich schmeckt auch die Holunderbeersuppe mit Eisenkraut-Eis.

TRADITION UND AUFBRUCH

Bei Wolfgang und Kristian Dierck lautet die Devise „alles außer gewöhnlich"

Zweierlei von der Wachtel, confiertes Keulchen mit Trüffelmousse gefüllt und saftig gebratenes Brüstchen an Gewürzquitten-Törtchen
Dieses Rezept finden Sie auf der Seite 106

Als zur vorletzten Jahrhundertwende in Kühlungsborn, dem heute größten Ostseebad Mecklenburgs, der Tourismus erblühte, baute sich auch Wilhelm Dase direkt an der Strandstraße seine schöne weiße Sommervilla. Der heutige Inhaber des Hauses, der diplomierte Betriebswirt und Küchenmeister Wolfgang Dierck, der zuvor als Management-Praktikant im noblen Londoner Hotel „Savoy" Gäste wie Margaret Thatcher und die Queen Mum empfing, gab sich auch nicht mit Mittelmaß zufrieden. Im Restaurant „Wilhelms" schritt man bald über dunkles, englisches Parkett und speiste unter einem gläsernen Jugendstilleuchter, der einst die Säle einer englischen Bank erhellte. Das Neptun Hotel mit seinem vielgelobten Restaurant wurde eine Erfolgsgeschichte, an der nun auch Kristian Dierck, Jahrgang 1981, mitschreibt. Wie der Vater so schulte sich der Sohn, der im und mit dem Neptun Hotel groß wurde, nach seinen Stu-

dien als Volkswirt und Hotelfachmann in noblen Häusern wie dem Kildare Hotel & Country Club in Irland, das anlässlich des weltgrößten Golfturniers „Ryder Cup" Gäste wie Bill Clinton, George Bush und Fürst Albert von Monaco empfing, sowie im Fünf-Sterne-Luxus-Hotel Park Hyatt in Hamburg. 2011

WILHELMS RESTAURANT & WINTERGARTEN IM NEPTUN HOTEL
Wolfgang & Kristian Dierck
*Strandstraße 37
18225 Kühlungsborn
Tel. 03 82 39 / 630
Fax 03 82 39 / 63 29
www.neptun-hotel.de
info@neptun-hotel.de*

kehrte Kristian Dierck zurück zu seinen Wurzeln und steht nun seinem Vater als Hoteldirektor zur Seite. Dass dieses traditionsreiche Haus auch in Zukunft in Familienhand bleibt, ist ein Glücksfall für das Neptun und die gesamte kulinarische Szene an der mecklenburgischen Ostseeküste. Küchenchef Yves Kalweit bereitet seine regional und französisch inspirierten Gerichte in der offenen Küche zu. Dabei gewinnt sogar Urmecklenburgisches die Leichtigkeit moderner Küche. Klassische Restaurantführer loben: „Erfreulich frisches und hochwertiges Speisenangebot, das ambitioniert und zeitgemäß zubereitet wird. Immer eine Sünde wert auch die verführerischen Desserts."

DER AROMENSPIELER

Frank Haarde schätzt mecklenburgische Miesmuscheln ebenso wie Papageienfisch

Müritzer Zanderfilet unter der Thymianhaube mit Tomatenkompott und Limonenravioli
Dieses Rezept finden Sie auf der Seite 107

Kühlungsborn besteht eigentlich aus drei Orten – aus Fulgen, Brunshaupten und Arendsee – die am 1. April 1938 zu Kühlungsborn vereint wurden. In gleicher Reihenfolge hatte sich auch der Badebetrieb entwickelt. Bereits 1906 wurde im ehemaligen Brunshaupten das Kurhaus erbaut. Von Mitte der 1950er-Jahre bis 1996 diente das Gebäude als Krankenhaus. „Viele unserer heutigen Mitarbeiter wurden hier geboren", erzählt Thomas Peruzzo, der Direktor der an dieser Stelle am 1. April 2011 eröffneten Upstalsboom Hotelresidenz. Der Neubau des eleganten Vier-Sterne-Superior-Hotels zitiert ein Stück Kühlungsborner Geschichte, in dem er architektonische Stilelemente sowohl aus der guten alten Bäderzeit, wie Türme und Erker, als auch aus jüngerer Epoche vereint. In dieser Symbiose klassischer Details mit moderner Geradlinigkeit entstand ein Schmuckstück heutiger Bäderarchitektur. Das Haus in der Ostseeallee, nur wenige Meter vom Strand entfernt, erfüllt die archaische Bedeutung des alten friesischen Wortes „Upstalsboom", das eine mittelalterliche Thingstätte beschreibt, an der Geselligkeit gepflegt und neue Energien gesammelt wurden, mit eleganten Zimmern, großem Spa-Bereich, Café und Bar. Im Restaurant Fulgen mit 800 Quadratmeter großer Sonnenterrasse und im Genießerrestaurant Brunshaupten,

UPSTALSBOOM
HOTELRESIDENZ & SPA
KÜHLUNGSBORN
Thomas Peruzzo
Ostseeallee 21
18225 Ostseebad Kühlungsborn
Tel. 03 82 93 / 4 29 90
Fax 03 82 93 / 4 29 99 99
www.upstalsboom.de/hotelresidenz
hotelresidenz@upstalsboom.de

vom Requisiteur der Deutschen Oper Berlin mit einem monumentalen Strandtryptichon dekoriert, ist Frank Haarde Küchenchef. Zuvor unter anderem für Marriots weltweit tätig, bringt der gebürtige Bremer reichlich Erfahrungen mit. Witz, Experimentierfreudigkeit und Liebe zum Produkt machen sein facettenreiches mediterran und mecklenburgisch beeinflusstes Repertoirc aus, in dem Fisch eine wichtige Rolle spielt. Im Wiener Café Arendsee backt Linda Brix neben vielen anderen süßen Versuchungen die Haustorte, Mousse au chocolat mit Apricotbrandy, Cashewkernen und Nussbaiser oder auch Käsekuchen „wie zu Omas Zeiten".

WELLNESS FÜR HÜHNER

Nach dem Vorbild des britischen Musterhofes Highgrove der Umwelt zuliebe

Landwirtin Anne Grünberg spricht mit den Tieren, die Legehennen wohnen in mobilen Hühnerhotels und ihre Brüder, die im konventionellen Zuchtalltag zumeist gleich nach dem Schlüpfen getötet werden, dürfen hier zu Suppenhähnchen heranwachsen. Im Biogut Vorder Bollhagen begegnet man auch den Mastrindern, Mutterkühen, Schafen, Ziegen, Gänsen und Enten mit Respekt und gönnt ihnen Auslauf auf weiten Weiden und in luftigen Laufställen. Die vier Hühnermobile werden wöchentlich auf ein frisches Wiesenstück umgesetzt. „Wir sind ein Demonstrationsbetrieb und zeigen wie Ökolandbau in der Praxis funktioniert. Uns haben bereits Interessenten aus China, Lateinamerika und Schweden, Schulkinder, Ökolandwirtschaftsstudenten und Gäste mit ihren Kindern aus dem benachbarten Grand Hotel Heiligendamm besucht", sagt Gutsleiter Johannes Lampen. Im Auftrag von Anno August Jagdfeld, einem Bewunderer des

**GVB GUT
VORDER BOLLHAGEN**
Johannes Lampen
*Hauptstr. 1
18209 Vorder Bollhagen
Tel. 03 82 03 / 1 64 79
Fax 03 82 03 / 1 40 17
www.gutvorderbollhagen.de
GVB@ech-heiligendamm.com*

britischen „Bio-Bauern" Prinz Charles, hat der Diplom-Agrar-Ingenieur 2004 den 670 Hektar großen Betrieb auf ökologischen Landbau umgestellt – auch damit die Landschaft rund um das Seebad Heiligendamm geschont wird. Marktfruchtbau mit Saatgutvermehrung und Konsumgetreide sowie Speise- und Pflanzkartoffeln ist ökonomischer Schwerpunkt des bekanntesten Bio-Hofes dieser Region, Mitglied der ökologischen Anbauverbände Biopark und Bioland. 450 Hektar dienen als Ackerfläche, 220 Hektar als Dauergrünland für die Viehzucht und zur Bodenerholung. Jüngst zeichnete die Hochschule Rostock das Gut als „Betrieb mit der größten Artenvielfalt" aus. Die vielseitige Tierhaltung sorgt für eine breite Produktpalette an Rind-, Schaf-, Ziegenfleisch- und Geflügelprodukten für den Bio-Gutsladen im ehemaligen Taubenhaus. Zudem werden Kartoffeln, Eier und ein regionales Sortiment an Obst und Gemüse angeboten. „Derzeit liefern wir auch jede Woche 1800 Eier an das Berliner Hotel Adlon", freut sich Johannes Lampen.

HAWAI IN HEILIGENDAMM

Sonntags gibt es Musik und Brunch auf der Meerblickterrasse

Sauna Garnelen
*Dieses Rezept finden Sie
auf der Seite 107*

Nur wenige Schritte vom luxuriösen Grand Hotel Heiligendamm entfernt, überrascht den Wanderer im gediegenen Dunstkreis des Nobelbades, plötzlich lockere Beachclub-Atmosphäre. Entspannt sitzen die Gäste in Teakholzmöbeln auf der Holzterrasse, dem Deck, und genießen einen atemberaubenden Sonnenuntergang. Die abgeschiedene Lage direkt am Strand und der traumhafte Meerblick haben den Hawaiianer Patrick Haninger und die Deutsche Sarah Fleischer 2011 zum Kauf des ehemaligen Kiosks bewogen, aus dem die beiden erfahrenen Hoteliers inzwischen eine einladende Open-Air-Location gemacht haben, mit viel Holz und Bambus. Seit vielen Jahren managt Patrick in Vietnam Beachressorts, Entertainmentpassagen und einen der berühmtesten Sailing Clubs. In Vietnam lernte er auch Sarah kennen, die dort im Rahmen ihres Hotelmanagementstudiums ein Praktikum absolvierte. Sarahs Sehnsucht und ein gewisses Sicherheitsbedürfnis für die Zukunft führte die beiden schließlich nach Deutschland, allerdings nur für die Hälfte des Jahres, denn das Deck an der Ostsee ist ein Sommerort.

Ebenso wie Patrick und Sarah pendelt hier nun auch der Küchenstil zwischen Europa und Asien. Von Sonnenaufgang bis Sonnenuntergang ist das Deck Bistro und Strandbar. Tagsüber kann man zwischen Flammkuchen, Garnelen Curry, Spagetti mit Meeresfrüchten, Brandenburger Apfelkuchen und einen halben Meter langen Bratwürsten aus einer Bad Doberaner Metzgerei wählen. Wenn die Sonne im Meer versinkt, verwandelt sich das Deck in ein Restaurant mit anspruchsvoller internationaler Küche, wobei man sich nun gegen einen Preisaufschlag auch Service am Tisch reservieren kann. Abends wird gerne die süß-saure Tom Yum Suppe mit Garnelen, Hühnchenfleisch, Austernpilzen und Kokoscreme bestellt. Auch Rinderfilet und Schnitzel stehen auf der Karte. Nachts verwandelt sich das Deck mitunter zur Tanzfläche im Mondenschein. Die Meerblickterrasse ist übrigens auch ein idealer Ort für private Beach Partys.

DECK HEILIGENDAMM
HB&R GmbH
*Am Kinderstrand 3
18209 Heiligendamm
Tel. 03 82 03 / 63107
www.deckheiligendamm.de
info@deckheiligendamm.de*

WALD UND WIESE

Frische Kräuter und viel Wild im Jagdhaus Heiligendamm

Dammhirschrücken auf
Salzkürbis, Pfifferlingen und
Gewürzkartoffeln
Dieses Rezept finden Sie
auf der Seite 108

Das Jagdhaus Heiligendamm ist einer der schönsten Orte, um die Gaben der Natur zu genießen.

Grün sind die Wände, auch die Tischläufer und Servietten sind grün – sanft grün, die Farben der Harmonie und des Waldes. Seit 2009 betreiben Ines und Alexander Ramm im ältesten deutschen Seebad, nahe dem Meer, zwischen blühender Wiesenlichtung und Wald ihr kleines Restaurant mit Pension. In dem Ort, der ab 1793 zu einem der elegantesten und teuersten Seebadeorte ausgebaut wurde, erfüllen sich Ines und Alexander Ramm ihren gastronomischen Traum und verwöhnen ihre Gäste mit geschmacklich wie preislich exzellent ausgewogenen Gerichten und natürlich herzlicher Gastfreundschaft. Köstlich der hausgebeizte Hirschschinken mit geschmacksintensivem grasgrünen Brunnenkresse-Sorbet. Wie man es in einem Jagdhaus erwartet, kommt das Wild aus den umliegenden Forsten und einem benachbarten Wildgehege. Die kreative Kräuterküche, beispielsweise mit gebackener Hirschkalbsleberwurst an Senfkraut-Apfel und Hirschrückenfilet im Salbei-Schinkenmantel mit Chili-Zwetschgen, ist ein Feuerwerk

JAGDHAUS HEILIGENDAMM
Ines und Alexander Ramm
Seedeichstraße 18
18209 Ostseebad Heiligendamm
Tel. 03 82 03 / 73 57 75
www.jagdhaus-heiligendamm.de
info@jagdhaus-heiligendamm.de

Es sind die
Begegnungen mit Menschen,
die das Leben lebenswert machen.
Guy de Maupassant

der Aromen. Mit ihrer so geerdeten wie fantasievollen Küche aus zumeist regionalen Produkten bietet das Jagdhaus-Team abseits der großen Touristenströme ein interessantes kulinarisches Kontrastprogramm im Luxusbad Heiligendamm. Namhafte Restaurantführer loben „die unprätentiöse Einrichtung" ebenso wie die „mit unglaublich viel Sorgfalt geführte Küche" und den von Restaurantleiterin Ines Ramm angeleiteten freundlichen Service. Auch Gault Millau, der das Jagdhaus Heiligendamm im Jahr 2013 mit 15 Punkten bewertete, ist ebenso begeistert von der aromatischen Kräuterküche wie von der bodenständigen Herzlichkeit der beiden Wirtsleute, deren Motto „Ein Lächeln ist die schönste Sprache der Welt" die Gäste schon am Eingang empfängt.

KÖSTLICHKEITEN AUS DEM KLOSTER

Tillmann Hahns Devise: Das Leben ist zu kurz, um schlecht zu essen

Das Münster in Bad Doberan ist eines der bedeutendsten Baudenkmäler der norddeutschen Backsteingotik. Zur Anlage dieses berühmten ehemaligen Zisterzienserklosters gehört auch das Torhaus, in dem seit 2008 der Spitzenkoch Tillmann Hahn gemeinsam mit seiner Frau Pairat an klösterliche Kultur und Geschichte erinnert. Dafür haben sie sich auf die Suche nach Produkten begeben, wie Öle aus dem Kloster Rühn oder Weine aus dem Kloster Pforta und anderen Weingütern mit klösterlicher Vergangenheit. Die angebotenen Biere stammen aus verschiedenen Klosterbrauereien Deutschlands, bis auf das Doberaner Klosterbräu, das in einer kleinen regionalen Handwerksbrauerei nach altem Rezept exklusiv gebraut wird. Fischspezialitäten und Keramik-Grotesken im mittelalterlichen Stil stammen von Familie Dethlefsen, die die einst von den Doberaner Mönchen angelegten Fischteiche in Hütten bei Parkentin bewirtschaftet. „Es waren hiesige Mönche, die auch den Dreiseitenhof in Schmadebeck gegründet hatten. Heute betreibt dort die Familie Heinz einen Gänse-und Ferienhof und beliefert uns mit Geflügel und Eiern", erzählt Tillmann Hahn. Aus frischen Eiern, Haselnüssen, Rapsöl, braunem Zucker, Schokolade und diversen Gewürzen backt Pairat in der Schauküche im gegenüberliegenden Pfarrhaus den köstlichen Klosterkuchen, nach eigenem Rezept. Schoko-, Eierlikör-, Himbeer- und Sanddorntorte werden in der Bastorfer Konditorei Valentin hergestellt. Tillmanns Gewürzmischungen verströmen ihren Duft im ganzen Raum. Auch Schokoladen, Klostersenf, Konfitüren, Chutneys und Säfte aus den Früchten des Klostergartens kann man im Torhaus kaufen. Zudem füllen Produkte alter Handwerkskunst, wie nach musealen Vorbildern gefertigtes Waldglas, die Regale. Mittags kann man sich an deftigen Gemüseeintöpfen in Suppentassen aus dem Töpferhaus Jung in Glashagen, an Bio-Auerochsengulasch oder saftigen Vollkornstullen mit Klosterkochkäse oder Griebenschmalz laben.

Rindfleischsuppe mit Gemüse
Dieses Rezept finden Sie auf der Seite 108

TORHAUS BAD DOBERANER
KLOSTERLADEN
KLOSTERKÜCHE IM ALTEN
PFARRHAUS
Tillmann Hahn
*Klosterstraße 1a /
Ecke Beethovenstraße 19
18209 Bad Doberan
Tel. 0171 / 432 77 10
Fax 03 82 03 / 739 63
www.torhaus-doberan.de
info@torhaus-doberan.de*

FRISCH VOM FISCHER

Kaum gefangen, landet heimischer Fisch in Pfannen und auf dem Ladentisch

Gekochter Dorsch mit
Senf-Joghurt-Butter-Soße
und Salzkartoffeln
*Dieses Rezept finden Sie
auf der Seite 109*

Frischer Fisch, geräuchert, gebraten, gekocht, gedünstet – kein Produkt nährt so sehr die Sehnsucht nach Ostseeromantik und Regionaltypischem wie Dorsch, Zander, Scholle und Co. Schon vor Sonnenaufgang stechen die Fischkutter in See, bei jedem Wind und Wetter. Jeden Tag holen die Kühlfahrzeuge des Rostocker Fischmarktes den frisch gefangenen Fisch von den Ostseefischern. Erstklassige Zuchtfische wie Forellen und Saiblinge sowie Räucherfisch bringen die Müritzfischer, auch Zander und Maräne kommen aus der Müritzregion. Zudem werden die Auslagen im Rostocker Fischmarkt mit tiefgefrorenen Fängen aus ferneren Fischgründen ergänzt. Garnelen und andere Meeresfrüchte runden das Angebot ab. Sogar frische Austern kann man im Fischgeschäft des Rostocker Fischmarktes bekommen. „Dabei definieren wir uns weniger über den Preis als über Qualität", sagt Ulf Korich, der Geschäftsführer und Einkaufsmanager, der schon als Knabe mit der Angel auf Fischfang ging. Seit 2011 werden die „Früchte" aus Neptuns Reich auch vor Ort, in der Fischbratküche, zubereitet. Ob Fischbrötchen, Brathering, Scholle mit Speck oder Zanderfilet auf Rotweinsoße – die Rostocker Fischbratküche bedient wohlschmeckend und auf gesunde Weise sowohl den kleinen Hunger als auch den Riesenappetit. Dabei wird jeder Fisch in traditioneller Handarbeit und ohne Verwendung von Konservierungsstoffen oder Geschmacksverstärkern zubereitet. Küchenchef Daniel Severin, ein Mecklenburger, der schon in angesehenen Hotels und Restaurants der Ostseeküste frischen Fisch auf den Speiseplan brachte, ist ein Virtuose auf diesem Gebiet. Aug' in Aug' mit einem Fischschwarm im großen Schauaquarium kann man sich in dem maritim-rustikalen Gastraum von ihm verwöhnen lassen. Jeden Donnerstag gibt es „Brathering satt".

**FISCHBRATKÜCHE IM
ROSTOCKER FISCHMARKT**
c/o F&F Fisch und Feinkost GmbH
*Warnowpier 431, 18069 Rostock
Tel. 03 81 / 811 12 21
Fax 03 81 / 811 12 14
www.rostocker-fischmarkt.de
info@rostocker-fischmarkt.de*

MUSCHELKALK UND MORGENWONNE

Mit Ringelnatz schon am Frühstückstisch

„Aus meiner tiefsten Seele zieht/ Mit Nasenflügelbeben/Ein ungeheurer Appetit/ Nach Frühstück und nach Leben", schrieb einst Joachim Ringelnatz in seinem Gedicht „Morgenwonne". Heute begrüßen diese Zeilen an der Wand im Café Ringelnatz jeden Gast, der sich hier zum freundlich servierten Frühstück niederlässt. Auf Ringelnatz trifft man überall in diesem Café, das einst als Café Meyer das Stammlokal des Schriftstellers, Kabarettisten und Malers war, der hier unter anderem die ersten Poeme zu seinem berühmten Kuttel Daddeldu geschrieben hat. Ringelnatz als Grafik, als Signet, Ringelnatzverse an jeder Wand. 2011 wurde das sanierte Haus in der Achterreg gleich hinter dem Strom total verringelnatzt: die Saftbar, das stylische Café, die extravaganten Zimmer und die Galerie. So treffen hier Kulinarisches und Kultur unterhaltsam zusammen. Wo einst der Spaßmacher Ringelnatz für beste Stimmung sorgte, gibt heute Hausherr Norbert Ripka mit regelmäßigen kulinarischen Veranstaltungen wie „Ringelnatz kocht", bei denen der Küchenmeister, der einst bei der Deutschen Seereederei in Rostock das Kochen gelernt hat, selbst am Herd steht, der Liaison neue Nahrung. N³ steht für die Weinkenner

RINGELNATZ WARNEMÜNDE
Norbert Ripka
Alexandrinenstr. 60
18119 Rostock-Warnemünde
Tel. 03 81 / 20 74 64 07
www.ringelnatz-warnemuende.de
info@ringelnatz-warnemuende.de

Maikäfermalen

...fer in Tinte. (Es geht auch mit Fliegen.)
...inte ist noch besser, schwarz und rot.
... aber nicht zu lange darin liegen,
    Sonst werden sie tot.

...auchst du nicht erst rauszureißen.
...u sie alle schnell aufs Bett schmeißen
...einem Bleistift so herumtreiben,
...r komische Bilder und Worte schreiben.

...eiben sie einmal ein ganzes Gedicht.
...tter kommt, mache ein dummes Gesicht
...anz einfach: »Ich war es nicht!«

Geheimes Kinderspielbuch
Joachim Ringelnatz

und Kulturapologeten Norbert Bosse, Norbert Wendt und Norbert Ripka, die bei „Käse und Wein" erlesene Spezialitäten präsentieren. „Kultur trifft Genuss" ist eine Warnemünder Veranstaltungsreihe, bei der Liebhaber kulinarischer Köstlichkeiten und Künstler des Volkstheaters Rostock in verschiedenen Restaurants, so auch im Ringelnatz, zusammentreffen. Lesungen und Musikabende ergänzen das Programm. Das Ringelnatz ist ein Kulturcafé auf hohem Niveau. Man kann hier natürlich auch ganz einfach nur essen. Zum Beispiel hausgemachte Antipasti. Besonders lecker sind die Schweinemedaillons, ob mediterran mit Auberginen, Zucchini, getrockneten Tomaten, Parmaschinken und Süßkartoffelgratin oder mecklenburgisch mit Backpflaumen, Rosinen, Äpfeln, Katenrauchschinken und Kartoffel-Birnen-Gratin.

DER KÜCHENKAPITÄN

Alexander Kadner bringt gut bürgerliche Küche wieder zu Ehren

Dorschfilet auf der Haut kross gebraten mit cremigen Gurken, Kartoffelstampf und Jus von roten Rüben
Dieses Rezept finden Sie auf der Seite 109

Mit einem genüsslichen „Ah!" kommt's auf den Tisch und mit „War das gut!" räumt der Kellner den leeren Teller wieder ab. Die Rede ist von Dorschfilet auf der Haut kross gebraten mit cremigen Gurken, Jus von roten Rüben und Kartoffelstampf, dem meist bestellten Hauptgericht in der „Seekiste zur Krim". Natürlich stammt der Dorsch aus dem morgendlichen Fang der Fischer, die nur einen Steinwurf entfernt von dieser historischen Seefahrerkneipe ihre Fische anlanden. Tag für Tag sucht sich Inhaber und Küchenchef Alexander Kadner Dorsch, Plattfisch und Meerforelle und im Frühjahr den Hering selbst aus. So wie er Fisch und Fleisch nur frisch und möglichst aus regionaler Produktion auf den Tisch der Gäste bringt, hält er es auch mit dem Gemüse. Das hat der Koch in einem durch und durch bodenständigem Rostocker Restaurant gelernt. Er ist auf „Wanderschaft" gegangen zu den Sterneköchen im „Colombi" in Freiburg, zu Heinz Winkler nach Aschau, zu Thomas Neeser ins „Adlon" und leistete Schwerstarbeit in der Kreuzfahrtschifffahrt, ehe

SEEKISTE ZUR KRIM
Alexander Kadner
Am Strom 47, 18119 Warnemünde
Tel. 03 81 / 5 21 14
www.seekiste-zur-krim.de
info@seekiste-zur-krim.de

er 2006 von seinem Vater, dem ehemaligen Kapitän und Wirt der „Seekiste" das Ruder übernahm. Er kam nicht allein an den Alten Strom, wo die „Seekiste zur Krim" seit dem Ende des Krimkrieges vor über hundert Jahren stets in der Hand von Kapitänen war. Seine Frau Juliane, gelernte Hotelfachfrau, bewahrt als Wirtin mit Herz und Verstand gekonnt und der modernen Zeit angepasst die Tradition dieses Hauses. Nur dass es an dieser Adresse schon längst nicht mehr eine Kneipe ist, sondern ein stilvolles Restaurant, das bürgerliche Küche ebenso ehrlich und gut anbietet, wie

die neuen Kreationen des Küchenchefs, beispielsweise lauwarmen Salat von bunten
Linsen im Ochsenschwanzsud gegart, mit ge-
räuchertem Butterfisch und Meerrettichschaum.
Das Café „Papa Doble" an der Strandpromenade ist gegenwärtige Herausforderung des
jungen Gastronomenpaares, denn Rasten ist
einfach nicht ihr Ding.

MOORGEISTERTORTE UND RIPPENBRATEN

Die Witts backen und kochen nach alten Familienrezepten

Vergessen Sie für eine Weile jede Diät, allen Schlankheitswahn, und lassen Sie es sich im Caféstübchen Witt einfach gut gehen – ansonsten wird der Besuch in dem rohrgedeckten Haus zwischen dem Wald der Rostocker Heide, dem Müritzer Moor und den weiten Wiesen, die sich bis an den Ostseestrand hinziehen, zur Qual. Also, einfach zulassen, die Lust auf Süße. Beim Anblick der goldgelben Riesenkirschwindbeutel voll frisch geschlagener schneeweißer Sahne und saftiger roter Kirschen schwinden ohnehin die stärksten Widerstände. Mann, sind die dick, diese Dinger. Süße Verlockungen nehmen im Caféstübchen Witt auch gerne die Gestalt von Champagnertorte oder Mohntorte mit Marzipan an. Im Herbst locken Kürbiskuchen und Moorgeistertorte mit Rumrosinen, im Winter Wallnuss- und Sachertorte. Wahre Gaumenschmeichler sind die Baisertorten aus hauchdünnen Schichten von Mürbe- und Biskuitteig, gefüllt mit Schlagsahne und Früchten wie Himbeeren, Stachelbeeren, Kirschen und

Johannisbeeren. Die luftige Haube aus Baiser zerschmilzt auf der Zunge. Schöpferin dieser etwa 20 verschiedenen Kuchen und Torten, die im Caféstübchen und im lauschigen Garten vernascht werden können, ist Hanni Witt, die schon vor über 20 Jahren Gäste bewirtet hat. Mit Handmixer und frischen Zutaten backt sie noch heute jeden Tag nach streng gehüteten Familienrezepten, die allmählich auch auf

CAFESTÜBCHEN UND
PENSION WITT
Familie Witt
Am Tannenhof 2
18181 Graal-Müritz
Tel. 03 82 06 / 772 21
Fax 03 82 06 / 779 13
www.cafestuebchen-witt.de
cafe-witt@web.de

Sohn Torsten übergehen. Der gelernte Koch widmet sich derzeit allerdings noch mehr der Zubereitung frischer Fischgerichte aus Dorsch, Lachsforelle, Scholle oder Zander, die perfekt gebraten, pochiert, gedünstet oder im Ofen gebacken werden. Fisch und auch Schinken duften im hauseigenen Räucherofen. Wer herzhafte heimische Spezialitäten kennenlernen möchte, etwa Mecklenburger Rippenbraten oder Sauerfleisch, ist bei Torsten Witt bestens aufgehoben. Zudem gibt es hier die besten Bratkartoffeln weit und breit.

REZEPTE

ROTE BETE SUPPE – VEGAN UND GLUTENFREI

Bio-Hotel Gutshaus Stellshagen, Seite 72

ZUTATEN

1 kg Rote Bete | 600 g Zwiebeln | 2 Knoblauchzehen | 1 Lorbeerblatt | 1 Bund Petersilie | 1 EL Rohrzucker | 2 EL Balsamico, schwarz | ½ EL Steinsalz | ½ EL Hefeflocken | ½ TL Pfeffer, weiß | Margarine oder Öl zum Anbraten | 1,3 L Wasser oder Gemüsebrühe zum Auffüllen

ZUBEREITUNG

Das Gemüse mittelgroß würfeln und zusammen mit den Gewürzen auf kleiner Flamme anschwitzen. Dann die Flüssigkeit hinzugeben. Sobald das Gemüse bissweich ist, den Essig hinzufügen, das Lorbeerblatt entfernen und das Gemüse pürieren. Nochmals abschmecken, da der Geschmack der Roten Bete saisonal variiert. Anrichten und mit Petersilie bestreuen.

AUSTERNSEITLINGE MIT MANGOLD UND PAPRIKA ZU KARTOFFEL-MÖHRENECKEN

Gutshaus Parin, Seite 74

ZUTATEN

700 g mehlige Kartoffeln | 500 g Möhren | 1 Knoblauchzehe | 2 TL Steinsalz | 3 TL Margarine | 1 TL Stärke | ½ TL Pfeffer | 600 g Austernseitlinge | 100 g rote Zwiebeln | 400 g rote Paprika | 200 g Mangold | 1 Becher Sojasahne | 2 EL Margarine oder Öl | 2 EL Steinsalz | ½ EL Pfeffer | 1 EL Cumin

ZUBEREITUNG

Die Kartoffeln und Möhren zerkleinern und mit den Gewürzen zum Kochen bringen. Sind die Zutaten bissweich, mit einem Kartoffelstampfer zerdrücken. Die Margarine und die Stärke hinzugeben. Dann die Masse zurück in den warmen Topf geben, mit dem Deckel verschließen und alles warm stellen.
Die Pilze, das Gemüse und die Zwiebeln in Streifen schneiden, in dieser Reihenfolge nach und nach in den Topf geben und auf mittlerer Stufe garen. Zum Schluss noch einmal abschmecken. Die Sojasahne zuvor im Wasserbad bei 50 °C erwärmen.

ANRICHTEN

Das Pilzgemüse in der Mitte des Tellers geben und die Sojasahne drumherum gießen. Mit einer Eiszange die Kartoffelmasse abstechen, die Kugeln vierteln und auf dem Teller verteilen.

MOHN-PHILADELPHIA-TORTE A LA CAFÉ FRIEDA
Café Frieda, Seite 76

ZUTATEN

Für den Boden: 4 Eier | 250 g Zucker | 250 g Margarine |
250 g Mehl | 250 g ungemahlenen Mohn | 250 ml saure Sahne |
1 Päckchen Backpulver
Für die Füllung: 300 g Philadelphiakäse | 300 ml mit Sahnesteif,
geschlagene Schlagsahne | etwas Zitronensaft | 1 Päckchen Vanille-
zucker | 1 Glas abgetropfte Sauerkirschen
Schokoladenmasse: 1 Ei | 1 Eigelb | eine halbe Tasse Zucker |
2 EL Kakaopulver | 125 g Kokosfett

ZUBEREITUNG

Eier, Zucker und Margarine schaumig schlagen. Mehl, Mohn, Saure
Sahne und 1 Päckchen Backpulver hinzugeben, alles mit dem Mixer
vermengen und in einer Springform 30 Minuten bei 180 °C backen.
Den abgekühlten Boden zweimal aufschneiden und die Zutaten
für die Füllung verrühren, dazu die Sahne mit Sahnesteif schlagen,
und das Ganze zwischen die beiden Bodenschichten geben.
Für die Schokoladenmasse, mit der die Torte zuletzt bestrichen wird,
Ei, Eigelb und Zucker verrühren, dann das Kakaopulver unterrühren
und schließlich das aufgelöste Kokosfett hinzugeben und alles mit
dem Schneebesen glatt rühren. Die Masse auf dem Kuchen verteilen
und mit weißen Schokoladenraspeln dekorieren, mindestens
2 Stunden in den Kühlschrank stellen.

HIMBEERTONI
Café Glücklich, Seite 78

ZUTATEN

Biskuitboden: 5 Eier | 125 g Zucker | 150 g Mehl | ½ TL Backpulver
Quark-Frischkäse-Creme: 400 g Frischkäse light 16% Fett | 100 g
Frischkäse Doppelrahm | 250 g Magerquark | 100 g Puderzucker
Desweiteren: 1 Glas Himbeermarmelade | 500 g Himbeeren frisch
oder tiefgekühlt | 125 ml Himbeersirup | 1 Tütchen roter Tortenguss

ZUBEREITUNG

Biskuit: Eier trennen. Das Eiweiß steif schlagen und den Zucker zum
steifgeschlagenen Eiweiß geben. Solange weiter rühren bis es glänzt.
Mehl mit Backpulver vermischen, dann unter die Eiweißmasse die
Eigelbe und das Mehl sorgfältig unterheben. Den Teig in eine Springform (26 Zentimeter Durchmesser) geben. Bei 180 °C 35 Minuten
backen (Umluft 160 °C).
Quark-Frischkäse-Creme: Alle Zutaten in eine Schüssel geben und
mit dem Handmixer cremig rühren.
Torte zusammensetzen: Den ausgekühlten Biskuitboden einmal
durchschneiden. Auf den unteren Boden ein Glas Himbeer-
marmelade verstreichen und den zweiten Boden darauf geben.
Die Quark-Frischkäse-Creme auf den zusammengeklappten Boden
geben und großzügig verstreichen, der Biskuitboden darf nicht
mehr zu sehen sein. Die Himbeeren als Berg in die Mitte der Torte
geben. Nun den Guss nach Packungsanweisung herstellen und
über die Himbeeren geben.
Den Rand der Torte kann man noch mit weißen Schokoraspeln
bestreuen.

REZEPTE

GEBRATENES HECHTFILET MIT BETE UND JOGHURT-SAUERRAHM

Seehotel am Neuklostersee, Seite 80

ZUTATEN für 4 Personen

4 Hechtfilets, möglichst ohne Gräten

Rote Bete: 2 Schalotten | 1 EL Gänseschmalz | 2 mittelgroße
Rote Bete | 1 Sternanis | 1 EL dunkler Balsamessig | 1 dl Fond |
1 dl Portwein | Salz | Pfeffer | Zucker

Gelbe Bete: 2 Schalotten | 1 EL Gänseschmalz | 2 mittelgroße Gelbe
Bete | ½ Zimtstange | ½ Zitronengras | 1 EL Weinessig | 1 dl Fond |
Salz | Pfeffer | Zucker

Soße: 4 dl Fischfond, 1 dl Joghurt, 1 dl Sauerrahm, Salz, Limone

ZUBEREITUNG

Rote Bete: Schalottenwürfel in Gänseschmalz anschwitzen, mit
Zucker karamellisieren und mit Portwein ablöschen. Dunklen
Balsamessig und geschnittene Bete zugeben, würzen, mit Fond
aufgießen und fertig garen.

Gelbe Bete: Schalottenwürfel in Gänseschmalz anschwitzen,
mit Zucker karamellisieren und mit Weinessig ablöschen. Bete,
Gewürze und Fond dazu geben und fertig garen.

Soße: Fischfond auf die Hälfte reduzieren, Joghurt und Sauerrahm
dazu geben. Mit Salz und Limone abschmecken.

Hechtfilets: Die Filets mit Salz würzen, auf der Haut mehlieren
und nur auf der Hautseite in Rapsöl braten. Immer wieder mit
dem Öl aus der Pfanne übergießen und fertig garen.

ANRICHTEN

Zweierlei Bete auf dem Teller arrangieren, saucieren und den
Hecht darauf setzen, mit jungen Spinatblättern garnieren. Dazu
passen sehr gut Kartoffelkrapfen oder kleine Hanfkartoffelrösti.

ZWEIERLEI VON DER WACHTEL, CONFIERTES KEULCHEN MIT TRÜFFELMOUSSE GEFÜLLT UND SAFTIG GEBRATENES BRÜSTCHEN AN GEWÜRZQUITTEN-TÖRTCHEN

Wilhelms Restaurant & Wintergarten im Neptun Hotel, Seite 82

ZUTATEN für 4 Personen

Für die Wachtelkeule: 2 Wachteln | 1 Schweinenetz | 1 Hähnchen-
brust | 2 cl Weinbrand | 10 g schwarzer Trüffel | 20 ml Sahne |
Salz | Pfeffer

Gewürzquittenmousse: 1 Biskuitboden

Wachtelmousse: 50 ml Wachteljus | 75 ml Sahne | 1 Blatt Gelatine.
eingeweicht

Quittenmousse: 85 g Quittenpüree (oder Marmelade) |
100 ml Sahne, geschlagen | 2 Blatt Gelatine, eingeweicht

Geleedeckel: 200 ml Wachteljus | 2 Blatt Gelatine

ZUBEREITUNG

Wachteln auslösen und von Brust und Keule trennen. Aus Häh-
chenbrust und Trüffel eine Farce zubereiten und mit Sherry, Salz und
Pfeffer abschmecken. Den Oberschenkel aus der Keule lösen und
die Innenseite mit der Farce bestreichen. Anschließend ins Schweine-
netz einwickeln. Wachteljus für die Mousse erwärmen und die eingeweichte Gelatine darin auflösen. Anschließend die Schüssel auf
Eiswasser runterkühlen, bis die Gelatine leicht anzieht. Nebenbei die
geschlagene Sahne unter die Wachteljus heben. Springform mit dem
Biskuit auslegen, Wachtelmousse hineingießen und anschließend
kalt stellen. Nun den ersten Ansatz des Törtchens kalt stellen.

Quittenmousse: genauso verfahren wie für das Wachtelmousse. Das
Quittenmousse auf das Wachtelmousse gießen und wieder kalt stellen.

Geleedeckel: Wachteljus erwärmen und die eingeweichte Gelatine
unterrühren. Etwas abgekühlt langsam auf das Gewürzquittenmousse
gießen und erneut kalt stellen.

Die Keule in Öl anbraten und bei 175 °C im Ofen 4 Minuten garen.
Die Wachtelbrust auf der Haut anbraten und 1 Minute bei 175 °C im
Ofen rosa garen.

MÜRITZER ZANDERFILET UNTER DER THYMIANHAUBE MIT TOMATENKOMPOTT UND LIMONENRAVIOLI

Upstalsboom Hotelresidenz & SPA Kühlungsborn, Seite 86

ZUTATEN für 4 Personen

600 g Zanderfilet

Thymianhaube: 1 Bund Thymian | 150 g Butter | 80 g Semmelbrösel | 30 ml Olivenöl | Salz | Pfeffer

Tomatenkompott: 12 Tomaten | 30 ml Tomatenessig

Ravioliteig: 2 Eigelb | 1 Ei | 1 EL Olivenöl | 5 g Salz | 200 g Mehl | Frischkäse | 1 Limette (Saft und Abrieb)

ZUBEREITUNG

Ravioliteig: Eigelb, Ei, Olivenöl, Salz und Mehl mit Knethaken vermengen, Teig 45 Minuten im Kühlschrank gehen lassen.
Thymianhaube: Zutaten vermengen, salzen, pfeffern, in ausgebutterter Form kühl stellen.
Tomatenkompott: Tomaten blanchieren, mit Eiswasser abschrecken, Tomatenhaut und Kerngehäuse entfernen. Tomatenfilets mit Tomatenessig 10 Minuten schwach kochen lassen, dann alles pürieren
Nudelteig ausrollen, mit einer Kaffeetasse die einzelnen Ravioli ausstechen. Abrieb der Limette mit Frischkäse vermengen, auf die Ravioli einen Teelöffel davon geben, Rand mit Eigelb bestreichen, einen weiteren Ravioli darüberlegen und mit dem unteren Teil verkneten. Anschließend 10 Minuten ins Gefrierfach legen. Zanderfilets in 150 Gramm portionieren, scharf auf der Hautseite anbraten. Thymianhaube vierteln und den Zander damit gleichmäßig auf der Hautseite bestreichen. Mit Oberhitze 7 Minuten bei 180 °C backen, die Haube leicht bräunen.
Ravioli 4 Minuten ziehen lassen, Tomatenkompott erwärmen.

SAUNA GARNELEN

Deck Heiligendamm, Seite 90

ZUTATEN für 2 Personen

4 Riesengarnelen mit Kopf und Schale | ½ Bund Basilikum | ½ Bund Koriander | 2 Frühlingszwiebeln

Für den Aufguss: ½ große Chilischote, in Ringe geschnitten | 30 g Ingwer, kleingeschnitten | 30 g Zitronengras, kleingeschnitten | 30 g Knoblauch, kleingeschnitten | 50 ml Sojasoße | 50 ml Fischsoße | 50 ml Wasser

ZUBEREITUNG

Man braucht einen Tontopf oder sehr hitzebeständigen Topf mit Deckel und Fluss- oder Lavasteine. Zuerst werden die Steine im Backofen oder über dem Feuer erhitzt (so heiß wie möglich).
Dieses Essen ist eine echte Show und sehr einfach zuzubereiten.
Am besten alles auf einem großen Tablett anrichten und die Garnelen dann direkt am Tisch garen.
Auf das Tablett den Teller mit den Riesengarnelen und einen Teller mit den abgezupften Basilikumblättern, dem Koriander und den (in große Stücke geschnittenen) Frühlingszwiebeln stellen.
Hinzu kommt der vorher zubereitete „Aufguss" , für den die Chilischote, Ingwer, Zitronengras, Knoblauch, Sojasoße, Fischsoße und Wasser miteinander verrührt werden.
Dann die heißen Steine in den Tontopf geben und alles an den Tisch bringen. Jetzt muss man recht schnell, damit die Steine nicht auskühlen, die Garnelen auf den heißen Stein legen und Basilikum, Koriander sowie die Frühlingszwiebeln hinzufügen. Das Ganze mit dem „Aufguss" übergießen und den Deckel wieder schließen. Alles circa 5 Minuten garen lassen, bis die Garnelen orangefarben sind.
Dazu kann Brot und eine Auswahl an Dips, wie zum Beispiel eine Sweet-Chili-Soße, eine Koriander-Pesto-Soße und auch ein wenig Aioli gereicht werden.

REZEPTE

DAMMHIRSCHRÜCKEN AUF SALZKÜRBIS, PFIFFERLINGEN UND GEWÜRZKARTOFFELN
Jagdhaus Heiligendamm, Seite 92

ZUTATEN für 6 Personen
800 g Dammhirschrücken, ausgelöst | Gewürzmischung (Salz, Wacholder, Zimt, Nelken und schwarzer Pfeffer) | 50 g Butter | Rosmarin | Knoblauch | 800 g Muskatkürbis | 20 g Kürbiskernöl | 400 g frische geputzte Pfifferlinge | 400 g mehlig kochende Kartoffeln | 2 Zweige Thymian | 2 Schalotten | 2 Eier | 100 g Mehl | 200 g Pankomehl | gehackte frische Wildkräuter (Vogelmiere, Giersch, kleiner Wiesenknopf) | 40 g Butterschmalz zum Backen | Salz | Pfeffer | 1 Knoblauchzehe

ZUBEREITUNG
Zunächst die Rückenstränge von Sehnen und Fett befreien, dann mit der Gewürzmischung einreiben und kurz marinieren. Den Rücken in Butter kurz anbraten und danach im Ofen oder Salamander bei 80 C° 10–12 Minuten ruhen lassen.

Aus dem Muskatkürbis kleine Platten heraus schneiden und mit Salz und Kürbiskernöl vakuumieren. Danach in ein Wasserbad mit 64 C° für circa 10–12 Minuten geben und garziehen lassen. Kartoffeln kochen, dann stampfen, sodass ein Kartoffelbrei entsteht, diesen panieren und im Schmalz backen. Pfifferlinge scharf anbraten, mit Zwiebelwürfeln und gehackten Kräutern würzen.

RINDFLEISCHSUPPE MIT GEMÜSE
Torhaus Bad Doberaner Klosterladenorhaus
Klosterküche im alten Pfarrhaus, Seite 94

ZUTATEN
1,5 kg Rindfleisch aus dem Vorderviertel (Bugstück, Brust oder Hals) | 1 kg festkochende Bio-Kartoffeln (Sorte Linda) | 3 kg frisches Gemüse (Möhren, Sellerieknolle, Lauch, Erbsen, Blumenkohl, Wirsing, Weißkohl, Fenchel, Staudensellerie, Broccoli, Pastinaken) | Meersalz | schwarzer Pfeffer aus der Mühle | Klosterkräutermischung von Tillmann Hahn

ZUBEREITUNG
Das Rindfleisch in einem großen Topf mit Wasser bedeckt langsam zum Kochen bringen und knapp unter dem Kochpunkt zwei bis drei Stunden sieden lassen. Während des Garens tritt grauer Schaum aus dem Fleisch aus, der sich oben auf dem Wasser sammelt. Diesen immer wieder mit einem Schaumlöffel abschöpfen, damit die Suppe schön klar bleibt. Das Fleisch ist ausreichend gegart, wenn es mit einer Fleischgabel oder Stricknadel angestochen und angehoben wird und von selbst wieder abgleitet. Das gare Fleisch aus der Suppe nehmen und abkühlen lassen.

In der Zwischenzeit Kartoffeln waschen und schälen und das Gemüse putzen. Kartoffeln, Gemüse und Fleisch nun in circa 2–3 Zentimeter große Stücke schneiden und wieder in die Suppe geben. Alles soll nur knapp mit Brühe bedeckt sein. Falls nötig, mit etwas Wasser ergänzen.

Das Ganze nun noch einmal aufkochen und circa 10–15 Minuten köcheln lassen, bis die Kartoffeln gar sind, und mit Meersalz, Pfeffer und Gewürzen nach Geschmack verfeinern.

Schmeckt am besten mit gebuttertem Sauerteigbrot aus dem Holzofen.

GEKOCHTER DORSCH MIT SENF-JOGHURT-BUTTER-SOSSE UND SALZKARTOFFELN
Fischbratküche im Rostocker Fischmarkt, Seite 96

ZUTATEN für 4 Personen
1,8 kg Dorsch, ausgenommen ohne Kopf | 1 Bund Suppengrün | 1 Zwiebel | 1,8 kg Kartoffeln | 75 g Butter | 300 g Senf mittelscharf | 300 g Joghurt | 100 g Zucker | Salz | Lorbeerblätter | Piment | Pfefferkörner

ZUBEREITUNG
Fisch: Dorsch putzen (Schwimmblase und schwarze Haut an den Bauchlappen entfernen), waschen und in Portionsstücke schneiden. Circa 5 Liter Wasser mit reichlich Salz, Suppengrün, gepellter Zwiebel und den Gewürzen aufkochen. Den Fisch in das kochende Wasser legen, 5 Minuten leicht kochen und dann noch 10 Minuten ziehen lassen.

Soße: Zucker in geschmolzener Butter auflösen, Senf dazu geben und gut verrühren, erst dann den Joghurt dazu geben. Alles unter ständigem Rühren erhitzen, aber nicht kochen. (Vorsicht, brennt schnell an.)

Salzkartoffeln: Die Kartoffeln schälen und wie gewohnt in Salzwasser kochen. Besonders lecker dazu sind die ersten Pellkartoffeln im Frühjahr.

DORSCHFILET AUF DER HAUT KROSS GE-BRATEN MIT CREMIGEN GURKEN, KARTOFFEL-STAMPF UND JUS VON ROTEN RÜBEN
Seekiste zur Krim, Seite 100

ZUTATEN für 4 Personen
Fisch: 8 x 80 g Dorschfilet mit Haut | 4 EL Rapsöl | Mehl | 4 Zweige Zitronenthymian | Meersalz | Cayennepfeffer
Jus: 1 kg frische rote Rüben | 300 ml Gemüsefond | 50 g frischer Meerrettich | 2 Lorbeerblätter | ¼ TL Kümmelkörner | Meersalz | Schwarzer Pfeffer | Muskat | 1 Spritzer Linie Aquavit | 2 cl Apfelessig
Kartoffelstampf: 1 kg Kartoffeln | 200 ml Sahne | 40 g Butter | Meersalz | Muskat
Gurken: 300 g frische Gurke | 100 g Schmand | 1 EL Sahne | Meersalz | Cayennepfeffer | Zucker | 1 Spritzer Apfelessig
Meerrettichschaum: 250 ml Gemüsefond | 200 ml Milch | 50 g frischen Meerrettich | Meersalz | Cayennepfeffer | Zucker | 1 Spritzer Apfelessig | 40 g Butter | 1 EL geschlagene Sahne

ZUBEREITUNG
Rüben entsaften, Saft kalt stellen. Das entsaftete Fruchtfleisch mit Gemüsefond auffüllen, mit Kümmel, Lorbeer, Salz und Pfeffer würzen, aufkochen, 25 Minuten ziehen lassen. Meerrettichschaum: Gemüsefond mit Milch, kalter Butter, Meerrettich und Gewürzen erwärmen, mit Apfelessig abschmecken, passieren, warm stellen. Kartoffeln kochen, stampfen, mit heißer Sahne aufgießen. Mit Muskat, Salz und gehobeltem Meerrettich abschmecken, warm stellen. Die in Streifen geschnittene Gurke mit Schmand und Gewürzen vermischen, in vorgewärmten Ofen stellen. Dorschfilets salzen, pfeffern, mit der Hautseite ins Mehl legen. Zitronenthymianzweige in erhitztem Rapsöl frittieren und auf Küchenkrepp abtropfen lassen. Das gewürzte Öl wieder etwas erhitzen und den Fisch mit der Hautseite nach unten langsam anbraten. Den Rübenansatz in einem Tuch ausdrücken, dessen Saft mit dem frischen Saft mischen. Salzen, pfeffern, mit Meerrettich, Apfelessig und Linie Aquavit abschmecken. Alles nochmals erwärmen, passieren.

Fischpfanne erhitzen, bis die Haut des Fisches kross ist, Herd ausmachen, die Filets in der noch heißen Pfanne wenden, gar ziehen lassen. Gurken mit geschlagener Sahne verfeinern. Ebenso den Meerrettichschaum, diesen schaumig mixen.

DIE HALBINSEL
FISCHLAND-DARSS-ZINGST

Künstler, Kutter und Kraniche

Weiße Strände, dunkle Wälder, Orte am Meer, die schon vor über hundert Jahren Künstler in ihren Bann zogen, und verträumte Boddendörfer prägen diese Region östlich von Rostock. Rotbraune Segel gleiten lautlos über das Wasser und gehören zu dieser Landschaft wie rohrgedeckte Dächer und die bunten Darßer Türen. Die etwa 60 Kilometer lange Halbinsel Fischland-Darß-Zingst entstand erst in jüngerer Zeit aus einzelnen Inseln. In den Recknitzmündungen zwischen Festland, Fischland und Darß wurden im 13. Jahrhundert von den Hansestädtern Segelschiffe versenkt, die die Zuflüsse allmählich versanden ließen, um Ribnitz an den kühnen Plänen zu hindern, auch Seehandelsstadt zu werden. Der Prerowstrom, der die Inseln Darß und Zingst trennte, wurde nach der verheerenden Sturmflut von 1872 geschlossen.

Umarmt von Bodden und Meer, zerklüftet, bizarr, von herber Schönheit, ist das Eiland noch immer in Bewegung. Was Wind und Wasser im Westen der Insel entreißen, landet im Osten, am Darßer Ort wieder an. Dort kann man vom ältesten noch betriebenen Leuchtturm an der Küste Mecklenburg-Vorpommerns sehen, wie das Meer hier immer mehr Land gewinnt. Nach Norden hin wächst der Neudarß mit seinen Riegen und Reffen. Röhrichte erobern die Ufer der langsam verlandenen Strandseen. Hier ist Kernzone des 80 500 Hektar großen Nationalparks Vorpommersche-Boddenlandschaft, der größte Ostdeutschlands. Eine amphibische Landschaft, in der sich Land und Wasser durchdringen. Spülsäume, Dünen, Windwatte und Moore bilden einen einzigartigen Landschaftsraum. Der Nationalpark Vorpommersche Boddenlandschaft ist ein überlebenswichtiger Rastplatz für den europäischen und transkontinentalen Vogelzug. Bis zu 60 000 Kraniche bevölkern im Herbst die Flachwassergebiete des Nationalparks und fressen sich vor ihrer großen Reise gen Süden auf den Feldern südlich des Boddens Fettreserven an. Der größte Kranichrastplatz erstreckt sich zwischen Pramort, der Ostspitze der Halbinsel Zingst, und über die Inseln Großer Werder und Bock bis zum Gellen, der Südspitze von Hiddensee.

Große Teile des Ost-Zingsts waren lange als militärisches Gebiet unzugänglich. Ganz am Ende liegt Pramort mit der Hohen Düne, der größten Weißdünenlandschaft an der deutschen Ostseeküste. Nichts als schier endlose Weite und Stille, die nur hin und wieder vom Schrei der Kraniche und Wildgänse unterbrochen wird.

SCHLEMMEN UND SCHLENDERN

Auf Schritt und Tritt Kunst, Kultur und Kulinarik

Hausgebeizter Lachs auf Maisküchlein im Grand Hotel & SPA Kurhaus Ahrenshoop, rosa Flugentenbrust mit Pfefferkirschen im Kunstkaten, Leckeres von Kürbis, Reh und Sanddorn im über 400 Jahre alten Dornhaus oder Pastinakensüppchen mit geräucherten Schweinebäckchen in der Galerie Peters-Barenbrock – Kunst und Kulinarik liegen in Ahrenshoop dicht beieinander. An der Seite des Ahrenshooper Bürgermeisters Hans Götze spazieren Gäste durch das Ostseebad und kommen dabei mit Galeristen und Meisterköchen ins Gespräch. Der Ahrenshooper Kunst-Genuss ist einer der vielen kulinarischen Höhepunkte, mit denen sich die Halbinsel Fischland-Darß-Zingst jeden Herbst von Mitte Oktober bis Mitte November in aller Munde bringt. Auf den genussvoll-geselligen Veranstaltungen der „Kulinarischen Wochen" geben die Köche der Halbinsel Proben von ihrem Können. Das Feinschmecker-Publikum genießt und spricht danach noch lange über die köstlichen Tage. Zu „Fischland löffelweise" laden einige der besten Köche des Fischlandes ge-

TOURISMUSVERBAND
FISCHLAND-DARSS-
ZINGST e. V.
Raimund Jennert
Barther Straße 16, 18341 Löbnitz
Tel. 03 83 24 / 64 00
Fax 03 83 24 / 6 40 34
www.finschland-darss-zingst.de
info@tv-fdz.de

meinsam an einen Tisch und präsentieren meisterhaft komponierte Gerichte aus Ostsee- und Boddenfisch, Wild aus dem Darßwald oder Rind von den Salzgraswiesen, kombiniert mit Wildkräutern, Sanddornbeeren, Honig, traditionellem Ziegenkäse und anderen regionaltypischen Produkten – stets begleitet von einem guten Glas Wein. Auch bei der Kulinarischen Rallye durch das Ostseeheilbad Zingst sowie durch die Ostseebäder Dierhagen und Wustrow ist jeder Gang ein Genuss, jedes Restaurant eine Entdeckung. Bei der „Kulina-

rischen Schiffstour" schippert es sich gemütlich bei Zweierlei vom Weideochsen mit Roter Bete, Sellerie und Rauchaalpüree über den Barther Bodden. Auf den „Kulinarischen Rundgängen" durch das Ostseeheilbad Zingst und das Ost- seebad Ahrenshoop offenbaren die Orte ihre appetitlichsten Seiten. Ein kleines Kochbuch bewahrt schließlich die schönsten Erinnerun- gen an die „Kulinarischen Wochen", beispiels- weise das Rezept für Zander mit Pommerscher Blutwurst.

REMINISZENZEN AN ALTE ZEITEN

Anspruchsvolle Landhausgerichte aus regionalen Produkten

Hirschkalbskotelett mit
Kürbis, Pfifferlingen und
Holundersoße
*Dieses Rezept finden Sie
auf der Seite 168*

Das schmale südwestliche Ende der Halbinsel trägt den schönen Namen Fischland. Wo einst der Wasserarm Permin den Saaler Bodden mit dem Meer verband, liegt Wustrow, das älteste Fischlanddorf. Auf einem Hügel nahe dem Bodden erhebt sich die Wustrower Kirche. Beim Ausblick vom Kirchturm offenbart sich die Seele des Fischlandes. In den Vorgärten der rohrgedeckten Fischerhäuser blühen Stockrosen, im Hafen wiegen sich die rotbraunen Segel der Zeesboote im Wind, aus der großen Zeit der Schifffahrtstradition haben sich noch einige

SCHIMMEL'S
RESTAURANT. CAFE.
PENSION
Ralph Schulze-Schimmelpfennig
und Maren Schimmelpfennig
*Parkstrasse 1
18347 Ostseebad Wustrow
Tel. 03 82 20 / 6 65 00
Fax 03 82 20 / 6 65 01
www.schimmels.de
info@schimmels.de*

Kapitänshäuser erhalten. In einer stillen Nebenstraße, wo vorher Omas Häuschen stand, bauten sich Maren Schimmelpfennig und Ralph Schulze-Schimmelpfennig 2006 ein hübsches orangerotes Restaurant im Stil der ehemaligen Kapitänskate und nannten es schlicht „Schimmel's". Inzwischen steht der Name für „schmackhafte zeitgemäße Regionalküche", wie die Michelin-Inspektoren Ralph Schulzes Kochkunst kommentierten. Der Erfolg war Ralph und seiner Partnerin, der Restaurantfachfrau Maren, beide hatten sich 1997 im Landhaus Carstens in Schleswig-Holstein

kennengelernt, schnell hold. Nach einigen gemeinsamen Jahren im oberbayerischen Leeberghof zog es sie zurück in den Norden. 2004 erkochte Ralph Schulze-Schimmelpfennig gemeinsam mit Küchenchef Dirk Luther zwei Sterne für das Seehotel Töpferhaus in Rendsburg, dann führte der Wunsch sich selbstständig zu machen zurück in Marens Heimat, nach Wustrow. Der Türknauf in Form eines sich aufbäumenden Pferdes, ein altes Symbol für Stärke am neuen Haus, hat seitdem offensichtlich ebenso Wirkung getan, wie die geschnitzte Lotosblüte, das Zeichen für Glück, im Oberlicht der Eingangstür. „Selten werden einfache Produkte ähnlich wunderbar herausgeputzt", bejubelte bald der Feinschmecker Schimmel's kleine Karte voller Reminiszenzen an traditionelle mecklenburgische Küche, die Ralph Schulze-Schimmelpfennig so überraschend und modern arrangiert wie Hirsch vom Darßer Wald mit Maronenpüree, Rosenkohl und Zwetschgen, oder Blutwurstravioli mit Schinkenschaum und Pilzen oder Steinbutt mit Graupen, Spinat und geschmortem Kürbis.

KULTUR UND GENUSS

Nach Ahrenshoop zieht es Menschen mit besonderem Geschmack

Licht und Landschaft locken seit Ende des 19. Jahrhunderts Künstler auf den Darß, dem schmalen Landstück zwischen Ostsee und Bodden. Das Meer verspricht Grenzenlosigkeit, der Himmel Weite, die Landschaft Idylle. Ahrenshoop, die Diva der Darßer Dörfer, nährt ihr Selbstverständnis aus ihrer Geschichte als Künstlerkolonie. Doch prägen auch noch heute malende, töpfernde, dichtende, musizierende und filmschaffende Bewohner bzw. Sommergäste das Klima dieser Kommune, die 25 Prozent ihres Etats für Kunst und Kultur ausgibt. Neun Kunsthäuser bieten das ganze Jahr über wechselnde Ausstellungen. Der 1909 eröffnete Kunstkaten, eine der ältesten Galerien Norddeutschlands, zeigt Natur, Landschaft, Meer und Menschen im Spiegel sowohl klassischer als auch zeitgenössischer Kunst. 2013 entsteht dank bürgerschaftlichen Engagements für 7,7 Millionen Euro das neue Kunstmuseum, aufregend ummantelt von gefälteter Baubronze, das auf rund 1300 Quadratmetern die bis heute anhaltende Entwicklung der Künstlerkolonie wissenschaftlich erforschen und sichtbar machen wird.

KURVERWALTUNG
AHRENSHOOP
Roland Völcker
Kirchnersgang 2
18735 Ahrenshoop
Tel. 03 82 20 / 66 66 10
Fax 03 82 20 / 66 66 29
www.ostseebad-ahrenshoop.de
info@ostseebad-ahrenshoop.de

Ahrenshoop nennt sich heute Kunstort – in dem sogar der Bürgermeister malt. Bilder auch am Rand der langen Dorfstraße und in Hotels. Das Künstlerhaus Lukas, einst Malschule von Paul Müller-Kaempff, des Begründers der Künstlerkolonie, vergibt heute Stipendien. Das ist gut für das Image als Künstlerort und gut für die Künstler. Manche bleiben auch länger als einen Sommer. Ulrike Mai, die klassische Pianistin aus Rostock und der Jazzer und Komponist Lutz Gerlach aus Berlin, ein Paar am Flügel und in der Liebe, bereichern, inspiriert von der schönen Küstenlandschaft, mit Kompositionen und Konzerten das hiesige Kulturangebot. Kunstauktion, Literaturtage, Filmnächte, Kunstnacht und Jazzfest sind die Höhepunkte der alltäglichen Ahrenshooper Kunstszene, die ein Genießerpublikum anzieht, für dessen kulinarische Unterhaltung allein sieben familiengeführte Vier-Sterne-Hotels sorgen – auch im Winter.

MUT ZUR KÜHLEN GRÖSSE

Vor den hohen Fenstern liegt das Meer

Gebratene Maräne in Beurre Blanc mit Rübengemüse und Kräuterpüree
Dieses Rezept finden Sie auf der Seite 168

Keinen schöneren Weitblick kann man über den Darß genießen, als von der Bar im fünften Stockwerk des 2010 neu eröffneten Kurhauses in Ahrenshoop. „Das Weitblick" ist sozusagen die Krönung dieses Neubaus, über den der Berliner Tagesspiegel schrieb: „Die spannendsten baulichen Lösungen kommen ohne folkloristische Anstrengung aus. Sie begnügen sich nicht mit dem Nachbau anachronistischer Gestaltungselemente. ... So siegte auch vor nicht allzu langer Zeit in Ahrenshoop Moderne über Reetdachnostalgie. Das neue Grand Hotel & Spa Kurhaus Ahrenshoop zeigt Mut zur kühlen Größe." „Selbst das kleinste Zimmer hier ist 32 Quadratmeter groß, über 70 Quadratmeter bieten die Suiten", verkündet der geschäftsführende Hoteldirektor Oliver Schmidt stolz. Die alte Künstlerkolonie Ahrenshoop, schon seit über hundert Jahren von kulturellem Pioniergeist geprägt, repräsentiert so das gegenwärtige Selbstbewusstsein dieses Ortes. Großzügigkeit, Klarheit und der Anspruch an edle Materialien in der Architektur setzen sich auch in der Küche fort. Der gebürtige Heidelberger Eric Popp und seine Crew verwöhnen die Gäste sowohl im Panorama-Bistro als auch im lichtdurchfluteten

Restaurant Herzog Bogislav mit kulinarischen Kompositionen aus hochwertigen regionalen und internationalen Zutaten. Zuvor im Grand Hotel Heiligendamm für den reibungslosen Ablauf des kulinarischen Bereiches mitverantwortlich, hat sich Eric Popp nun kein geringeres Ziel gesetzt, als das Grand Hotel Kurhaus mit „Esprit und Erfahrung" als „erstes Haus am Platz" zu etablieren. Der Chef de Cuisine weiß, dieser Weg wird kein leichter sein, aber er hat sich sein Rüstzeug bereits als 16-Jähriger im

GRAND HOTEL & SPA
KURHAUS AHRENSHOOP
Oliver Schmidt
Schifferberg 24
18347 Ostseebad Ahrenshoop
Tel. 03 82 20 / 67 80
www.kurhaus-ahrenshoop.de
info@kurhaus-ahrenshoop.de

luxuriösen Schloßhotel Kronberg im Taunus, erarbeitet. Talent und Kreativität führten ihn unter anderem in die Sterne-Küchen der Wielandshöhe in Stuttgart und des Hamburger Landhauses Scherrer sowie ins Londoner Savoy und nach Kanada ins Langdon Hall. „K" wie Kurhaus steht im Grand Hotel & Spa nun ganz groß für Kulinarik, mit eigener Galerie für Kunst und mit einem 3000 Quadratmeter großen Wellnessbereich für das allgemeine körperliche Wohl.

UNKOMPLIZIERTE GASTLICHKEIT

Moderner Zeitgeist und leichte Küche in der ältesten Pension von Ahrenshoop

Über das Haus am Grenzweg zwischen Mecklenburg und Vorpommern, nur wenige Schritte vom Steilufer entfernt, weht der Seewind. Wer sich jetzt nicht am Strand den Sturm um die Nase wehen lassen will, genießt die Wärme des Kamins im Wintergarten, entspannt in der Leseecke oder lässt es sich im Restaurant des kleinen Hotels „Der Charlottenhof" bei leichter bodenständiger und regionaler Küche gut gehen, beispielsweise bei Vorpommerschen Schmandheringen mit Pellkartoffeln, Apfel-Kartoffelsuppe mit Räucherlachsstreifen oder Rinderroulade mit Apfelrotkraut. Danach eine Kaffeespezialität und ein Stück vom hausgebackenen Kuchen? Oder doch erst einen Spaziergang am Meer? Beim Anblick der Käse-Baiser- und Mohn-Schmand-Torte fällt die Entscheidung nicht schwer. Spazierengehen kann man auch noch später. Der Charlottenhof ist mehr als nur eine Unterkunft am Meer, er ist das Ziel für Genießer, die ein zeitweiliges stilvolles „Zuhause" suchen. Mit klaren Linien, ausgesuchtem Design und hochwertigen Stoffen hat die Münchner Innenarchitektin dem alten Haus ein neues Gewand verliehen. Schon 1855 wurde die Pension Charlottenhof im einstigen Fischerdorf Ahrenshoop erbaut. In ihrem ältesten, noch heute reetgedeckten Teil, logierte einst der Mitbegründer der berühmten Künstlerkolonie Paul Müller-Kaempff. Wintergarten und Gartenhaus entstanden in den 1930er Jahren. Im März 2012 erwachte das aufwendig sanierte und mit viel Liebe zum Detail ausgestattete Haus aus langem Winterschlaf zu neuem Leben. Jedes der zwölf Zimmer hat seinen eigenen Charme. Blickfang in den lichten Räumen sind die farbigen Vorhänge aus edlen Stoffen. Nach einer Nacht in himmlischer Ruhe und kuscheligen Betten wird das große Wohlfühlfrühstück, bei dem kein Wunsch offen bleibt, am Tisch serviert.

Rumrosinen –
Bitterschokoladenparfait
Dieses Rezept finden Sie auf der Seite 169

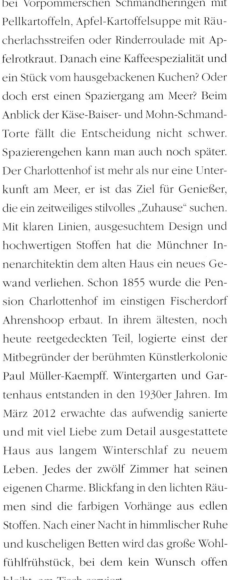

DER CHARLOTTENHOF
Heike Gebhardt
Grenzweg 3, 18347 Ahrenshoop
Tel. 03 82 20 / 302
www.charlottenhof-ahrenshoop.de
info@charlottenhof-ahrenshoop.de

KERAMIK UND KUCHEN

Im alten Kapitänshaus voller Keramik backt Anka Köhlmann leckere Kuchen

Tomaten-Chutney
*Dieses Rezept finden Sie
auf der Seite 169*

*Dieses Rezept finden Sie
auf der Seite 169*

Das alte Kapitänshaus mit den blauen Fensterläden zieht die Blicke jedes Vorbeieilenden auf sich und weckt den Wunsch, zu verweilen. Im üppig grünen Vorgarten sitzen Gäste gemütlich bei Kaffee und ofenwarmen Kuchen und lauschen den Vögeln in den tiefroten japanischen Pflaumenbäumen, die den Eingang zu den Gasträumen im Innern des Hauses umrahmen. In den Stuben wird schnell klar, was hinter dem Namen Tonart steckt: Außergewöhnliche Keramikgeschöpfe und Ton- sowie Porzellangefäße füllen die Regale an den Fachwerkwänden. Mitten in einem der beiden kleinen Räume behauptet sich überlebensgroß die „Tugend auf tönernem Fuß", eine Skulptur vom Berliner Künstler Achim Kühn. 2006 pachtete Anka Köhlmann das Haus der Künstlerfamilie Benndorf, das als Verkaufsgalerie und Café zum Schauen, Kaufen und Genießen einlädt. Auf dem kulinarischen Programm steht vor allem Kuchen. Schon am frühen Morgen zieht der Duft von frisch Gebackenem durch die Räume bis vor das Haus. Die Restaurantfachfrau Anka Köhlmann ist Bäckerin aus Leidenschaft und hat sich das Handwerk selbst beigebracht. Im Sommer backt sie bis zu 15 verschiedene Kuchen, am liebsten Pflaumenstreuselkuchen mit Nüssen und Rahmguss, Quarkkuchen, Buttermilchkuchen mit Blaubeeren, Mohnmascaponetorte mit Erdbeeren, Eierlikörkuchen mit

Schokolade, Baiserkuchen, Weißweintarte und den „Sägespänekuchen". Sägespänekuchen? „Oh ja, es gibt Gäste, die kommen extra nur deswegen hierher", sagt Anka Köhlmann. Im Schokladenteig sind Kirschen eingebacken, darüber liegt Vanillecreme mit gerösteten Kokosraspeln, eben jenen „Sägespänen". Neben den köstlichen Kuchen lockt so manchen aber auch das Guinnesbier ins Tonart. Die Fensterläden des Fachwerkhauses sind die Speisekarten. Mit Kreide beschrieben, preisen sie Curry-Linsensuppe, Schmalzbrot mit hausgemachtem Apfel-Zwiebel-Schmalz und Quiche an. In der kleinen Karte stehen aalrauchgewürzter Matjes zu Backkartoffeln, gegrillter Schafskäse und Holunderbeersuppe. Einmal im Monat spielt dazu Livemusik.

CAFÉ TONART
Anka Köhlmann
*Chausseestraße 58
18375 Born am Darß
Tel./Fax 038234 / 5 59 57
www.cafe-tonart.de
info@cafe-tonart.de*

BIO AM BODDEN

Die Kräuter sammelt der Koch im Garten

Geschmorte Haxe vom
Darßer Salzwiesenlamm
auf bunten Bohnen und
Kartoffelspalten
*Dieses Rezept finden Sie
auf der Seite 170*

D ie kachelofengemütliche Gaststube des
Borner Walfischhauses gehören zu jenen Orten, an denen man gerne länger
verweilen möchte. Ob im Wintergarten oder
auch auf der Terrasse mit Blick auf den blitz-
blauen Bodden verliert man schnell jedes
Zeitgefühl. Es war der Schiffskapitän Otto
Busch, der 1880 das schmucke Holzhaus so
dicht am Wasser erbauen ließ, dass man die

WALFISCHHAUS
BIOPENSION – CAFÉ –
RESTAURANT
Anett M. Fulfs
*Chauseestraße 74
18375 Born a. Darß
Tel. 03 82 34 / 557 84
Fax 03 82 34 / 557 85
www.walfischhaus.de
info@walfischhaus.de*

Schiffe und Zeesenboote im Hafen bequem
vom beobachten kann. Von einer seiner vielen
Reisen – dreimal umsegelte er die Erde –
brachte er zwei Walfischbackenknochen mit,
die bis 1920 als Torbogen vor seinem Wohn-
haus standen. Otto Busch starb bereits 1900,
der Name Walfischhaus aber blieb bis heute
erhalten. Nach 1990 stand das Gebäude
jahrelang leer, sodass der Zahn der Zeit an
dem schönen Kapitänshaus nagen konnte –
bis es 2003 die Berlinerin Anett Fulfs und der
Ostfriese Heiko Fulfs mit viel Liebe zum
Detail rekonstruierten. Im Anbau, den sie in
Größe und Stil am Kapitänshaus orientierten,

entstanden hübsche Gästezimmer mit Bod-
denblick, denen die Stoffe der schwedischen
Designerin Gudrun Sjödén nordisches Flair
geben. Konsequent entwickelte sich die von
Anfang an ökologisch orientierte Küche. Seit
2008 ist das Walfischhaus ein zertifiziertes
Bio-Hotel. Küchenchef Matthias Hof wählt
mit Bedacht Produkte aus biologischen,
möglichst regionalem Anbau aus. Fisch aus
dem Bodden und der Ostsee, saftiges Rindfleisch vom Gut Darß, Wild aus den Wäldern
des Nationalparks sind einige der Grundlagen
für die Vielfalt seiner Bio-Küche. Zauberhaft
werden die zumeist mecklenburgisch orien-

tierten Gerichte mit essbaren Blüten und Blättern aus dem eigenen Garten verziert. Allergiker können gerne tiereiweißfreie, fettarme oder glutenfreie Gerichte bestellen. Filet vom Boddenzander mit Limonenbutter ist hier das Lieblingsgericht vieler Fischfeinschmecker, und nicht nur Vegetarier mögen die mit Hirse gefüllte und mit Fetakäse überbackene Paprika.

BÜFFEL-BURGER UND SALZWIESENLAMM

Im Hofcafé gibt es Bio-Fleisch mit Salzgrasaroma

Wenn Burger – dann Büffel-Burger vom Gut Darß! Dieser besteht zu 97 Prozent aus Wasserbüffelfleisch mit den Aromen der Salzgraswiesen des Nationalparks Vorpommersche Boddenlandschaft. Eigentlich ist Landschaftspflege die Hauptaufgabe der rund 90 Tiere – eine der größten Wasserbüffelherden Norddeutschlands, die hier durch Schilfverbiss die Lebensräume seltener Küstenvogelarten bewahren. Darüber hinaus liefern die archaisch anmutenden asiatischen Rinder auch eiweiß- und vitaminreiches saftiges Fleisch. „Die Hälfte der Flächen des Gutes liegen im Nationalpark, deshalb sehen wir uns als Landwirtschafts- aber auch als Landschaftspflegebetrieb", so Geschäftsführer Marc Fiege. An die 4.500 Rinder – etwa 300 von ihnen werden jeden Sommer mit ei-

ner Fähre auf die Vogelschutzinsel Kirr gebracht – weiden in den Weiten dieser geschützten Landschaft und werden in Born nach strengen Bio-Richtlinien gezüchtet. Auf den Flächen und Deichen der Schäfereien fühlen sich 2000 Schafe und 100 Südafrikanische Burenziegen wohl. Das Fleisch der auf diesen Flächen aufgewachsenen Tiere eignet sich hervorragend für die häusliche aber auch für die gehobene Küche, findet hochwertige Veredlung in den unterschiedlichsten Wurst- und Schinken-Variationen und in den Produkten eines bekannten Babykostherstellers. Vom vielfältigen Angebot an Bio-Rind-, Bio-Lamm-, Wasserbüffel- und Wildprodukten war auch Bundeskanzlerin Angela Merkel bei ihrem Hofladenbesuch im Oktober 2012 begeistert.

GUT DARSS GMBH & CO. KG
Marc Fiege
Am Wald 26, 18375 Born
Tel. 03 82 34 / 50 60
Fax 03 82 34 / 5 06 55
www.gut-darss.de
info@gut-darss.de

Kulinarisches Highlight ist das mehrmals in der Woche stattfindende „all-you-can-eat"-Wildschweinessen mit Wild aus heimischen Wäldern in dem jüngst eröffneten rustikalen Hofcafé. Auf der Außenterrasse des Cafés kann man mit Blick auf den Gutshof herzhafte Spezialitäten aus hofeigenen Produkten und selbstgebackenen Kuchen genießen. Das Gut Darß ist ein tolles Ausflugsziel mit geführten Gutsbesichtigungen, einem Kletterwald, Naturspielplatz und Streichelgehege.

GESÜNDER GENIESSEN

Im Café Fernblau ist alles Bio

Schon ihre Berliner Wohnung hatten Jacqueline Freyer und Roland Koritzki, voller Sehnsucht nach Weite und Meer, in Teilen blau gestrichen – fernblau. Als sie 2009 das Bio Café und Ladengeschäft im Nationalparkzentrum Darßer Arche eröffneten, übertrugen sie diesen Namen auf den Ort – in der Weite der Darßer Landschaft, geboren vom Meer – an dem sie sich nun einen Traum erfüllten.

Seit 2009 führen die Juristin und der gelernte Elektrokonstrukteur erfolgreich das lichtdurchflutete Café mit Terrasse inmitten einer Naturwiese unweit des Bodstedter Boddens, in dem Blau- und Sandtöne die Farben der Landschaft widerspiegeln. Wegen der hausgebackenen Sanddornkäsetorte kommen die Gäste von weit her. „Die Mohn-Kirsch-Torte mit weißer Schokolade war wirklich ein Traum! Dafür hat es sich gelohnt ca. 30 km zu radeln", steht im Gästebuch. Aber auch die anderen, insgesamt

Rote-Bete-Sanddornsuppe mit Kokos
Dieses Rezept finden Sie auf der Seite 170

135 Kuchensorten haben ihre Fans, die aus täglich wechselndem, frisch gebackenem Sortiment wählen können. Dabei wird streng auf gleichbleibend hohe Qualität geachtet. Ob ungewöhnliche Torten, wie die Edeleberschen-Joghurt-Torte und Ingwer-Baiser mit schwarzen Johannisbeeren oder Blechkuchen – alles Backwerk besteht aus Bio-Zutaten, vorzugsweise aus der Region. Zudem gibt es glutenfreien Kuchen. Die beiden wöchentlichen Waffeltage im Fernblau sind für viele schon Kult. Aber nicht nur für Süßmäuler mit Anspruch, auch für Vegetarier ist das Fernblau eine gute Adresse. Zu herzhaften Gerichten in 100 % Bio-Qualität schmecken frisch gepresste Säfte, ein Glas Bio-Wein oder Shake-Kreationen wie Melisse-Limetten-Shake.

Ebenso präsentiert sich der Laden des „Fernblau" mit Freude am Individuellen und Schönen, insbesondere mit einer ausgesuchten Buchauswahl für Groß und Klein, Kunst und Keramik, Naturkosmetik, hochwertiger Damenbekleidung und bezaubernden Accessoires aus Naturmaterialien und regionalen Lebensmitteln.

CAFÉ FERNBLAU
Jacqueline Freyer und
Roland Koritzki
Bliesenrader Weg 2
18375 Wieck a. Darß
Tel. 03 82 33 / 70 11 31
Fax 03 82 33 / 70 11 32
www.fernblau.com
info@fernblau.de

LACHE BAJAZZO

Im Hotel Haferland kann man bedenkenlos genießen

Gebackene Kürbispraline
mit Giersch-Kürbiskern-
creme, Quittengelee und
eingelegtem Hokkaidokürbis
*Dieses Rezept finden Sie
auf der Seite 171*

Als Bernd Evers 1994 am Hafen des idyllischen Boddendorfes Wieck das reetgedeckte Hotel Haferland eröffnete, hatte er bereits ein Berufsleben als Jurist hinter sich. In Wieck nun konnte der Genussmensch und zugleich undogmatische Vegetarier, seinen Überzeugungen Gestalt geben. Was er als Bürgermeister für den Ort am Rand des Nationalparks Vorpommersche Boddenlandschaft anstrebt, Natur, Landwirtschaft und Tourismus in Balance zu bringen, ist dem Hotelchef und seiner Frau Martina im eigenen Haus längst gelungen.

Der Mitbegründer der landesweiten Initiative „ländlich fein" lässt im Haferland ausschließlich regionale und Bio-Produkte verarbeiten. In dem mit grünem Kachelofen urgemütlichen Restaurant „Gute Stube" bietet die Speisekarte Spezialitäten von Boddenzander bis Wiesenlamm aus der Nachbarschaft, handwerklich perfekt zubereitet von Martin Seidlitz. Schon zum Frühstück duften opulente Blechkuchen aus Bioland-Produkten. Im Sommer bringt

HOTEL HAFERLAND
Bernd Evers
Bauernreihe, 18375 Wieck a. Darß
Tel. 03 82 33 / 6 80
Fax 03 82 33 / 6 82 20
www.hotelhaferland.de
info@hotelhaferland.de

auch der eigene 28 000 Quadratmeter große Biolandgarten frisches Grün, Beeren und bunte Blüten auf den Teller. Für das vegetarische Restaurant „Bajazzo" ist er eine wahre Fundgrube. Wie schon der Name anklingen lässt, wird hier lustvoll eine fleischlose Küche für Feinschmecker kreiert. Lars Janke erfreut Augen und Gaumen beispielsweise mit gebratenen Pilzen mit Spitzkohl und Kichererbsen, oder auch mit Wacholderbuchtel, Weintrauben und Bohnenkraut. Für den Avocado-Birnensalat mit Parmesan und Pinienkernen kommen Gäste extra aus Berlin. Bei Ravioli von Hokkaidokürbis und Walnuss, mit hausgemachtem Quittengelee und Salbei aus dem Garten schwört jeder, zumindest für diesen genussvollen Moment, der Fleischeslust ab. Lache, Bajazzo. Die vegetarischen Kurse der „Ersten Darßer Kochschule" des Hotels Haferland sind gut gebucht.

GENUSS UND NATUR

Bewusster Umgang mit Natur fängt beim Essen an

D er Schutz der Natur ist das Kernthema
der Darßer Arche. Das moderne Na-
tionalpark- und Gästezentrum, Herzstück des Boddendorfes Wieck am Rand des
Nationalparks Vorpommersche Boddenlandschaft, gibt auf einer Ausstellungsfläche von
500 Quadratmetern Einblicke in die üppige
Flora und Fauna dieser Landschaft. Genuss
und Natur stehen seit 2011 im Fokus des Kulinarischen Kinos in der Darßer Arche. Auf
dieser Gemeinschaftsveranstaltung des Hotels
Haferland, der Arche Natura und der Kurverwaltung Wieck erwartet die Gäste von Mai
bis Oktober, immer am dritten Donnerstag im
Monat, optisches und leibliches Vergnügen.
Bevor der Film beginnt, nimmt das Küchenteam des Hotels Haferland mit Bio-Produkten
aus Mecklenburg-Vorpommern pointiert kulinarischen Bezug auf die Handlung. „Solartaxi"
mit dem Luzerner Louis Palmer inspirierte

DARSSER ARCHE
Bliesenrader Weg 2
18375 Wieck a. Darß
Tel. 03 82 33 / 2 01
www.erholungsort-wieck-darss.de
kut@darss.org

Martin Seidlitz zu Schweizer Gerichten. Indien, eine der Stationen dieser abenteuerlichen Öko-tour, fand sich in Boddendorsch, bunt garniert mit Ringelblumen und „indisch" rotem Paprikagemüse wieder. „Russland – im Reich der Tiger, Bären und Vulkane" bestimmte den Hauptgang mit Hirschschulter zu Kraut und Rüben. „Serengeti" war der Auslöser zum Dessert Mousse vom Ruchgras. Vor „Taste the Waste", Valenthin Thurns Film über den Umgang der deutschen Wegwerfgesellschaft mit Lebensmitteln, bewies das Kulinarische Kinobuffet, dass man wohlschmeckende Gerichte zaubern kann, ohne viel Abfall zu erzeugen. Die Birnen für die Birnencreme wurden z.B. nicht geschält, sondern im Ganzen eingekocht und dann durch ein Sieb passiert. Umweltbewusste Ernährung kann köstlich sein, so die Botschaft, die Köche und Gäste in intensive Gespräche verwickelt. Jeden Mittwoch und Samstag, von Mai bis Oktober, herrscht reges Treiben auf dem Bio-Markt vor der Darßer Arche in Wieck, auf dem neben Obst und Gemüse, Wurst und Bio-Fleisch auch Spezialitäten, wie Ziegenkäse, Bio-Lachs und hausgemachte Nudeln angeboten werden. Besucher der Darßer Arche können sich im BIO-Café „Fernblau" mit selbstgebackenem Kuchen und kleinen Köstlichkeiten verwöhnen lassen.

GEZÄHMTE WILDFRUCHT

In der Darßer Manufructur werden aus sauren Sanddornbeeren
süße Versuchungen

Ursprünglich war die „Zitrone des Nordens", die siebenmal mehr Vitamin C enthält als die gelbe Zitrusfrucht, außerdem Vitamin E, Provitamin A, Beta-Carotin und viele Mineralstoffe, in Zentralasien beheimatet. Längst aber wächst sie auch an der Ostseeküste. Mit seinen weit verzweigten Wurzeln klammert sich das lichtliebende, bis zu vier Meter hohe Ölweiden-Gewächs in den sandigen Boden. 2005 beschlossen zwei Männer am Rand des Nationalparks Vorpommersche-Boddenlandschaft sich in das Abenteuer der Kultivierung dieser Wildfrucht zu stürzen und die sauren Vitaminbömbchen zu veredeln. Nur die weiblichen Pflanzen tragen im Herbst die leuchtend orangeroten Beeren, aus denen in der Darßer Manufructur auf traditionelle Weise leckere Konfitüren, Fruchtaufstriche mit 60 Prozent Fruchtanteil, Mus, Gelees und Marmeladen gekocht werden. Von den ersten Versuchen mit Sanddornkonzentrat haben sich der Lebensmitteltechnologe Erhard Jasper und der Ahrenshooper Edeka-Markt-Chef Gerald Fischer schnell wieder verabschiedet. Nichts geht über den Geschmack der frisch geernte-

DARSSER
FRUCHTMANUFRUCTUR
Erhard Jasper und Gerald Fischer
Kargweg 4, 18375 Wieck / Darß
Tel. 03 82 31 / 42 47
Fax 03 82 31 / 4 57 72
info@darsser-manufructur.de
www.darsser-manufructur.de

ten Beeren. Auf insgesamt 18 Hektar reifen inzwischen an die 15 Tonnen Sanddorn. Nach der Ernte werden die fruchttragenden Triebe bei Minus 36 Grad schockgefroren, dann sortiert und gewaschen. Mit Hilfe einer Passiermaschine werden etwa zehn Tonnen Sanddorn im eigenen Haus verarbeitet. Ungefähr 20 Marmeladensorten stehen schließlich im Regal des kleinen Hofladens, köstliche Mischungen z.B. mit Douglasie, Walnuss, Holunderblüte, Orange oder Mandel. Aus Freude am Ausprobieren entstehen auch exotische Fruchtaufstriche, ebenso Sanddornlikör mit Früchten oder Kräutern. „Verliebte Sanddornherzen" mit Vanille, Sanddornsenf, Sanddornhonig, Essige, Öle u.a. Sanddorn-Spezialitäten der Region, auch naturbelassene Kosmetik und Sanddorn-Geist, ergänzen die eigene Produktpalette.

TEA TIME

Monika Schmidtbauers Lieblingstee ist der grüne Oolong

Stachelbeer-Baisertorte
*Dieses Rezept finden Sie
auf der Seite 171*

TEESCHALE
Monika Schmidtbauer
*Waldstraße 50
18375 Ostseebad Prerow
Tel. 03 82 33 / 6 08 45
Fax 03 82 33 / 6 08 46
www.teeschale.de
info@teeschale.de*

Sonnengelb schmückt eine Rosette die Tür unterm Rohrdach. Solche Türen sind der schönste Schmuck der Darßer Häuser. Die Decken in den beiden behaglichen Gaststuben sind niedrig, die Möbel alt. Der Tee wird in handgetöpferter Keramik serviert. Dazu gibt es hausgebackenen Kuchen. „Der Weg in den Himmel führt an der Teeschale vorbei", heißt es in einem von Monika Schmidtbauer zurecht abgewandelten alten Sprichwort. Über 130 Teesorten – vom rauchigen Tarry Lapsang Souchong, einem reinen Schwarztee, bis zum China Pai Mu Tan Typ, einem Weißen Tee mit süßem Aroma und leichter Würze, – gibt es im Teeladen gegenüber der beiden Teestübchen mit großer Veranda und Sommerterrasse. À la Carte können die Gäste aus rund 50 Teesorten wählen. Dabei reicht die Spanne von exotischen Grün-Schwarztee-Mischungen bis zu biologisch angebauten Kräutertees auch aus der Region. An kalten Tagen sollte man unbedingt den „Leuchtturmwärtertrunk" probieren, ein heißes Gemisch aus Grünem Tee, Zitronengras,

Honig und Kümmel, so wie es einst schon ihr Großvater, der Leuchtturmwärter am Darßer Ort war, gerne trank. „Tee tut gut, den Sinnen wie dem Körper", sagt Monika Schmidtbauer, Mutter von fünf Kindern und engagierte Teespezialistin. Ihr sorgfältig saniertes, über 150 Jahre altes denkmalgeschütztes Haus gleich neben dem Prerower Heimatmuseum, ist die wohl angesagteste Teeadresse auf der Halbinsel. Das liegt am sorgsamen Umgang mit Tee und Gästen, aber auch an der Gemütlichkeit. Zwei Konditorinnen stehen schon morgens um fünf Uhr am Backofen, damit die etwa 15 verschiedenen Kuchen, alle aus Bio-Weizenmehl, rechtzeitig zur Öffnungszeit um zwölf Uhr fertig sind. Bis zu 250 Stück Kuchen werden im Sommer täglich verlangt, vornweg der Zimtkuchen nach dem Rezept einer norwegischen Freundin und die Stachelbeer-Baiser-Torte. Quiches, Tartes, Suppen und Salate, z.B. mit Ziegenfrischkäse komplettieren das Speisenangebot.

VERWÖHNKÜCHE VEGETARISCH

Lars Dittrich hat den Blick für Frische

Quinoa Linsen und scharfe
Kirschtomaten auf Maisring
*Dieses Rezept finden Sie
auf der Seite 172*

HOTEL / RESTAURANT
HAUS LINDEN
Claudia Schossow
*Gemeindeplatz 3, 18375 Prerow
Tel. 03 82 33 / 6 36
Fax 03 82 33 / 6 37 36
www.haus-linden.de
info@haus-linden.de*

Der Weststrand ist Dorado für Nackt-
bader, die sich hinter entwurzelten,
salzwassergebleichten Buchen fantasievolle Robinsonaden bauen. Auf dem zivi-
lisierten Gegenstück zum Weststrand, am
Nordstrand von Prerow, tummeln sich im
Sommer viele Feriengäste. Prerow, die Ur-
laubermetropole des Darß, hat von allen See-
badeorten der Halbinsel den breitesten Strand.
Aber auch stille Rückzugsorte, wie die See-
mannskirche, das älteste und schönste Gotteshaus auf dem Darß, 1728 erbaut, in der mit
weißen Wolken ausgemalten Taufkapelle noch
immer mit Ostseewasser getauft wird – und
das Haus Linden. Im Zentrum und doch abseits der Straße gelegen, ist der Weg zum
Strand nicht weit, es sei denn, man bevorzugt
eine Wanderung durch den Nationalpark. Bewegung, Licht, Luft und Wasser dienen der
Gesundheit, der sich auch das komplett nach
baubiologischen Kriterien erbaute Haus Linden
verschrieben hat. So sind alle Möbel in den
elektrosmogfreien Zimmern aus Vollholz und
mit Wasserlack geschützt. Sanfte Musik im
Foyer streichelt die Seele. Die sich an den
Empfehlungen der Deutschen Gesellschaft für
Ernährung orientierende vegetarische Voll-
wertküche von Lars Dittrich verwöhnt Leib
und Seele. In dem kleinen, feinen Haus wird

gerne auf individuelle Wünsche eingegangen. So bietet der Küchenchef auch ovo-lacto vegetarische Kost an, bei Bedarf werden auch vegane und glutenfreie Gerichte zubereitet. Seine Ausbildung zum vegetarischen Vollwertkoch erfuhr Lars Dittrich bei der Unabhängigen Gesundheitsberatung in Gießen. Seitdem verwendet er nur noch frische Zutaten für seine Gerichte. „Dabei muss man darauf achten, was man kauft", sagt der Barther, der eine Lieferung, die seinen Ansprüchen nicht entspricht, glatt zurückgehen lassen würde. Aber Lars Dittrich sucht sich seine Lieferanten, ob Großmarkthändler oder ökologische Kleinerzeuger, genau aus. Obstsäfte werden im Haus Linden vorwiegend frisch gepresst und Kräuter wachsen im eigenen Garten. Angebote wie Massagen, Kosmetikbehandlungen mit Naturprodukten, Yogakurse und vieles mehr ergänzen das Verwöhn- und Gesundheitsprogramm.

VON DER LEICHTIGKEIT DES SEINS

Robert von Wedelstädt backt mit Freude und Früchten aus eigenem Garten

Kletterrosen, Rosenbüsche, Hochstamm-rosen – an die 100 Rosen blühen zwischen den Sitzinseln auf der roten Backsteinterrasse inmitten eines romantischen Cafégartens vor rohrgedecktem Haus – eine Idylle mitten im Ostseebad Zingst. Eine Insel im aufgeregten Feriengetriebe. Es duftet nach Blüten – und Kuchen, von Robert von Wedelstädt täglich frisch gebacken und von ihm und seinem Team serviert. Der junge Mann hat dabei immer einen flotten Spruch auf den Lippen. Im Rosengarten von Zingst sind Wirt und Gäste total entspannt. Diese Leichtigkeit des Seins hat die Zingster Familie von Wedelstädt gemeinsam erarbeitet. Das einstige Ackerbürgerhaus wurde zwischen 2001 und 2004 sorgfältig saniert. Dabei hat die ganze Familie selbst Hand angelegt. In den Gasträumen stehen die nostalgischen Möbel nun auf französischen Renaissance-Terrakottafliesen. Robert, der gelernte Zimmerermeister, schuf den hübschen kleinen Pavillon im Garten und das Holztor mit den Walfischmotiven. Der Rosengarten ist der erfüllte Lebenstraum der Mutter, die auch die Keramikfiguren im Garten schuf. Ebenso stammt das schöne blauglasierte Geschirr aus elterlicher Werkstatt. Das Backen hat sich Robert von Wedelstädt selbst beigebracht, getragen von handwerklichem Geschick und viel Mut zum Tun. Der Erfolg gab ihm Recht. Die Mohntorte darf inzwischen nicht mehr in der Kuchenvitrine fehlen. Neben Obstkuchen mit Streuseln, Buttermandelkuchen und Käsekuchen fertigt er u. a. auch Schwarzwälderkirsch- und Marzipantorten, Johannisbeertorten mit Schlagsahne und Mandelkrokant, Schwedische Apfel- und Eierlikörtorten. In der Hauptsaison stehen bis zu zwölf Sorten auf dem Programm, wobei die Früchte hierzu vielfach aus dem eigenen Garten stammen. Viele seiner süßen Kreationen basieren auf alten Rezepten, die er virtuos mit eigenen Einfällen variiert. Dazu gibt es 30 verschiedene Teesorten und Öko-Gourmetkaffee.

Mohntorte
*Dieses Rezept finden Sie
auf der Seite 172*

CAFÉ ROSENGARTEN
Robert von Wedelstädt
*Strandstraße 12, 18374 Zingst
Tel. 03 82 32 / 847 04
0172 / 971 42 88
www.caferosengarten.net
RvW@caferosengarten.net*

BIO.DELIKATES

Bio so frisch wie der Ostseewind am Barther Hafen

Auberginen-Linsen-Kebab
mit Sesamkartoffeln
*Dieses Rezept finden Sie
auf der Seite 173*

Barth, mit verwinkelten Gassen und hoher Marienkirche, ist eine kleine Stadt am größten Hafen der Darß-Zingster Boddenkette und Ausgangsbasis für so manchen Törn über die Ostsee nach Skandinavien. Nicht nur an den Barther Segel- und Hafentagen oder zu den zahlreichen Regatten ist der Hafen eine lebendige maritime Meile, vom Bistro des Bio-Ladens „Bio.Delikates" aus, hat man einen Blick aus erster Reihe auf die im Sommer belebte Kaipromenade und den schönen blauen Barther Bodden. Bei Süßkartoffelpuffer mit Avocadocreme, Schmorkohl mit Sojafleisch oder pikantem Gemüseragout mit Zitronenreis lassen die Gäste genüsslich Spaziergänger und Schiffe vorüberziehen. Bei Wein, Salat und Oliven entsteht ein geradezu mediterranes Lebensgefühl.

Seit 2008 bieten der Berliner Marco Künicke-Mantik und seine Frau, die gebürtige Bartherin Jacqueline, gesunde Kost an. Zunächst ging es damit mobil über die Wochenmärkte. 2012 eröffneten sie mit ihrem Angebot kulinarisch-biologischer Produkte aus kontrolliertem Anbau vorzugsweise aus der Region die Bio-Oase am Hafen. Hier findet man nun alles, was das Bio-Herz begehrt. Regionale Erzeuger liefern Gemüse, Käse- und Fleischspezialitäten aus biologisch-ökologischer Landwirtschaft. Die Biobauern und Gärtner in der Umgebung

BIO.DELIKATES
Jacqueline Mantik und
Marco Künicke-Mantik
Am Westhafen 18
Tel. 038231 / 77 90 93
Fax 038231 / 77 90 94
www.biodelikates.de
kontakt@biodelikates.de

kennt Marco persönlich. Brot und Kuchen kommen aus der Demeter-Mühlenbäckerei Medewege, aber auch aus dem eigenen Backofen. Marcos hausgemachte Tomatensoße im Glas ist ein Renner. Delikatessen aus der Schweiz, Griechenland, Österreich, Italien, Spanien und Frankreich ergänzen das heimische Angebot. Dass Marco und Jacqueline viele Jahre in Griechenland gelebt haben, lässt sich am interessanten Weinangebot ablesen – dass Marco gelernter Koch ist, an der täglich wechselnden, zumeist vegetarischen Mittagstisch-Karte im Café Bistro. Zudem gibt es frische Salate, verschiedene Oliven, Antipasti, Kaffee, Gebäck und Kuchen.

BACKKUNST AM BODDEN

In der Vineta-Stadt Barth hat sich Mandy Opitz einen süßen Traum erfüllt

Das Café zwischen Marktplatz, mittelalterlicher Marienkirche und dem ehemaligen Adligen Fräuleinstift atmet Altstadtflair. Wer diese hübsche kleine Stadt am Barther Bodden besucht, kommt unwillkürlich an dem kleinen Galerie-Café von Mandy Opitz vorbei. Schon von Kindheit an kennt die gebürtige Cottbuserin die Stadt an Bodden und Barthe. Sie mag den herben mecklenburgischen Charme und vor allem die Weite des Meeres. 2012 hat sie, keine fünf Minuten vom Hafen entfernt, ihr Café eröffnet und sich damit einen lang gehegten Traum erfüllt. Die Räume im 200 Jahre alten Fachwerkhaus sind freundlich hell. Verschiedene Künstler und Kunsthandwerker stellen im gesamten Café ihre Werke aus: Bilder, Keramikstücke, handgefertigte Glasperlen, hochwertige Stoffarbeiten. Von Zeit zu Zeit laden Schriftsteller zu Lesungen in das Café ein, in verschiedenen Workshops kann man sich ein Bild von den Handfertigkeiten der hiesigen Künstler machen.

Ihr fachliches Rüstzeug für den Schritt in die Selbstständigkeit holte sich die gelernte Restaurantfachfrau in ihrer Heimat, im anspruchs-

GALERIE-CAFÉ
Mandy Opitz
Klosterstraße 1, 18356 Barth
Tel. 03 82 31 / 49 90 57
www.galerie-cafe-barth.com
mandy.opitz@gmx.de

vollen Wellnesshotel „Zur Bleiche", und in Hannover bei Mövenpick. Das Backen war jedoch eine neue Herausforderung, die sie aber mit Begeisterung annahm. Inzwischen ist sie eine Meisterin auf diesem Gebiet. „Es freut mich sehr, wenn die Kuchen und Torten den Gästen munden. Selbstgebackenes schmeckt eben immer noch am besten", strahlt sie. Jeden Tag steht sie in der Küche und fertigt im Sommer bis zu acht verschiedene Kuchen an, zum Beispiel Mohntorte mit Erdbeeren oder Himbeeren, Buchweizen-Preiselbeeren-Torte, Quark-Sanddorn-Torte, Schoko-Aprikosen-Torte und Käsekuchen. Aber auch mit herzhafter Quiche mit Süßkartoffeln, Möhren, Pastinaken, aus allem eben, was die Jahreszeit an frischem Gemüse hergibt, und mit leckeren Suppen sowie würzigen und süßen Crêpes verwöhnt Mandy Opitz ihre Gäste, die im Sommer auch gerne im kleinen Innenhof die Seele baumeln lassen oder auf den Außenplätzen vor dem Café entspannen.

KÖSTLICHES FÜRS AUGE

Alraunes sinnliche Geschöpfe haben Münder mit Perlmuttgebissen und gewaltigen Lippen

Dass eine so üppig-sinnlich-schräge Ausstellung im braven Landstädtchen Barth, übrigens in einem ehemaligen Adligen Fräuleinstift, dauerhaften Platz finden konnte, ist schon eine Sensation mit ungeheuerlichem Überraschungseffekt. Die immer wieder wechselnden Szenarien der Tübinger Textilartistin Alraune sind allesamt aus Stoff und täuschend echt bis ins kleinste Detail arrangiert. Dabei geht es der Frau mit dem Namen des äußerst seltenen magischen Nachtschattengewächses nicht um die naturalistische Abbildung der Dinge, sondern um Sinnlichkeit, um den materialisierten Duft von Erdbeertörtchen, Schinken und exotischen Früchten. Ihre genähten Stillleben und menschengroßen Figuren, sie tragen Stolen aus Lachs oder Wachteln im Haar und Rollmopsfrisuren, alle ihre „textilen Objekte haben mit Essen (aber auch) das Weiche, das Fühlbare, das Vergängliche gemeinsam ...", wie Alraune es selbst beschreibt. In ihrer Scheinwelt, in der am Delikatessenbufet auch schon einmal ein Stoffschwein, drapiert

VINETA MUSEUM
Dr. Gerd Albrecht
Lange Straße 16, 18356 Barth
Tel. 03 82 31 / 8 17 71
www.vineta-museum.de
www.panoptikum-siebert.de
museumsleiter@vineta-museum.de

mit Wurstketten und Fleischermesser, kräftig zulangt, sind tausenderlei Hintergedanken und Widersprüche eingenäht. Ihre erste lebensgroße Gestalt fertigte Stefanie-Alraune Siebert 1981, es folgten Ausstellungen bei Feinkost-Käfer in München, im Liberty-Kaufhaus in London und im KaDeWe in Berlin. Die Liaison zwischen Barth und der genialen Artistin begann im Jahr 2000 mit einer Silberhochzeits-Szene in der Backsteinkirche von Starkow.

In der Barther Dependance des Vineta-Museums verblüffte die gelernte Textil-Designerin erstmals 2008 die Gäste mit ihren skurrilen Kunstobjekten. Zum ersten Mal wurde somit der international bekannten Künstlerin eine umfassende Werkschau gewidmet. „Es sind Ausstellungen, die jeden erfassen, vom Kind bis zum Greis, vom Sinnenmenschen

bis zum Intellektuellen", sagt Gerd Albrecht und setzt sich einen Zylinder auf. Hüte gibt es hier leihweise für jeden, der so den schrillen Figuren aus Samt, Watte und Seide ein wenig näher kommen will.

BACKSTEIN, GEIST UND GARTEN

Im Garten des Pfarrers von Starkow

Der Pfarrgarten von Starkow ist ein irdisches Paradies, geschaffen mit Sinn für das Schöne und Nützliche. Diese reizende Mischung aus Nutz- und Ziergarten nahe der mittelalterlichen Backsteinkirche ist ein einzigartiges kulturhistorisches Gartendenkmal. Der axial auf das Pfarrhaus ausgerichtete Hainbuchenlaubengang gibt Ausblick auf einen Rosen- und Blumengarten. Den größten Teil des Pfarrgartens nimmt der Obst- und Baumgarten ein. Über 200 Bäume soll Pfarrer Gottlieb Palleske (Amtszeit 1830–1852) gepflanzt haben. Noch heute reift hier die von seinem Freund, dem königlich-preußischen Hofgartendirektor Ferdinand Jühlke, gezüchtete Apfelsorte „Pommerscher Krummstiel". Das Ensemble aus barocker Verschönerungspartie, Nutzgarten und landschaftlichem Teil wurde 2002 als erster Pfarrgarten des Bundeslandes unter Denkmalschutz gestellt. Im selben Jahr übernahm der Verein Backstein, Geist und Garten die Aufgabe, den historischen Pfarrgarten wiederherzustellen, zu pflegen und zu nutzen. Es dauerte zehn Jahre, die historischen Gartenstrukturen des zu DDR-Zeiten zersiedelten Geländes wiederzubeleben. Im Nutzgarten gedeihen nun wieder jahrhundertealte

BACKSTEIN, GEIST UND GARTEN E.V.
Dr. Gerd Albrecht
Kirchsteig 9, 18469 Starkow
Tel. 03 83 24 / 6 56 92
www.starkow.de
bgg-starkow@gmx.de

Blumen-, Obst- und Gemüsesorten. Jenseits der Barthe wachsen für Norddeutschland typische Wild- und Kulturpflanzen. Romantisch ist ein Spaziergang unter den wilden Obstbäumen am Weg der vergessenen Früchte. Barthebrücke, Bienenhaus und Pfarrscheune entstanden neu. Die wiedererrichtete Backstein-Scheune lädt vom Ostersonntag bis zum Reformationstag an allen Sonn- und Feiertagen zu frisch gebackenen Kuchen mit Früchten des Gartens ein. Im Garten trifft man sich zu Konzerten, unter anderem in der Reihe Naturklänge und des Musikfestivals M-V. In Kirche und Pfarrscheune gibt es jährlich wechselnde Kunstausstellungen. Das sommerliche „Barthefest" sowie der traditionelle „Appeltag" im Oktober sind schon lange kein Geheimtipp mehr.

DIE ÖLMANUFAKTUR

In der Ostseemühle wird Öl kalt gepresst und heiß geliebt

Fischfilet im Kokosmantel
mit Rote-Bete-Gemüse
und Mais-Risotto
*Dieses Rezept finden Sie
auf der Seite 173*

Sabine Zaepernick und Tochter Laura schwören auf Leinöl, das gesündeste Öl überhaupt. Aber auch Kokosöl ist eine gesunde Alternative zu den herkömmlichen Speiseölen aus dem Supermarkt. Es ist frei von Cholesterin und enthält mit Laurinsäure einen Stoff, der Bakterien, Viren und Pilze unschädlich macht. Sonnenblumen-, Mohn- und Sesamöl stecken voller hochwertiger ungesättigter Fettsäuren, Vitamine und Antioxidantien, sollten aber im Gegensatz zum gut erhitzbaren Kokosöl am besten kalt genossen werden. Eine Rarität ist das mild-nussige Öl aus den Bucheckern der mecklenburgischen Wälder. Nun bieten heutzutage viele Unternehmen gesunde Öle an, das Besondere der Ostseemühle aber ist die naturbelassene Gewinnung zumeist aus bio-zertifizierten Rohstoffen. Sechs kleine, elektrisch betriebene Mühlen pressen aus dem Saatgut das Öl, das dann ohne jede weitere Behandlung oder Zusatzstoffe ruhen kann,

OSTSEEMÜHLE
BIOENERGIE
LANGENHANSHAGEN GMBH
Laura Zaepernick
Dorfstraße 14
18320 Langenhanshagen
Tel. 03 82 25 / 51 98 40
Fax 03 82 25 / 51 98 31
www.ostseemuehle.de
verkauf@ostseemuehle.de

bis sich die Schwebstoffe abgesetzt haben. Dann wird es in Flaschen abgefüllt. So einfach – so frisch und schmackhaft, so rein und haltbar. Öl wird in Langenhanshagen, unweit von Ribnitz-Damgarten, schon lange gepresst. Doch ursprünglich wurde auf dem Gelände der familiengeführten Spedition lediglich Rapsöl für den eigenen Fuhrpark gewonnen – bis das Öl teurer wurde als Diesel. Die Pressen standen nun still. Eigentlich schade, dachten sich die Zaepernicks, die inzwischen reichlich Erfahrungen auf diesem Gebiet gewonnen hatten, und beschlossen 2012 für das Experiment, nun gesunde Speiseöle zu produzieren, sechs der einst 16 Mühlen aus der Rapsölproduktion zu nutzen. Das überzeugende Ergebnis kann man im Hofladen probieren und kaufen, aber auch auf Wochenmärkten. Was vom ausgepressten Saatgut übrigbleibt, ist ein noch immer wertvoller Rohstoff, der in der Ostseemühle zu glutenfreiem Vollkornmehl vermahlen wird. Ein Tipp von Sabine Zaepernick: Waffeln oder Eierkuchen einmal mit Mohnmehl backen.

DAS SALZPARADIES

Salz ist der gesunde Baustein des Salzturms von Trinwillershagen

„Nun hat Trinwillershagen ein Salzparadies – und, wenn sie es nicht schon vorher waren, zwei glückliche Menschen mehr. Karin und Axel Günther freuen sich. Es ist ja nicht so, dass die Friseurin und der Anwalt nichts zu tun hätten. Ganz im Gegenteil, aber mit dem Salzparadies haben beide jetzt etwas, was sie gemeinsam anpacken und was ihnen gemeinsam Spaß macht", kündete das sympathische junge Paar 2011 die Eröffnung ihres Spezialgeschäftes voller Salzprodukte, von Speise- und Badesalz über Salzschnaps bis Salzfliesen an. Zudem ließen sich Karin und Axel Günther zu Salzfachberatern ausbilden. Schon ein Jahr später wuchs daneben der neun Meter hohe Salzturm, ein innen vollständig mit etwa 34 Tonnen reinem Natursalz getäfeltes und außen mit Lärchenholz verkleidetes Salzreich von nahezu sakralem Charakter. Erster Gast war Söhnchen Tamino, der umgeben von dem geheimnisvoll organgefarben leuchtenden und alle störenden Strömungen fernhaltenden Millionen Jahre altem Salz getauft wurde. Die wohltuende Wirkung dieses uralten Heilmittels hatte Axel Günther, der viele Jahre an

SALZREICH
Karin und Axel Günther
Feldstraße 10
18320 Trinwillershagen
Tel. 03 82 25 / 5 17 89
Fax 03 82 25 / 5 17 68
www.salzreich.de
mail@salzreich.de

Asthma litt, am eigenen Leib in einer erzgebirgischen Salzgrotte erfahren. Über drei Etagen hat er dann im eigenen Salzturm seine so positiv lebensverändernde Erfahrung materialisiert. Eingehüllt von sanften Musikklängen kann man sich hier nun der Wirkung des magischen Materials hingeben, das auch als Salzsole über die sechs Meter hohe Schwarzdorn-Reisigwand des Gradierwerkes läuft und die Luft salzhaltig befeuchtet – ein Labsal für die oberen Luftwege. Selbst die Buddelkiste für kleine Gäste ist mit Salz gefüllt. Klangschalen- und Salzmassagen und viele andere Entspannungsangebote für Körper und Geist bereichern das Wohlfühlprogramm. Aber auch Lesungen, Konzerten, kulinarischen Salzabenden und Familienfeiern gibt der Raum einen märchenhaft anmutenden Rahmen. Sogar das Standesamt hat hier seine Außenstelle.

EIN BIO-LADEN AM ENDE DER WELT

Bei Susann und Torsten Warnecke kann man „einfach mal verweilen"

Marzipan-Pflaumen-Kuchen
*Dieses Rezept finden Sie
auf der Seite 174*

**EINFACH MAL VERWEILEN
BIOLADEN MIT SOMMERCAFÉ**
Torsten Warnecke
*Lange Str. 19
18314 Bartelshagen II
Ortsteil Hermannshof
Tel. / Fax 03 82 27 / 3 56
einfach-mal-verweilen@gmx.de
www.einfach-mal-verweilen.m-vp.de*

Einst war es die gute Stube im Elternhaus von Susann Warnecke, in der man heute so gemütlich bei Öko-Gourmetkaffee und Kuchen sitzt. Es ist noch nicht lange her, da arbeitete der gelernte Kaufmann Torsten Warnecke als erster Mann Nordvorpommerns in der heimischen Kindertagespflege. Seine Frau ging als Erzieherin aus dem Haus, bis schließlich beide merkten, dass sie als Paar auch gut zusammenarbeiten können. So machten sie aus ihrer ganz persönlichen Teamfähigkeit, aus ihrer Gastfreundschaft und der Angewohnheit, die Erzeugnisse aus dem eigenen Garten vor dem Hoftor zu verkaufen, eine Profession. Das Geld in der Kasse des Vertrauens klingelte und signalisierte Bedarf an frischen und gesunden Produkten in dieser Ferienregion südlich des Saaler Boddens. Die Idee, einen eigenen Laden zu eröffnen, war geboren. Die Antwort nach der Art des Ladens ergab sich aus dem eigenen Bio-Ernährungsprogramm. 2007 eröffneten sie ihr Geschäft,

das sie schon ein Jahr später um den hinteren Raum erweiterten. „Nun ist jeder Urlauber froh und glücklich, hier, am Ende der Welt, einen Bioladen zu finden", sagt Torsten Warnecke. Auch das Sommercafé im Garten wurde rasch gut angenommen. 2011 hatte Susann Warnecke die wunderbare Idee, ihr Wohnzimmer in ein Kaffeestübchen umzuwandeln, die beiden hatten ohnehin kaum noch Zeit, „darin herumzusitzen". Nun kann, wer einfach mal hier verweilen will, den Alltagsstress bei Kaffee, einem leckeren Eisbecher und täglich frischgebackenem Kuchen – natürlich alles Bio – vergessen. Torsten bevorzugt die Blechkuchen, wie Obst mit Streusel und Schneewittchenkuchen, Susann ist die Bäckerin unter anderem der köstlichen Joghurttorten mit Heidelbeeren, Erdbeeren oder Mango. Auch das Vollkornbrot, das im Naturkostladen neben einer großen Auswahl an ökologisch erzeugten Produkten angeboten wird, backen die Warneckes selbst.

WILDSCHWEINBRATEN UND HIMBEERENGEL

Bettina Klein schuf Raum für Erlesenes aus Vorpommerscher Küche

Himmel, Erde & Meer
*Dieses Rezept finden Sie
auf der Seite 174*

In der ehemaligen Hessenburger Hofschmiede brannte 250 Jahre lang das Feuer, um Eisen zum Glühen zu bringen, heute erwärmt es die Gäste, die auf ihrem Ausflug in die stille südliche Boddenlandschaft hier einkehren. Die Schmiede gehörte zum einstigen Rittergut Schlichtemühl, das im Jahr 1786 durch die Familie derer von Hesse erworben wurde. Die Kunsthistorikerin Bettina Klein erwarb 1998 die alte, zu diesem Zeitpunkt stark verfallene Gutsanlage und rekonstruiert sie seitdem mit viel Liebe zum Detail. Aus der einst offenen Schmiedewerkstatt wurde ein Restaurant mit hohen Schiebefenstern, die den Blick auf das denkmalgeschützte, spätklassizistische Herrenhaus und den neobarocken Gutspark freigeben. So rustikal und zugleich elegant wie das Ambiente der Alten Schmiede ist auch das kulinarische Programm. Würziger Duft von Wild-

ALTE SCHMIEDE
GUTSHOF HESSENBURG
*Dorfplatz 5
18317 Hessenburg / Saal
www.schmiede-hessenburg.de
dr.klein@hessenburg.net*

schweinbraten dringt aus dem Lehmbackofen. Ganz dem Slowfoodgedanken verpflichtet, dessen Gründer Carlo Petrini einst sagte: „Ich möchte die Geschichte einer Speise kennen. Ich möchte wissen, woher die Nahrung kommt. Ich stelle mir gerne die Hände derer vor, die das, was ich esse, angebaut, verarbeitet und gekocht haben", kreiert das engagierte Team um Küchenmeister Jürgen Schulze Erlesenes aus vorpommerscher Küche. So graste Wild, das hier in die Pfanne kommt, einst im Hessenburger Wald, der auf der Haut gebratene Zander schwamm zuvor im Bodden. Für das Biedermeiercafé fertigt die Bäckerin Ramona täglich die schönsten Torten an. Die Walnusstorte, nach einem alten Rezept zubereitet, ist eine Spezialität des Hauses. Bäckerin Moni macht die Blechkuchen mit Früchten

DIE FANTASTISCHE WELT
DER KIRSTEN HÄNSCH

In der Alten Dampfbäckerei duftet es wieder nach frisch gebackenem Kuchen

Schokoladen-Walnusskuchen
mit Streusel
*Dieses Rezept finden Sie
auf der Seite 175*

Wer das 200 Jahre alte Anwesen der einstigen Dampfbäckerei durch das niedrige grüne Holztor betritt, fühlt sich wie Alice im Wunderland. Alles scheint verzaubert, überbordend und bunt wie das fantastische Leben. Am Fachwerkgemäuer der einstigen Wirtschaftsgebäude baumeln alte Haushaltsgeräte. Waschbretter, Bügeleisen und Nähmaschinen dekorieren die Waschküche, den heutigen Kreativ-Laden. Der einstige Kutschenunterstand wurde zur Veranstaltungsbühne. Im ehemaligen Schweinegehege kräht Oskar der Hahn inmitten seiner Eier legenden Hennen. Mit Kaufmannsladen, Puppenstuben und anderen Raritäten bezaubert der Bäckerladen als kleines Museum. Darüber befindet sich eine urige Ferienwohnung. Der Raum, in dem einst die Bäckerlehrlinge schliefen, ist heute Atelier. Das Herzstück, der große Dampfbackofen, schlägt zwar nicht mehr, doch dominiert er noch in seiner ganzen imposanten

ALTE DAMPFBÄCKEREI
Kirsten Hänsch
*18311 Ribnitz-Damgarten
Eingang: Am Kirchplatz
Tel. 038 21 / 70 93 40,
0151 / 4040 2309
www.alte-dampfbaeckerei.de
khaensch@t-online.de*

Größe den historischen Backraum und der gute Geist der Backkunst ist in Kirsten Hänsch gefahren. Jeden Tag wird frisch gebacken. Ihr Schokoladen-Walnusskuchen nach Omas Rezept, verfeinert mit Zartbitterschokolade, Kirschen, Pfeffer und Ingwer, ist ein Gedicht. 2009 hat die studierte Malerin aus dem Westerwald mit mecklenburg-vorpommerschen Wurzeln aus dem gesamten 870 m² großen Areal der Dampfbäckerei ein fröhliches Gesamtkunstwerk erschaffen. Die gastliche Stätte mit historischer Substanz ist nun erbaulicher Rahmen für schöne Stunden, in denen die Hausherrin ihre Gäste mitunter sogar mit plattdeutschen Liedern zu Gitarrenklängen unterhält. Bei Kaffee, Kuchen und leichten Speisen kann man sich in der Backstube, im Innenhof und in den beiden kleinen Gärten für eine Weile vom grauen Alltag verabschieden. Das Klimpern des Windspiels aus Messer, Gabel und Löffel mischt sich mit dem Glockenklang der gotischen Kirche gegenüber zum melodischen Background.

TRADITION UND MODERNE IN BERNSTEIN

Uta Erichson erweckt alte Kunst zu neuem Leben

Zu allen Zeiten hat Bernstein die Menschen fasziniert. Der baltische Bernstein, der an der Ostsee angespült wird, entstand vor etwa 40 bis 50 Millionen Jahren aus dem Harz subtropischer Wälder. Geheimnisvoll leuchten im Deutschen Bernsteinmuseum die polierten, schon in der Antike begehrten Meeressteine. Sogar an den Seitenwangen des Kuchentresens im Museums-Café erwärmen unzählige kleine Exemplare optisch den gläsernen Caféraum, der sich modern an das mittelalterliche Gemäuer des ehemaligen Klarissenklosters schmiegt. Die Museumsbesucher entspannen beim großartigen Blick auf den Klosterhof und die alte Klosterkirche und genießen dabei Kaffee und bernsteinfarbene Sanddorntorte. Doch damit ist das Thema Bernstein in der Bernsteinstadt Ribnitz-Damgarten längst noch „nicht gegessen". „Bernstein hat magische Wirkung" sagt Uta Erichson, die nicht nur in ihrem Museumscafé in einem der schönsten Bernsteinmuseen Europas der Strahlkraft dieser faszinierenden Materie erlegen ist. Seit 2002 präsentiert sie in ihrer „Bernsteingalerie E", nur wenige Schritte vom Kloster entfernt, atemberaubend schöne neuzeitliche Bernsteinkreationen. Viele der in dieser Galerie vertretenen internationalen und deutschen Künstler lernte sie anlässlich der

CAFÉ IM BERNSTEINMUSEUM
Uta Erichson
Im Kloster 1
18311 Ribnitz-Damgarten
Tel. 038 21 / 22 19
www.bernsteingalerie-ribnitz.de
www.fischlandschmuck.de
info@bernsteingalerie-ribnitz.de

Verleihungen des Bernstein-Kunstpreises in Ribnitz-Damgarten kennen. Aber auch der heimischen Bernsteintradition erweist sie begeistert Referenz. Bereits 1771 gründete der Silberschmied Georg Kramer in Ribnitz seine gleichnamige Firma. Walter Kramer, Nachfahre in sechster Generation, machte in den 1930er-Jahren mit seinen von silbernen Seemotiven gerahmten Bernsteinen Furore. 2009 erwarb Uta Erichson die Markenrechte und erweckte die Ribnitzer Bernsteintradition an ihrem Ursprungsort zu neuem Leben. Seit 2011 wird in ihrem Werkstattladen wieder „Fischlandschmuck" aus 925-Sterling-Silber und handverlesenem Bernstein hergestellt.

FERIEN AUF DEM GUTSHOF

Feldspargel ist eine Spezialität des Hauses

Neu Wendorfer Rehrücken
*Dieses Rezept finden Sie
auf der Seite 175*

Inmitten der Rostocker Heide und eine ge-
fühlte Ewigkeit von jedem Stadttrubel entfernt, steht das 1807 erbaute Gutshaus
schneeweiß inmitten weiter Felder und grüner
Flur. 1992 wurde es von Claus und Ingeborg
Eben mit viel Idealismus und Gefühl für Au-
thentisches zu einem kleinen, individuellen
Hotel umgebaut. Im Jahr 2002 übernahmen es
Verena und Hans-Hellmuth Eben. Geschnatter
der Enten auf dem Parkteich, Wiehern der
Pferde auf den Weiden, hin und wieder ein
begeisterter Kinderjubel über so viel ländliche
Freiheit. Im Herbst ist das Trompeten der Kraniche hier das einzige laute Geräusch. Am
Abend mischt sich in die frische Landluft der
Duft aus Verena Ebens Küche. Die aus dem
Rheinland stammende „Gutsherrin" kocht für
ihre Hausgäste nach alten Gutshaus-Rezepten
mit Produkten aus eigener Jagd und Landwirtschaft. So manches Wild hat „Gutsherr" Hans-
Hellmuth Eben selbst erlegt. Rotwild-Trophäen
über dem Kamin zeugen davon, vor allem aber
die herrlichen Abend-Menüs, beispielsweise
mit Rehrücken zu Preiselbeerbirnen, Wild-
schweinkeule oder -gulasch. Natürlich gibt es
auch Fisch. Kulinarische Offenbarung sind die
Lachsrouladen aber auch die in Butter ge-

GUTSHAUS NEU WENDORF
Hans-Hellmuth und Verena Eben
*Am Gutshaus 7
18190 Sanitz / OT Neu Wendorf
Tel. 03 82 09 / 3 40 oder 8 02 70
Fax 03 82 09 / 8 02 71
www.gutshaus-neu-wendorf.de
info@gutshaus-neu-wendorf.de*

bratenen frischen Feldspargelköpfe mit Wild-
schweinschinken. Den Spargel bauen die
Ebens auf rund sechs Hektar selbst an. Nicht
jede Stange dieser Delikatesse landet auf den
Tellern der Hausgäste, ein großer Teil der Ernte
wird direkt auf dem Hof und auch auf den
Märkten der umliegenden Orte Sanitz, Tessin
und Bad Sülze angeboten. Wendorfer Spargel
darf in aller Ruhe reifen, die Ernte beginnt
frühestens Ende April. „Viele fahren extra von

der Autobahn ab, um unseren Spargel zu kaufen", sagt Verena Eben. Sie ist die vollkommene
Gastgeberin, mit einer Ausbildung zur staatlich
geprüften Ökotrophologin und Erfahrungen
sowohl als Praktikantin im Hilton Hotel in Düsseldorf als auch als Hauswirtschaftsleiterin in
einem Kloster. Scheinbar im Handumdrehen
zaubert sie neben den Abendessen auch ganze
Hochzeitmenüs.

REZEPTE

HIRSCHKALBSKOTELETT MIT KÜRBIS, PFIFFERLINGEN UND HOLUNDERSOSSE

Schimmel's Restaurant. Cafe. Pension, Seite 114

ZUTATEN für 4 Personen

1 Strang Hirschkalbskotelett mit vier Knochen (pariert und geputzt) | ¼ Muskatkürbis | 400 g Pfifferlinge | 100 g frische Holunderbeeren | 100 ml Rotwein (Merlot) | 200 ml Wildfond | 2 Schalotten | 100 g Butter | Salz | Pfeffer | Zucker und Essig (Apfelessig) | frischer Rosmarin | Wacholder | Öl zum Anbraten

ZUBEREITUNG

Hirschkalbskotelett im Ganzen im heißen Öl von allen Seiten scharf anbraten. Im vorgeheizten Ofen bei 120 °C auf einem Gitter circa 30 Minuten bei einer Kerntemperatur von 54 °C weiter garen. In der Zwischenzeit den Kürbis in gleichmäßige Würfel schneiden, Pfifferlinge putzen, wenn nötig waschen und auf ein Tuch legen. Nun in einer Pfanne etwas Zucker auflösen (hellen Karamell herstellen) und ein wenig Butter hinzugeben. Die Kürbiswürfel dazugeben und mit einer Prise Salz würzen. Bei geringer Hitze langsam garen. Zum Schluss mit Pfeffer und Essig abschmecken. Die Pfifferlinge in Öl scharf anbraten, Schalotten und Butter dazugeben, mitbraten und mit Salz und Pfeffer abschmecken. Für die Soße in einer Pfanne etwas Zucker karamellisieren, Holunderbeeren dazugeben und mit dem Rotwein ablöschen. Alles um drei Viertel der Menge reduzieren, mit dem Wildfond ablöschen und nochmals reduzieren. Zum Schluss mit etwas kalter Butter abbinden. Schließlich das Hirschkalbskotelett in Butter mit gehacktem Rosmarin, Wacholder und gerösteten Kürbiskernen nachbraten.

ANRICHTEN

Die Kürbiswürfel und Pfifferlinge auf dem Teller verteilen, das aufgeschnittene Hirschkalbskotelett in der Mitte platzieren und die Holundersoße hinzugeben.

GEBRATENE MARÄNE IN BEURRE BLANC MIT RÜBENGEMÜSE UND KRÄUTERPÜREE

Grand Hotel & SPA Kurhaus Ahrenshoop, Seite 118

ZUTATEN

Maräne: 640 g Maränenfilet (Große Maräne bestellen) | 1 Knoblauch-zehe | 1 Zitronenscheibe | Thymian | Rosmarin | Estragon | etwas Mehl
Beurre Blanc: 3–4 Schalotten | 150 ml Weißweinessig | 250 ml Fisch-fond | 170 g eiskalte Butterwürfel | 1 EL Crème double | Salz | weißer Pfeffer
Rübengemüse: 2 Rote Bete | 4 Butterrüben | 1 Schalotte, gewürfelt | 1 Knollensellerie | 1 große mehlig kochende Kartoffel | verschiedene Kräuter, Estragon, Liebstöckel, glatte Petersilie, Kerbel, sehr fein gehackt | 200 ml Sahne | Salz | Sternanis | weiße und schwarze Pfefferkörner | Lorbeerblatt | Kardamom

ZUBEREITUNG

Maräne: Filetieren und die einzelnen Filets von der Fleischseite her in sehr kurzen Abständen bis auf die Haut einschneiden. Filets von bei-den Seiten würzen, die Hautseite in Mehl wenden und mit Knoblauch, Zitrone und Kräutern in der Pfanne zuerst auf der Hautseite kurz braten, kurz vor Schluss einmal wenden.
Beurre Blanc: Schalotten schälen, hacken und mit Weißweinessig, Fischfond und gemahlenem Pfeffer um zwei Drittel einkochen. Kasse-rolle vom Herd nehmen, die Butterwürfel auf einmal hineingeben und mit dem Schneebesen kräftig aufschlagen (nicht schäumen lassen). Mit Salz und weißem, frisch gemahlenem Pfeffer abschmecken.
Rübengemüse: Gewaschene Rote Bete und Rüben mit den Gewürzen abkochen. Den Knollensellerie schälen, würfeln und in der Sahne weichkochen. Die Würfel sollten dabei knapp bedeckt sein. Dann mit einem Mixer sehr fein pürieren und gegebenenfalls die abgekochte Kartoffel zum Abbinden hinzugeben. Die sehr kleingehackten oder pürierten Kräuter kurz vor dem Servieren unterheben. Nun die abge-kochten Rüben schälen und in gleichmäßige dünne Scheiben schnei-den. Die Rote Bete würfeln, ebenso wie die Schalotten anschwitzen (beides separat) und mit Salz und Pfeffer abschmecken.

ANRICHTEN

Die Rübenscheiben kurz mit etwas Butter anschwitzen, dann das heiße Püree darauf verteilen. Obenauf die gebratenen Filets der Großen Maräne geben und rundherum die rote Bete verteilen. Schließlich Beurre Blanc zwischen den Würfeln der Roten Bete verlaufen lassen.

RUMROSINEN-BITTERSCHOKOLADENPARFAIT
Der Charlottenhof, Seite 120

ZUTATEN
*200 g Rosinen | 2 Eigelb | 65 g Zucker | 1 TL Zitronensaft |
1 EL Rum | 1 Tafel Bitterschokolade | 450 ml Sahne*

ZUBEREITUNG
Die Rosinen eine Nacht in Rum einlegen. Das Eigelb und den
Zucker schaumig schlagen, Zitronensaft und Rum dazugeben.
Bitterschokolade raspeln. Die Sahne schlagen, Bitterschokolade
und Eigelbmasse unter die Sahne heben. Die Masse in Portions-
schälchen oder in Terrinenförmchen füllen und einfrieren.

ANRICHTEN
Portionsschälchen stürzen und nach Belieben mit frischem Obst
oder einer Schokoladensoße anrichten. Falls ein Terrinenförmchen benutzt wurde, ebenfalls stürzen und das Parfait in beliebig
große Stückchen schneiden.

TOMATEN-CHUTNEY
Café TonArt, Seite 122

ZUTATEN
*500 g Äpfel | 1,5 kg feste Tomaten | 700 g Zwiebeln | 6 Nelken |
1 Lorbeerblatt | 50 g Senfkörner | ½ TL weißer Pfeffer |
½ TL roter Pfeffer | ½ TL geriebene Muskatnuss | 750 g Zucker |
50 g Salz | ½ TL Zimt | ½ TL Ingwer | 1 kleine Knoblauchzehe |
½ EL Essig*

ZUBEREITUNG
Äpfel, Tomaten und Zwiebeln grob zerkleinern und mit den
weiteren Zutaten auf kleiner Flamme köcheln lassen, dabei den
Topf nicht deckeln, bis die Masse dickflüssig ist. Diese dann in
Gläser abfüllen und fest verschließen. 3 Wochen ruhen lassen.

REZEPTE

GESCHMORTE HAXE VOM DARSSER SALZ-WIESENLAMM AUF BUNTEN BOHNEN UND KARTOFFELSPALTEN
Walfischhaus BioPension – Café – Restaurant, Seite 124

ZUTATEN für 4 Personen
4 Lammhaxen à 400 g | 400 g grüne Bohnen | 4 Schalotten | Knoblauch | 3 Paprikaschoten (rot, gelb, orange) | 3 Tomaten | 500g Kartoffeln, festkochend (kleine Sortierung) | 300 g Wurzel-gemüse (Sellerie, Möhren, Liebstöckel) | 1 Lammfond | ½ L Rotwein | 1 Bund Rosmarin | Thymian | Basilikum | Olivenöl | Butter | Salz | Pfeffer | Senf | Kümmel | 1 EL Tomatenmark

ZUBEREITUNG
Lammhaxen mit Salz, Pfeffer, gehacktem Knoblauch, Thymian, Ros-marin, etwas Senf würzen. In einer Schmorpfanne mit erhitztem Olivenöl gleichmäßig anbraten, anschließend herausnehmen.
In dieser Schmorpfanne das gewürfelte Wurzelgemüse und 2 Scha-lotten scharf anbraten, Tomatenmark einrühren, anschließend mit Rotwein ablöschen.
Nach circa 5 Minuten den Lammfond und die Haxen dazugeben. Im vorgeheizten Backofen bei 140 °C etwa 1,5 Stunden schmoren. Die ungeschälten Kartoffeln waschen. In Salzwasser mit Kümmel garen. Die Bohnen waschen, putzen und circa 5 Minuten in kochen-dem Salzwasser blanchieren. Schalotten, Paprika und Tomaten grob würfeln. Haxen aus dem Ofen nehmen, den Bratenfond passieren, nach Wunsch einreduzieren, abschmecken.
Die vorbereiteten Schalotten, Paprika, Tomaten, Bohnen sowie halbierte Kartoffeln (mit Schale) in einer Pfanne mit Olivenöl, etwas Butter, Salz, Pfeffer, Thymian und Rosmarin sautieren.
Auf einem Teller anrichten, die Lammhaxe dazugeben, mit Braten-fond glasieren und mit den Küchenkräutern ausgarnieren.

ROTE BETE-SANDDORNSUPPE MIT KOKOS
Café Fernblau, Seite 128

ZUTATEN für 4 Personen
8 Rote Bete Knollen | 1 Apfel (säuerlich) | 2 rote Zwiebeln | 2 EL Olivenöl | 4 EL Kokosraspeln | 2 EL Apfel-Essig oder 2 EL Sand-dornsaft | 1 EL Ahornsirup oder 1 gehäufter TL Honig | 1 Liter Gemüsebrühe | 500 ml Sanddornsaft | 800 ml Kokosmilch | Salz und frisch gemahlener schwarzer Pfeffer
Dekoration: 1 TL saure Sahne | Kokoschips | Blütenmischung

ZUBEREITUNG
Rote Bete und Apfel schälen und würfeln. Zwiebeln fein würfeln, in Olivenöl goldgelb anschwitzen, die Kokosraspeln mit anrösten bis sie leicht bräunlich sind. Mit Apfel-Essig ablöschen und Ahornsirup oder Honig unterrühren. Rote Bete und Apfel hinzugeben und alles 10 Minuten anschwitzen. Gegebenenfalls 100 Milliliter Wasser dazugeben. Gemüsebrühe aufgießen und circa 30–40 Minuten garköcheln lassen. Anschließend Sanddornsaft und Kokosmilch einrühren. Suppe pürieren und mit Salz und Pfeffer abschmecken. Am besten über Nacht ziehen lassen.

ANRICHTEN
Mit einem Teelöffel saure Sahne, Kokoschips und Blütenmischung garnieren.

GEBACKENE KÜRBISPRALINE MIT GIERSCH-KÜRBISKERNCREME, QUITTENGELEE UND EINGELEGTEM HOKKAIDOKÜRBIS
Hotel Haferland, Seite 132

ZUTATEN

Eingelegter Kürbis: 50 g Zucker | 50 g Apfelessig | 50 g Wasser |
10 g Ingwer | 10 g Zitronenschale | 12 Pfefferkörner | 0,5 Zimt-
stangen | 4 Nelken | 1 Lorbeerblatt | ¼ Hokkaidokürbis
Giersch-Kürbiskerncreme: 50 g Kürbiskerne geröstet | 50 g Giersch
(feinstes Laub) | 80 g Gemüsefond | 100 g Kürbiskernöl
Quittengelee: 300 g Quittendirektsaft (klar) | 1,8 g Agar-Agar
Kürbiscreme für die Pralinen: 3/4 Hokkaidokürbis | 1 TL Madras-
curry | 100 g Kokosmilch | 2 Schalotten | 1 kleine Lauchstange
(weiss) | 2 g Agar-Agar | 30 g Petersilie | 50 g Haselnussöl
außerdem: Mehl | Ei | Semmelbrösel | Salz und Pfeffer | Halbkuchen-
formen | Rahmen für Quittengelee | Sonnenblumenöl zum Ausbacken

ZUBEREITUNG

Zutaten für den eingelegten Kürbis im Topf aufwallen lassen. Ein Viertel
Hokkaidokürbis in dünne Scheiben schneiden, im Fond ziehen lassen.
Für Giersch-Kürbiskerncreme Giersch und Kürbiskerne mit Gemüsefond
pürieren, mit Öl aufmixen, salzen, pfeffern. Quittensaft mit Agar-Agar
aufkochen, in einen Rahmen geben, erkalten lassen. Aus dem Rahmen
lösen und in Würfel schneiden.
Für die Praline ein Viertel Hokkaidokürbis schälen, würfeln, in Hasel-
nussöl bissfest schmoren. Rest vom Kürbis mit Schalotten und Lauch mit
Haselnussöl andünsten, mit Curry und Agar-Agar bestauben und mit
Kokosmilch zu Püree kochen. Salzen, pfeffern, pürieren. Gehackte
Petersilie und Kürbiswürfel unterheben und in Halbkugelformen füllen,
anfrieren lassen und dann zu einer Kugel zusammensetzen. Nun die
Praline in Mehl wälzen, im Ei wenden, mit Semmelbrösel umhüllen und
in Rapsöl bei 160 °C goldbraun backen.

STACHELBEER-BAISERTORTE
Teeschale, Seite 138

ZUTATEN

Boden: Mürbeteig: 50 g Zucker | 100 g Butter | 150 g Mehl
Biskuitteig: 2 Eier | 75 g Zucker | 65 g Mehl | 35 g Stärke |
1 TL Backpulver
Belag: 400 g Stachelbeeren | Vanillepudding
Baisermasse: 250 g Eiweiß | 250 g Zucker

ZUBEREITUNG

Mürbeteig: Zutaten verrühren und in einer Springform
(Durchmesser 28 Zentimeter) 15 Minuten backen.
Biskuitteig: Ebenfalls die Zutaten verrühren und in einer
Springform (Durchmesser 28 Zentimeter) 15 Minuten backen.
Belag: Stachelbeeren mit Puddingpulver andicken.
Baisermasse: Zutaten cremig schlagen.

FERTIGSTELLUNG

Mürbeteig, Konfitüre, Biskuitteig, Stachelbeeren und Baisermasse
aufeinander schichten und bei 170 °C noch einmal 15 Minuten
backen.

REZEPTE

QUINOA LINSEN UND SCHARFE KIRSCH-TOMATEN AUF MAISRING
Hotel / Restaurant Haus Linden, Seite 140

ZUTATEN für 4 Personen

Quinoa Linsen: 150 g Quinoa | 150 g schwarze Linsen | 4 EL Sonnen-
blumenöl | 2 x 50 g Zwiebeln | ca. 300 ml Gemüsebrühe |
ca. 300 ml Wasser | Salz | schwarzer Pfeffer | Thymian frisch
und getrocknet | 1 EL glatte Petersilie, gehackt
Scharfe Kirschtomaten: 400 g Kirschtomaten (möglichst rote und gelbe)
oder Datteltomaten | 2 Lauchzwiebeln | 1 Zehe Knoblauch |
1 kleine Zwiebel | je ½ Peperoni rot und grün | Meersalz | frisch
gemahlener Pfeffer | frische oder getrocknete Kräuter (Oregano,
Basilikum und glatte Petersilie) | 1 TL Olivenöl | 1 TL dunklen
Balsamico | 1 TL Balsamico di crema für Deko
Maisring: ½ L Gemüsebrühe | 1 El Öl | 1 kleine Zwiebel |
120 g Polenta (Maisgrieß) | 1 Zweig frischen oder getrockneten
Thymian | Abrieb einer halben Zitrone | Meersalz | Pfeffer

ZUBEREITUNG

Quinoa Linsen: Gewürfelte Zwiebeln in Öl anschwitzen, Quinoa
zugeben, mit Gemüsebrühe aufgießen, salzen, pfeffern. Etwa 10
Minuten köcheln und dann 20 Minuten gar ziehen lassen. Die schwarzen Linsen werden ähnlich wie der Quinoa zubereitet – aber mit
Wasser. Pfeffer und Thymian zugeben, Salz erst, wenn die Linsen gar
sind. Dann beides miteinander mischen, abschmecken und gehackte
Petersilie unterheben.

Scharfe Kirschtomaten: Tomaten halbieren, Lauchzwiebeln und Pepe-
roni in feine Ringe schneiden, Zwiebel würfeln, Knoblauchzehe
pressen und alles miteinander mischen. Salzen, pfeffern, Öl, Balsamico
und Kräuter zugeben.

Maisring: Zwiebel in feine Würfel schneiden und mit Thymian und
Zitronenabrieb im Öl anschwitzen. Brühe aufgießen, aufkochen
lassen, Maisgrieß unterrühren, alles noch einmal aufkochen, etwa
10–15 Minuten ausquellen lassen. Masse durchrühren und danach auf
einem Blech etwa 1,5 Zentimeter dick ausstreichen. 2–3 Stunden kühl
stellen, danach die Ringe ausstechen.

MOHNTORTE
Café Rosengarten, Seite 142

ZUTATEN

2 Tassen Mohn | 2 Tassen Zucker | 2 Tassen Weizenmehl Typ 405 |
3 Eier | 1 Tasse Milch | 1 Päckchen Backpulver
Mandelkrokant: 200 g grob gemahlene Mandeln | 300 g Zucker |
60 g Butter
Buttercreme: 500 ml Milch | 60 g Vanillepuding | 100 g Zucker |
250 g Butter

ZUBEREITUNG

Mohn, Zucker, Mehl, Eier, Milch und das Backpulver zu einem
flüssigen Teig rühren und in eine gefettete Springform von
28 Zentimeter Durchmesser füllen und 40 Minuten bei 180 °C
backen (bei Umluft 160 °C).

In der Zwischenzeit aus der Milch und dem Puddingpulver einen
Pudding kochen, erkalten lassen und anschließend mit der weichen
Butter zu einer Buttercreme verrühren.

Für den Krokant die Butter und den Zucker in einer beschichteten
Pfanne schmelzen und die Mandeln anschließend unterheben.
Auf Pergamentpapier auskühlen lassen und anschließend mit
einem Fleischklopfer zerkleinern.

Den ausgekühlten Boden zweimal teilen und mit 2/3 der Buttercreme füllen.

Mit dem Rest der Buttercreme die Torte umhüllen und mit dem
Mandelkrokant gänzlich einstreuen.

AUBERGINEN-LINSEN KEBAB MIT SESAM-KARTOFFELN

Bio.Delikates, Seite 144

ZUTATEN für 4 Personen

*Für das Gemüse: 2 Auberginen | 4 mittelgroße Tomaten | Olivenöl |
Salz und Pfeffer*

*Für die Linsenmasse: 200 g rote Linsen | 1 Zwiebel | 2 Knoblauch-
zehen | etwas frischen Koriander | Gewürze: Kreuzkümmel | Kori-
ander | Ingwer | 1 Handvoll gerösteter Sonnenblumenkerne | etwas
Mehl | Hirseflocken | Salz | Pfeffer | 80 g geriebenen Käse*

*Für die Tomatenpaprikasoße: 80–100 g Tomatenmark | 1 Dose
gehackte Tomaten | 20 g Paprikapulver | Olivenöl | Salz | Pfeffer*

*Für die Sesamkartoffeln: 8–10 mittelgroße Kartoffeln | 50 g Sesam |
Olivenöl | Salz | Pfeffer*

ZUBEREITUNG

Auberginen in Scheiben schneiden, in Salzwasser legen und anschließend mit Olivenöl marinieren. Linsen etwa 15 Minuten abkochen, dann abtropfen und abkühlen lassen. Die klein gehackte
Zwiebel, Knoblauchzehen und den frischen Koriander, Gewürze
und Sonnenblumenkerne zur Linsenmasse dazugeben. Mit Mehl
und Hirseflocken die Masse abbinden, sodass sie formbar ist,
salzen, pfeffern und die Hälfte des Käses in die Masse streuen.
Tomatenmark und Paprikapulver mit gehackten Tomaten und Olivenöl sämig rühren. Nun die Auberginenscheiben, aus der Linsenmasse geformte Frikadellen und Tomatenscheiben im Wechsel auf
ein Backblech legen und mit der Tomaten-Paprikasoße gleichmäßig
übergießen. Langsam bei 150 °C eine Stunde, danach 20 bis 30
Minuten bei 180 °C garen. Die Kartoffeln in Stücke oder Scheiben
schneiden und mit Salz, Pfeffer, reichlich Olivenöl und Sesam
marinieren. Das Ganze bei 180–200 °C 30 bis 40 Minuten garen.

FISCHFILET IM KOKOSMANTEL MIT ROTE-BETE-GEMÜSE UND MAIS-RISOTTO

Ostseemühle Bioenergie Langenhanshagen GmbH, Seite 154

ZUTATEN für 2 Personen

*Rote-Bete-Gemüse: 1 große oder 3 kleine Rote Bete-Knollen |
1 EL Kokosöl | ca. 250 ml naturtrüben Apfelsaft | 2 EL Apfelessig |
3 Pimentkörner | 1 Lorbeerblatt | Salz*

*Mais-Risotto: 1 EL Kokosöl | 1 Zwiebel | 125 g Risotto-Reis | 250 ml
Weißwein | 100 g Maiskörner (tiefgekühlt) | 250 ml Gemüsebrühe*

*Fischfilet im Kokosmantel: 2 Fischfilets (z. B. Zander, Dorsch,
Seelachs) | Salz | Pfeffer | 50 g Weizenmehl | 1 Ei | 75 g Kokosmehl |
2 EL Kokosöl*

ZUBEREITUNG

Rote-Bete-Gemüse: Rote Bete schälen, fein würfeln und in erhitztem
Kokosöl andünsten. Mit etwas Apfelsaft ablöschen. Apfelessig,
Pimentkörner und Lorbeerblatt dazugeben. Immer wieder Apfelsaft
dazugeben, sodass die Würfel in Flüssigkeit bei kleiner Hitze circa
35 Minuten köcheln können.

Mais-Risotto: Kokosöl erhitzen und fein geschnittene Zwiebel darin
andünsten. Den ungewaschenen Reis dazugeben und unter ständigem Rühren glasig dünsten. Mit Wein ablöschen und bei schwacher
Hitze einkochen lassen. Den Reis unter gelegentlichem Rühren
15 Minuten mit Deckel quellen lassen. Dabei nach und nach heiße
Gemüsebrühe unterrühren. Maiskörner dazugeben und 5 Minuten
quellen lassen. Mit Salz abschmecken.

Fischfilet im Kokosmantel: Die Fischfilets in etwa 5 Zentimeter breite
Streifen schneiden und mit Salz und Pfeffer würzen. Ein Ei mit einer
Gabel verschlagen, salzen und pfeffern. Die Fischfilets in Mehl
wenden, anschließend durch das Ei ziehen und im Kokosmehl
wälzen. Das Kokosöl in der Pfanne erhitzen und die Filets darin
knusprig braten.

REZEPTE

MARZIPAN-PFLAUMEN-KUCHEN

Einfach Mal Verweilen Bioladen mit Sommercafé, Seite 158

ZUTATEN

Rührteig: 100 g Butter | 60 g Rohrzucker | 2 Eier | 1 Prise Salz |
1 Schuss Rum | 150 g Dinkelvollkornmehl | 1 TL Backpulver |
100 g süße gehackte Mandeln | 1 EL Semmelmehl für die Form |
Fett für die Form
Belag: 100 g Honigmarzipan | 50 g Rohrpuderzucker |
1 kg Pflaumen

ZUBEREITUNG

Butter erwärmen, Zucker und Eier schaumig rühren. Salz, Rum
und flüssige Butter unterrühren. Mehl und Backpulver auf die Masse
sieben. Gehackte Mandeln unterheben.
Die Springform, 26 Zentimeter Durchmesser, fetten und mit Semmel-
mehl ausstreuen. Die Hälfte des Teiges einfüllen. Das Honigmar-
zipan auf der Hälfte des Puderzuckers ausrollen und auf den ein-
gefüllten Teig legen. Leicht andrücken und die zweite Teighälfte
darauf streichen.
Pflaumen entsteinen, halbieren und kreisförmig dicht nebeneinander
in den Teig stecken. Den Kuchen bei 170–180 °C Umluft,
(Gas Stufe 2–3), 50 bis 60 Minuten im vorgeheizten Ofen backen.
Nach dem Backen den Kuchen mit Puderzucker bestreuen.

HIMMEL, ERDE & MEER

Alte Schmiede Gutshof Hessenburg, Seite 160

ZUTATEN für 4 Personen

800 g Kartoffeln (mehlig) | 1 Zwiebel | 4 kleine rotschalige Äpfel |
1 großer Apfel rot | 50 g Speckwürfel | 4 Dorschfilets mit Haut á
160 g | 4 Zweige Majoran | Salz | Pfeffer | Zucker | 100 ml Sahne |
100 ml Milch

ZUBEREITUNG

Deckel von Äpfeln entfernen und aufheben, Kerngehäuse ausstechen und die Äpfel in Wein pochieren. Kartoffeln schälen und
in Salzwasser kochen. Zwiebeln schälen und in Ringe schneiden.
Apfel mit Schale in Würfel schneiden, dann das Kerngehäuse entfernen. Zwiebeln in der Pfanne anbraten, Speck und zum Schluss
den gewürfelten Apfel dazu geben. Alles goldbraun braten.
2–3 Zweige Majoran hacken und unter den Apfel-Zwiebel-Mix
mengen. Mit Salz, Pfeffer und Zucker würzen. Nun die Kartoffeln
abgiessen, Sahne und Milch angiessen, mit Salz würzen und die
Kartoffeln zu Püree stampfen.
Dorschfilet würzen und auf der Hautseite mehlieren. Auf der Hautseite nahezu fertig braten. Kurz vor dem Servieren für 1 Minute
wenden.

ANRICHTEN

Kartoffelpüree mit einem Spritzbeutel in die Äpfel füllen. Deckel
aufsetzen. Dorschfilet mit der Haut nach oben auf dem Apfel-
Zwiebel-Mix anrichten. Zusätzlich eine Rosette Püree spritzen und
mit Majoran garnieren.

SCHOKOLADEN-WALNUSSKUCHEN MIT STREUSEL
Alte Dampfbäckerei, Seite 162

ZUTATEN
*270 g Mehl | 400 g Schokolade, dunkel und zartbitter vom Feinsten |
460 g Butter, weich | 300 g Puderzucker | 1 Päckchen Vanillezucker |
1 Päckchen Backpulver | 200 g Nüsse, klein gehackt | je eine
1 Prise Salz | Ingwerpulver und Pfeffer | 7 Eier, Butter und Panier-
mehl für das Blech | 1 Glas Kirschen (gut abtropfen lassen)
Streusel: 200 g weiche Butter | 200 g Zucker | 300 g Mehl |
1 Prise Salz*

ZUBEREITUNG
Das Backrohr auf 170°C vorheizen. Ein Backblech (28 x 42 cm) mit
hohem Rand mit Butter ausstreichen und mit Paniermehl ausstreuen.
Das Mehl versieben. Walnüsse grob (!) hacken. Schokolade in kleine
Stücke brechen und über Wasserdampf schmelzen.
Die weiche Butter mit Staubzucker, Vanillezucker, Salz, Ingwer,
Pfeffer und der geschmolzenen Schokolade gut cremig rühren
(mit der Küchenmaschine circa 5 Minuten, mit dem Handmixer
10 Minuten). Die Eier nach und nach untermischen. Mehl und Nüsse
nacheinander unterrühren.
Nun die Masse gleichmäßig auf dem Blech verteilen und die Kirschen auf dem Teig verteilen und etwas hineindrücken. Es können
auch andere Früchte, wie z. B. Pfirsiche, Birnen oder Aprikosen,
verwendet werden.
Streusel: Die Zutaten zu einem Streuselteig mit den Händen
verkneten und auf den Schokoladenteig verteilen. Nun alles
45–50 Minuten backen.

NEU WENDORFER REHRÜCKEN
Gutshaus Neu Wendorf, Seite 166

ZUTATEN
*800 g ausgelöster Rehrücken | gestoßene Wachholderbeeren |
gemahlener Pfeffer und etwas Salz*

ZUBEREITUNG für 4 Personen
Für den Rehrücken den Ofen auf 150 °C vorheizen. Die Fleisch-
stücke mit Salz, Pfeffer und Wachholderbeeren würzen (einmassieren). Das Butterschmalz in der Pfanne erhitzen und den Rücken
von allen Seiten stark anbraten. Das angebratene Fleisch nun in
Alufolie einpacken und circa 20 Minuten im vorgeheizten Ofen
garen. Nach dem Garen den Rehrücken vom heißen Ofenblech
nehmen und noch etwas ruhen lassen. Zart rosa gegart ist der
Rehrücken bei einer Kerntemperatur von 63 °C (Kerntemperatur-
fühler ist hilfreich).

Die Jus aufkochen, mit etwas Rotwein ablöschen und mit kalten
Butterstückchen aufmontieren, somit erhält die Soße eine feine
Bindung. Je nach Geschmack mit Salz, Pfeffer und etwas Preisel-
beeren abschmecken.
Zum Rehrücken reicht man im Gutshaus Neu Wendorf Kartoffeln,
Preiselbeerbirnen und Brokkoli.

STRALSUND – RÜGEN – HIDDENSEE

Hansestolz und Inselidyll

Wer auf die Inseln Rügen und Hiddensee reisen will, kommt nicht an der Hansestadt Stralsund vorbei. In den backsteinroten Kirchen, Klöstern und Patrizierhäusern der einst neben Lübeck reichsten Handelsstadt des wendischen Quartiers, wetterleuchtet noch immer hanseatischer Bürgerstolz.

Der Alte Markt ist die Keimzelle der Stadt. Das Rathaus und die Pfarr-und Hauptkirche St. Nicolai verkörpern Reichtum und aufstrebendes Selbstbewusstsein. Hier tagte der Rat und empfingen die Gilden der Zünfte wichtige Gäste. Mit 39 Quadratkilometern ist Stralsund zwar eine Kleinstadt, doch voller großartiger Bauwerke wahrhaftig ein „Museum der Architektur". Mit dem Gesicht zum Meer und nur durch drei Landstege mit dem von drei großen Teichen perforierten Umland verbunden, ist Stralsund fast eine Insel. Einer Wasserburg gleich trotzte sie mit ihren über mehrere Jahrhunderte gewachsenen Befestigungsanlagen sogar Wal-

lenstein. Doch waren es nicht nur die hohen Mauern, auch die Schweden hatten am Sieg ihren Anteil, infolgedessen Stralsund bis 1815 dem schwedischen Königreich angehörte. Am Hafen, wo einst die dickbäuchigen Koggen der Stadt, vollbeladen mit Hering, Bier, Tuchen und Pelzen, in See stachen, laden heute Passagierschiffe zu Hafenrundfahrten ein. 2008 eröffnete Bundeskanzlerin Angela Merkel auf Stralsunds Hafeninsel mit dem Ozeaneum, Deutschlands größten vom Bund geförderten Museumsneubau. Das Hafenpanorama der UNESCO-Welterbestadt erhielt mit dem spektakulären Neubau einen zeitgenössischen Akzent.

Ganz im Einklang mit Stralsunds Status als UNESCO-Weltkulturerbe verbindet eine Megabrücke Stadt und Insel Rügen. Ein imposanter Brückenschlag von insgesamt 4 100 Metern. Kernstück dieser rund 125 Millionen Euro teuren größten Schrägseilbrücke Deutschlands ist ein filigran wirkender 127,75 Meter hoher Pylon. Seit 2007 gleitet der Urlauberverkehr nun endlich staufrei über den Strelasund. Rügen, mit fast 1000 Quadratkilometern Deutschlands größte Insel, ist ein Archipel aus Halb- und Nebeninseln, auf dem sich das gesamte Spektrum typisch norddeutscher Landschaftsformen vereint. Auf dem Eiland, mit rund 1000 Quadratkilometern nur wenig größer als Berlin, leben etwa 70 000 Menschen. Sein dicker Mittelteil ist das Muttland, an das sich die kleineren Halbinseln klammern. Die nördlichste Spitze, Gellort, liegt auf der nahezu baumlosen Halbinsel Wittow, die sich mit dem neun Kilometer langen Arm der Schaabe an ihrer Nach-

barin Jasmund festhält. Der Nationalpark Jasmund ist Hüter des Mythos von Rügen: die schneeweiße Kreideküste, bekrönt vom größten zusammenhängenden Buchenwald der Ostseeküste. 2011 wurden knapp 500 Hektar und damit ein Viertel der Waldfläche im Nationalpark UNESCO-Weltnaturerbe.

So vielfältig wie die Landschaft ist auch Rügens touristisches Potenzial. Wem Ländlichkeit und Stille, der romantische Anblick der Kreidefelsen und das Pfeifen des Windes auf Wittow auf Dauer zu langweilig sind, der findet im Bäderdreigestirn im Südosten der Insel, in Binz, Göhren und Sellin, Geselligkeit. Architektonische Bäderzeitnostalgie, Beachpartys, Restaurants, Nachtbars und Boutiquen bilden vor allem in Binz eine unterhaltsame Symbiose. Mit den waldigen Höhenzügen der Granitz hat sich das Ostseebad Sellin gut gegen rauhe Nord- und Westwinde geschützt. Die von wilhelminischen Villen flankierte Wilhelmstraße endet am hohen Steilufer. 87 Stufen tiefer entfaltet die Selliner Seebrücke ihren nostalgischen Zauber. Auch Göhren auf der Halbinsel Mönchgut, das Ostseebad auf dem waldigen Nordperd, hat sich noch viel Architektonisches aus der guten alten Bäderzeit bewahrt. Die Anfänge der Rügener Bäderkultur aber liegen in Putbus, der architektonischen Perle Rügens. Vor rund 200 Jahren baute Fürst

Malte zu Putbus hier seine klassizistische Musterstadt und damit das erste Seebad auf Rügen.

Von Schaprode im Westen der Insel Rügen bringen Fähren Urlauber und Einheimische nach Hiddensee. Jeder Tag auf dieser Insel ist ein autofreier Sonntag. Wer auf diese nur 18,6 Kilometer lange und zwischen 300 und 3000 Meter breite Insel kommt, nimmt Abschied von der lauten Welt. Vom Schiff aufs Fahrrad oder in die Pferdekutsche – das ist in den vier Orten Grieben, Kloster, Vitte und Neuendorf nicht Nostalgie, sondern Alltag. Eine einzige Straße verbindet die Orte der Insel, die im Süden meeresspiegelglatt ist und sich im Norden hoch aus dem Meer erhebt. Der hübsche weiße Leuchtturm auf dem 74 Meter hohen Hügel Schluckswiek im Dornbusch, das Wahrzeichen der Insel, gewährt den schönsten Inselrundblick.

KOMFORT UND GEPFLEGTE KULINARIK AN DER WATERKANT

Die Hafenresidenz bietet Gaumenfreuden rund um die Uhr

Kotelett vom Havelländer Apfelschwein, Apfel-Lauchzwiebel-Gemüse und Baguette
Dieses Rezept finden Sie auf der Seite 218

Geweckt von Möwengeschrei oder dem Signalton der an- und ablegenden Fähren, fällt der Blick schon vom Bett aus auf den Strelasund. Vom Schiffsanleger am Sundufer legen die hoteleigenen Bootsshuttle (bei gebuchter Entdeckertour) zu den gegenüberliegenden Inseln Rügen und Hiddensee ab. Die Lage des 2011 eröffneten Vier-Sterne-Hotels am Hafen der UNESCO-Welterbe-Stadt Stralsund ist sensationell. Stundenlang möchte man beim opulenten Frühstück in der gläsernen Orangerie verweilen, mit Blick auf das Wasser. Stralsundern ist das zweigeschossige Backsteingebäude, das 1955 als Amt für Standardisierung und Messwesen gebaut wurde, auch noch als Ordnungsamt in Erinnerung. Heute kann man in dem für 6,5 Millionen Euro umgebautem denkmalgeschützten Gebäudekomplex komfortabel logieren und fürstlich dinieren. Sowohl in der lichten Orangerie, in der auch zu Tanztee und Kaffeekonzert geladen wird, als auch im Restaurant „Fürst Wizlaw I.", das im ehemaligen Pumpenhaus von 1905 rustikalen Industriecharme zeigt, werden moderne, von Genüssen regionaler und mediterraner Esskultur inspirierte Gerichte serviert. Das Küchenteam erfindet unter der Führung von Andreas Schmidt ein kulinarisches Programm voller Gaumenfreuden und saisonaler Delikatessen, hauptsächlich auf der Grundlage regionaler Produkte. Der liebenswürdige Restaurantchef Torsten Laupichler empfiehlt dazu auch gern Weine aus den neuen Bundesländern. Für gute Laune noch bis spät in die Nacht sorgt die versierte Barmaid Ines Draht, die bereits erfolgreich an nationalen und internationalen Wettbewerben teilgenommen hat.

HOTEL HAFENRESIDENZ / SUNDPROMENADE
Uwe Colberg
Seestraße 10–13, 18439 Stralsund
Tel. 03 831 / 28 21 20
Fax 03 831 / 28 21 299
www.hotel-hafenresidenz.de
info@hotel-hafenresidenz.de

Die Spezialistin für ausgefallene Cocktail-Kreationen ließ sogar schon in Brasilien Mixer und Jigger tanzen. In der Bar Strelasund begeistert sie die Gäste noch heute mit jenem Cocktail, mit dem sie 2006 im Eishotel in Lappland den Weltcup gewann. An die 100 Drinks stehen in der Barkarte, im Kopf hat das blonde Mitglied der Deutschen Barkeeperunion mindestens 300.

DIE EVENTBASTION

Schlemmen, shoppen, schauen auf der Hafeninsel Stralsund

Kron-Lastadie – dieser ungewöhnliche Name dieser so kulinarischen wie kommunikativen Institution im Herzen der Hafeninsel, erinnert an die Zeit, in der Stralsund unter Schwedens Krone stand. Die Lastadie, der Platz zum Be- und Entladen der Schiffe, im 17. Jahrhundert zum Schutz gegen feindliche Angriffe bastionsartig erbaut, verlor am Ende des 19. Jahrhunderts seine militärische Bedeutung. Der ehemalige Kanonenschuppen diente als Kornspeicher, in den

1930er-Jahren wurde der Fischersteg angelegt, der bis zum heutigen Tag die gesamte Bastion umschließt. 2008 machte es sich die Nordmann Unternehmensgruppe zur Aufgabe, die denkmalgeschützte Anlage zu sanieren und gleichzeitig dem modernen Zeitgeist zu öffnen. Entstanden ist eine Eventbastion der Lebensfreude direkt neben dem Ozeaneum. Die Kron-Lastadie mit ihren herrlichen Sundsichten von der Hafenterrasse aus und den vielfältigen Einkaufsmöglichkeiten ist ein Ort zum Wandeln, Verweilen und Genießen. Zu ebener Erde bietet LandWert gesundes Fine-Food to go. Über die Metzgertheke gehen ausschließlich ökologisch produzierte Produkte aus artge-

**KRON-LASTADIE GMBH
HAFENINSEL STRALSUND**

*Am Fischmarkt 13a
18439 Stralsund
Tel. 0 38 31 / 3 57 01 00
Fax 0 38 31 / 3 57 04 39
www.kron-lastadie.de
info@kron-lastadie.de*

rechter Tierhaltung vom LandWert Hof in Stahlbrode. Nur wenige Schritte weiter kann man „goschen", wobei das für maritime Leckerbissen berühmte Unternehmen Gosch hier auch exklusiv Fische aus dem Strelasund anbietet. In der oberen Etage zeigt das traditionelle Fritz Braugasthaus ein frisches, trendiges Gesicht. Entsprechend der Fritz-Philosophie „Von Brauern und Bauern" fließen bis zu 15 verschiedene Biersorten der Hausbrauerei Ratsherrn in Hamburg und der Stralsunder Störtebeker-Braumanufaktur, ergänzt durch weitere handwerklich hergestellte Bierspezialitäten. In der offenen Küche brutzeln Spezialitäten von Rind, Schwein und Lamm aus artgerechter Freilandhaltung. Der „Weide-Burger" ist ein Hit, den sogar Bundeskanzlerin Merkel mit Vergnügen probierte. Und da zum guten Essen auch gute Unterhaltung gehört, etabliert sich die Kron-Lastadie immer mehr auch als viel bespielter Fest-und Konzertort.

DER KRÄUTERBEER IST LOS

Probiotisch heißt „für das Leben"

„Wenn der Bauch in Ordnung ist, dann klappt es auch mit den Abwehrkräften", sagt Uwe Saldsieder. Ausgelöst durch eine eigene Krankheit, entwickelte der Stralsunder 2006 auf der Basis von ausgesuchten Kräutern und Heidelbeeren aus biologischem Anbau, die mithilfe von sieben probiotisch wirkenden Milchsäurebakterien fermentiert werden, ein Kräuter-Heidelbeer-Getränk, das unmittelbar auf die Darmflora einwirkt. Seinen säuerlichen Geschmack verdankt es, ähnlich wie Sauerkraut, das ebenfalls reich an probiotischen Milchsäurebakterien ist, heute aber kaum noch auf dem Speisezettel steht, der Haltbarmachung durch die Fermentierung. Die Blaubeere, der Wissenschaftler des „Forschungszentrums für Ernährung gegen das menschliche Altern"

in Boston bescheinigen, dass bestimmte ihrer Inhaltsstoffe sogar hilfreich im Kampf gegen Krebs sind, entwickelt dabei ihre starke antioxidative Kraft. Ihr hoher Vitamin-C-Anteil schützt vor Erkältungen und Infektionen, der Gerbstoff Tannin bewahrt die Schleimhautzellen und der blaue Farbstoff Myrtillin wirkt blutbildend und erhöht die Elastizität der Blutgefäße. Zudem nutzt Uwe Saldsieder das uralte Wissen um die Heilkraft der Kräuter und bedient sich unter anderem der antiviral wirkenden Cistus incanus, der man drei Mal so viel Heilkraft wie Grüntee, vier Mal besseren Herzschutz als Rotwein und eine zwanzigfach stärkere antioxidative Kraft als der Zitrone nachsagt. Bereits die Götter der Antike sollen vom Zauber der Zistrose gewusst haben.

Etwa 2 500 Liter des heilsamen Gemischs werden jährlich in der Stralsunder Manufaktur hergestellt. Ärzte empfehlen die regelmäßige Einnahme dieses probiotischen Trunks, so Dr. Christina Conrad aus Bargeshagen, für sie ist „Kräuterbeer eine wertvolle Ergänzung zu meinen Therapiemöglichkeiten chronischer Störungen auf naturheilmedizinischem Gebiet". Die eigenen Abwehrkräfte und Selbstheilkräfte werden wirksam unterstützt. Deshalb ist Kräuterbeer auch vorbeugend ein guter Begleiter für Menschen, die Wert auf Gesundheit und optimales Leistungsvermögen legen.

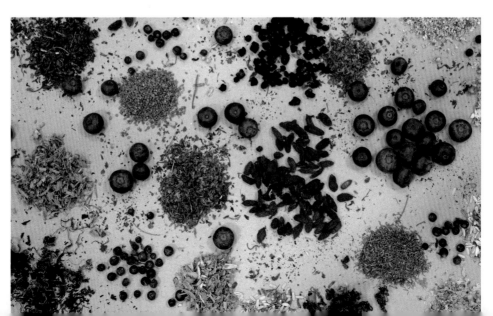

HANSE HANDELSKONTOR STRALSUND GMBH

Uwe Saldsieder
Lindenstraße 142
Gewerbehof „Lindenstraße"
18435 Stralsund
Tel. 038 31 / 29 74 60
Fax 038 31 / 29 74 64
www.kraeuterbeer.de
info@hhks.de

BIO-INSEL IM BAHNHOF

Die Küche der Stralsunder Bio-Insel ist gesund und lecker

Gebackene Zucchini-Röll-
chen an Rote Bete Risotto
und Kürbis-Paprika-Ragout
*Dieses Rezept finden Sie
auf der Seite 219*

„Wer nicht an die Zukunft denkt, wird bald Sorgen haben." Diesen Ausspruch von Konfuzius hat sich Koch und Küchenmeister Roman Enke sozusagen als Lebensmotto ausgewählt. „Ich bin überzeugt, dass wir mit Biolebensmitteln den richtigen Weg in die Zukunft einschlagen", betont er im Bio-Gastführer für Norddeutschland. 2010 übernahm Roman Enke gemeinsam mit seiner Frau Stephanie den Bioladen im backsteinroten Bahnhofsgebäude und belebt diese Philosophie erfolgreich im Stralsunder Bahnhof, Drehkreuz zwischen Hamburg, Rügen und Berlin, also an einem Ort, an dem viele verschiedene Menschen zusammen kommen und trotz Stress und Hektik gemütlich bei gesundem Essen verweilen. Denn wer die Bio-Insel betritt, vergisst jeden Reisestress. Gerne lässt man sich in dem Bio-Café an einem der nostalgischen Nähmaschinentische oder auf dem weichen Omasofa nieder. Aus der offenen Küche hinter dem Verkaufstresen duftet es nach frisch gebackenen Sanddornwaffeln. Außerdem gibt es Frühstück und jeden Tag ein neues, bemerkenswert leckeres Tagesgericht sowie eine kleine Speisekarte. Alle Gerichte werden aus Bio-Lebensmitteln zubereitet, meist vegetarisch oder vegan. Auch für Feiern aller Art kochen Roman Enke und sein Team mit Erzeugnissen regionaler Bio-Pro-

duzenten, die der Küchenchef aus früherer Zusammenarbeit gut kennt. Alle Produkte, die im Restaurant verarbeitet werden, kann man vor Ort auch kaufen, denn die Bio-Insel ist nicht nur ein gemütliches Café, sondern auch der größte Naturkostladen in Stralsund. Das Vollsortiment beinhaltet viele regionale Käse-, Wurst- und Fleischspezialitäten, aber auch Backwaren und Molkereiprodukte, Aufstriche, Tee, Kaffee, Getränke sowie Obst und Gemüse. Hochwertige Naturkosmetik und ein reichhaltiges Angebot von gluten- und laktosefreie Produkte ergänzen das umfangreiche Bio-Sortiment. Es gibt also viele gute Gründe für einen Besuch in der Bio-Insel, direkt am Hauptbahnhof der schönen Hansestadt Stralsund.

BIO-INSEL STRALSUND
Roman Enke
*Tribseer Damm 75
18439 Stralsund
Tel. 0 38 31 / 66 60 72
Fax 0 38 31 / 66 60 73
www.bioinsel-stralsund.de
info@bioinsel-stralsund.de*

EIN MUSS FÜR ALLE WELTENBUMMLER

Restaurant mit Witz und der größten insularen Spirituosenkarte

„Land und Meer"
*Dieses Rezept finden Sie
auf der Seite 219*

„**D**er Weltenbummler – ein kulinarischer Geheimtipp mit hohem Wohlfühlfaktor innen und Meerblick draußen." „Die Bedienung super locker, immer einen guten Spruch auf den Lippen. Sehr nette Einrichtung und das Essen, perfekt!" Die Bewertungen der Gäste für den Weltenbummler an der Binzer Strandpromenade sind voller Begeisterung. Dafür sind Carmen Ziehe und Sebastian Läufer lange und weit in der Welt umhergereist. Ihre weltläufigen Erfahrungen spiegeln sich in den Räumen wider. Man hat die Qual der Wahl, sich zum kulinarischen Genuss in „Australien", „Afrika", „Asien", „Europa" oder am Stammtisch in „Mexiko" niederzulassen. Beim Absacker philosophiert man am besten noch ein bisschen an der massiven Eichenbar in „Kanada". Die Speisekarte ist vor allem europäisch, genauer gesagt durch feine deutsche und mediterrane Küche geprägt. Auch der englisch-indische Klassiker Mulligatawny, ein Currysüppchen, das die Tamilen auch „Pfefferwasser" nennen, ist ein Genuss. Ob raffinierte Vorspeisen, Ostseefisch oder feinste argentinische Steaks: Küchenchef Robert Haker und sein Team bringen alles

frisch und mit persönlicher Note auf den Teller. Sebastian Läufer nennt ihn liebevoll „meine Herdsau", womit er die leidenschaftliche Kochlust des jungen, gebürtigen Mecklenburgers umschreibt. Im Restaurant ist neben dem Hausherren auch sein flotter und humor-

WELTENBUMMLER
*Strandpromenade 42, 18609 Binz
Tel. 038393 / 13 13 08
www.weltenbummler-ruegen.de
info@weltenbummler-ruegen.de*

Acapulco

voller Kellner Freddy Huthmacher präsent, ein
Kenner in Sachen Wein und Spirituosen. Auf
der rund 300 Positionen umfassenden Spirituosenkarte sticht besonders das Thema Whisky
hervor. 75 verschiedene Schotten, Iren, Ame-
rikaner und Kanadier streiten hier um die
Gunst des Gastes. Aber nicht nur die große,
kleine Welt des Whiskys verführt, auch die
Auswahl an erlesenem Wodka und Rum lädt
zum Verweilen ein. Die Weine heißen „Fabel-
haft", „Allesverloren" „Kraftwerk" und „Urschrei"
und stammen zumeist von jungen internationalen und deutschen Winzern, die neue
Wege gehen – wie auch das dynamische junge
Unternehmerpaar Carmen und Sebastian.

BACCHUS IN BINZ

Monte Vino ist die Weinhandlung auf Rügen

Bandnudeln mit Garnelen
*Dieses Rezept finden Sie
auf der Seite 219*

Küstennebel und Fischergeist gehören zur Insel wie Meeresrauschen und Möwenschiet. Doch die Suche nach einer guten Flasche Wein ist manchmal gar nicht so einfach. Sie führt in Binz schließlich ins Monte Vino, in einer stilleren Seitenstraße, und doch nicht weit entfernt vom Meer.

Diese Erfolgsgeschichte insularer Wein- und Feinkostkultur fing mit einem kleinen Wein-laden in Bergen an. Im Jahr 2000 zog es den Mitbegründer Gerhard Pomp näher an die Küste, nach Binz, in den größten der Rügener Badeorte, in dem sich Bädertrubel und Life-style gut miteinander vereinen. Schritt für Schritte wurde aus der Weinhandlung ein Ort, an dem man probieren und genießen kann. Zum Wein gab es bald auch Käse, Antipasti und Pasta. 2005 zog das Monte Vino auf die

MONTE VINO
Gerhard Pomp und
Frank Pietschmann
*Paulstraße 1/Ecke Zeppelinstraße
18609 Ostseebad Binz
Tel. 03 83 93 / 1 36 71
www.monte-vino-ruegen.de
monte_vino@gmx.de*

Nachmittagssonnenseite der Zeppelinstraße, so dass die Terrasse zur Weinstunde nun im freundlichen Licht liegt. Inzwischen betreibt Gerhard Pomp gemeinsam mit Frank Pietschmann den Weinladen und das Bistro-Restaurant. Neben den internationalen Größen sind hier alle deutschen Anbaugebiete, selbstverständlich auch aus den neuen Bundesländern, aus Sachsen und Saale-Unstrut, verteten. Die große Auswahl an deutschen und österreichischen Weinen beziehen sie direkt vom Winzer. Das übrige Sortiment kommt aus vielen anderen europäischen Ländern und aus Übersee, von Argentinien bis Südafrika. Mit einem Angebot von insgesamt 400 Positionen an Weinen und Spirituosen, zu denen auch die köstlichen Brände der Rügener Edeldestillerie gehören, ist das Monte Vino das größte Weingeschäft Rügens. Die Preise liegen zumeist zwischen 8 und 25 Euro, aber auch für 100 Euro kann man sich hier bacchantisch vergnügen. Dazu gibt es eine ausgezeichnete Auswahl von Antipasti aus dem Mittelmeerraum, aber auch von der Insel Rügen, wie Bio-Käse aus Bisdamitz und Fruchtaufstriche der „Rügener Spezialitätenmanufaktur". Eine kleine Speisekarte lädt beispielsweise zu Burgunder Schnecken, Kichererbsensuppe und Spagetti ein.

FRAUENPOWER IM OSTSEEBAD BINZ

Drei Töpferinnen fertigen Keramik in den Farben des Meeres

Wer beim Spaziergang durch das Ostseebad Binz von der Strandpromenade in eine kleine Seitenstraße abbiegt, kann dort die Werkstätten und Galerien der Binzer Kunstmeile entdecken. Hier befindet sich auch Tonicum Keramik, die Wirkungsstätte dreier kreativer Frauen. Vor Ort fertigen Lydia Budnick, Annette Pomp und Kathrin Becker in Handarbeit edle Keramik für Drinnen und Draußen. „Wir haben uns gesucht und gefunden", lacht Annette Pomp. „Unsere Keramik ist echte Teamarbeit". Tatsächlich ist jede der Töpferinnen mit allen Arbeitsschritten wie Drehen, Malen, Glasieren und Brennen vertraut. Die bemerkenswerte Harmonie unter den drei Frauen spiegelt sich auch in den ruhigen, klaren Formen ihrer Stücke wider. Ihr unverwechselbares Mosaikdekor ist von klassischer Eleganz. Erhaben wie kleine Edelsteine ziert es das leuchtende Steinzeug. Eine wunderbare Symbiose vom Schönen und Nützlichen: Hohe Brenntemperatur von 1 280 Grad Celsius sowie die strapazierfähigen Glasuren gewährleisten nicht nur optisches Vergnügen, sondern auch Gebrauchsfähigkeit. Die Kannen, Tassen und Teller kann man bedenkenlos in den Geschirrspüler stellen.

TONICUM KERAMIK
Annette Pomp und Lydia Budnick
Margaretenstraße 20
18609 Ostseebad Binz
Tel. 03 83 93 / 43 63 12
www.tonicum-keramik.de
kontakt@tonicum-keramik.de

Ein beliebtes Fotomotiv ist der Vorgarten der Galerie-Werkstatt. Hier präsentieren die Künstlerinnen ihre Garten-Keramik. Eine Vielzahl von Vögeln tummelt sich in den dekorativen Vogelhäuschen und Vogeltränken. Auch schmunzelnde Könige oder dralle Meerjungfrauen sind hier zu finden, so nahe dem Meer. „Bei der Entwicklung der Farbigkeit haben wir uns von der Einzigartigkeit der Rügener Landschaft inspirieren lassen", sagt Lydia Budnick. „Wind und Wellen" und „Sand und Sonne" haben sie daher ihr Dekor benannt. „Gibt es etwas Schöneres, als den Beruf, den man liebt, an dem Ort auszuüben, an dem man leben möchte?" Die Frauen sind sich einig.

GEHOBENES INSELGLÜCK

Schloss Ranzow ist eine Oase für Genießer und Golfer

So märchenhaft wie die Lage auf einem Hügelplateau hoch über der Ostsee und dem alten Fischerdorf Lohme mutet auch der rheinische Burgenstil des um 1900 erbauten Schlosses Ranzow an. Schneeweiß steht es vor dem Himmelblau, zu Füßen das Grün weiter Golfwiesen, in unmittelbarer Nachbarschaft das UNESCO-Welterbe der Jasmunder Buchenwälder. Unendlich still ist es hier, nur der Wind weht um das herrschaftliche Haus, das 2011, nach siebenjähriger Sanierungszeit, aus dem Dornröschenschlaf erweckt wurde. Wegen seiner exponierten Lage viele Jahre von der Sowjetarmee als Flugbeobachtungsstation genutzt, litt die Inselschönheit später noch lange am Leerstand. Der aus dem Rheinland stammende Investor Wolfgang Zeibig war ihr Retter. Seit der Eröffnung im April 2011 konnte das edle Haus in kürzester Zeit als beliebte Adresse für naturverbundene Rügenurlauber etabliert werden. Sie schätzen die Großzügigkeit der Appartements, die familiäre Atmosphäre und die vielen liebevollen Details, die es überall auf Schloss Ranzow zu entdecken gibt. Für Golfer unter den Gästen ist die gepflegte Übungsanlage, die 2014 um einen 9-Loch-Platz erweitert werden soll, ein wahrer Geheimtipp. Zudem ist Schloss Ranzow als Außenstandort des Standesamtes Nord-Rügen eine begehrte Adresse für Hochzeitspaare, die sich in der hoteleigenen Traukapelle das Ja-Wort geben wollen. Das Herzstück des Schlosses aber ist zweifelsohne das Schlossrestaurant. Gespeist wird im eleganten Salon. Ein kreatives Küchenteam sorgt für Gaumenfreuden und kocht dafür im Wechsel der Jahreszeiten nur mit den besten Produkten der Region: Fisch kommt aus der Ostsee, Wild aus dem Nationalpark, zartes Bio-Fleisch und würzigen Käse liefern einheimische Landhöfe. Dorsch, zum Beispiel als Dorschfilet auf der Haut gebraten mit Currygemüse und Roter Bete, Kalbsbäckchen und Zander sind derzeit die Favoriten der Schlossgäste, die auch gerne im Pavillon, auf den Terrassen oder in der Lounge bei Kuchen und Törtchen verweilen.

Geschmorte Kalbsbäckchen mit Bohnen und Kartoffelscheiterhaufen
Dieses Rezept finden Sie auf der Seite 220

HOTEL SCHLOSS RANZOW
Schlossallee 1
18551 Ranzow / Rügen
Tel. 03 83 02 / 88 910
Fax 03 83 02 / 88 91 188
www.schloss-ranzow.de
info@schloss-ranzow.de

DIE INSEL AUF DER INSEL

Mediterranes Lebensgefühl am Göhrener Nordstrand

Zanderfilet mit Kartoffel-
Lemonen-Püree
*Dieses Rezept finden Sie
auf der Seite 221*

Dichter am Meer als in dieser kleinen gelben Pension mit der blauen Markise über blauen Terrassenmöbeln kann man an dieser Küste kaum wohnen. Mediterranes Lebensgefühl am Göhrener Nordstrand. Das machen nicht nur diese Farben, es sind die Musik, das Rauschen und der Geruch des Meeres, der Duft nach gegrilltem Fisch, gemischt mit Knoblauch und Kräutern. Wenn die Sonne im Meer versinkt und die Lichter an der etwa 200 Meter entfernten Seebrücke angehen, wenn auf der kleine Bühne gesoult oder gejazzt wird, ist das Leben einfach schön. Seit nunmehr über 20 Jahren gibt es diese Oase der entspannten Gastlichkeit, die inzwischen viele Liebhaber des guten Essens und angenehmer Unterhaltung jenseits des Mainstreams hat. Der natürliche Charme dieses Hauses sucht sich seine Gäste. Im Strandhaus 1 geht es familiär zu, mit viel Live-Musik, schließlich ist der Hausherr professioneller

Musiker. Irgendwann ist Michael Schubert auf seinen Touren durch den Norden hier oben „hängengeblieben". 1992 konnte er gemeinsam mit seiner Frau Ute und mit Hilfe vieler Freunde die ehemalige Seenotrettungsstation, zu DDR-Zeiten war das Gebäude Schulungsheim der Bauakademie, komplett sanieren

STRANDHAUS 1

Michael Schubert
*Nordstrand 1, 18586 Göhren
Tel. 03 83 08 / 2 50 97
Fax 03 83 08 / 2 54 60
www.strandhaus1.de
I.n.f.o@strandhaus1.de*

und zu eben jener zauberhaften Pension mit
13 Zimmern und Kneipe ausbauen. Auch wenn
heute nicht mehr ganz so wild gefeiert wird
wie vor 20 Jahren, blieb dieser Ort beseelt,
dafür sorgt auch das junge, erfrischend engagierte Team. Die Küche, von Sohn Björn
etabliert, inzwischen von Schwiegersohn
Christian übernommen, ist eine Mischung
aus Italien und Mecklenburg-Vorpommern.
Da gibt es Carpaccio vom Rügener Rind mit
Balsamico di Modena „Riserva Speciale",
Pinienkernen und Pecorinospänen, gebackene
Ostseelachs-Zitronengrasspieße mit Tamarin-
densoße und gebratenen Zander mit Kartoffel-
Lemonen-Püree. Die Renner sind die Strand-
haus-Fischsuppe mit Ostseefischfilets und die
gebackenen Spare Ribs. Und immer hat man
das Meer vor Augen, ob man durch die Fenster des gemütlichen Gastraumes schaut oder
selbst bei Regen auf der (überdachten) Terrasse verweilt.

REGIONALE RUSTIKALITÄT UND RAFINESSE

Einkehr im ältesten Gasthaus von Rügen

Nur wenige Kilometer südöstlich von Binz liegt still und ländlich die Halbinsel Mönchgut, einst Gut der Mönche von Eldena. Dieses sanfthügelige Stück Rügen, von dem man meint, die Landschaftsvielfalt der gesamten Insel in verkleinerter Ausgabe wiederzufinden, liegt halb am Meer, halb am Bodden. Der alte Gasthof von Middelhagen, dem Mittelpunkt des Mönchgutes, steht an historischer Stelle und auf den Grundmauern aus Backstein im Klosterformat. „Er wurde zwischen 1400 und 1450 erbaut, ebenso wie die kleine Backsteinkirche nebenan", weiß Lindenwirt Steffen Leistert. Etwa 1862 umgebaut, vermitteln das unverputzte Mauerwerk, dunkle Holzbalken, breite Dielenbretter und rustikales Mobiliar dem Gast noch heute eine Ahnung vom mittelalterlichen Dorfkrug der Zisterziensermönche. Hausgebrautes dunkles Klosterbräu und altdeutsches Helles fließen zu Gerichten, die so deftig und bodenständig sind, wie man es in diesem Ambiente einfach erwartet. Auf der Karte steht viel Fisch, damit kennt sich Steffen Leistert, der früher selbst als Fischer vor Rügens Küste auf Fang ging, ebenso gut aus, wie sein Geschäftspartner und Küchenchef Mirko Liencke. Zanderfilet unter der Sauerkrautthymiankruste und gebratene Scholle auf heißen Stachelbeeren und Saltüffel (Salzkartoffeln), ein Gericht, wie es einst die

Schriftstellerin Elizabeth von Arnim in ihrem berühmten Rügen-Reiseroman beschrieb, sind die kulinarischen Klassiker in diesem Gasthaus. Dabei entleiht Mirko Liencke, der seine beruflichen Erfahrungen unter anderem in der Schweiz, im Gourmetrestaurant „Schloss Schaustein" und im Parkhotel „La Cena" gesammelt hat, der regionalen Küche genau jenes Maß an Rustikalität, das mit dem zeitgemäßen Anspruch an gesunde Ernährung und gewisse Rafinesse bestens harmoniert. So werden die Speisen mit belebtem Wasser nach der Grandertechnologie und mit cholesterinfreiem Fett zubereitet. Das Geheimnis des guten Kaffees in der „Linde" verrät der Duft der frischen, hier im Haus gerösteten Kaffeebohnen.

Hausgemachtes Sauerfleisch mit Remoulade
Dieses Rezept finden Sie auf der Seite 221

HOTEL & GASTHOF
ZUR LINDE
Steffen Leistert / Mirko Liencke
Dorfstrasse 20, 18586 Middelhagen
Tel. 03 83 08 / 554-0
Fax 03 83 08 / 554-90
www.zur-linde-ruegen.de
info@zur-linde-ruegen.de

SO SCHMECKT ES AM BODDEN

Frische Fische und andere regionale Spezialitäten in der Wasserwelt im Jaich

Gebratenes Hechtfilet
mit sautiertem Blattspinat
und Kartoffelgratin
*Dieses Rezept finden Sie
auf der Seite 222*

Till Jaich kam 1996 aus Schleswig-Holstein und baute im Yachthafen von Lauterbach die ersten schwimmenden Häuser Deutschlands. Inzwischen kann man hier am, auf und über dem Wasser wohnen. An zwei Stegen stehen die im komfortablen Südseestil gestalteten Pfahlhaussuiten mit Terrasse und eigenem Badesteg zweieinhalb Meter über der Wasserfläche, auf Stelzen aus

Stahl. „Aloha in unserer Wasserferienwelt, hier haben wir maledivische Eindrücke mecklenburg-vorpommersch interpretiert und uns auf den künftig steigenden Meeresspiegel eingestellt", scherzt Till Jaich. Ernst ist es ihm jedoch mit Umweltschutz. Energie kommt aus dem Blockheizkraftwerk und der Solarthermieanlage. Dächer grünen über dem silbrig schimmernden Lärchenholz der romantischen Fe-

IM JAICH
WASSERFERIENWELT
Till Jaich
*Am Yachthafen 1
18581 Putbus-Lauterbach
Tel. 03 83 01 / 80 90
www.im-jaich.de
info@im-jaich.de*

riendomizile. Unterm Dachfirst haben Schwalben Nester gebaut. Schwäne gleiten vorüber, ein Fischreiher lauert auf Beute, während der Tag glutrot im Bodden versinkt. Auf der Seeterrasse des Restaurants „Kormoran" genießen die Gäste die „flirrende Schönheit des Boddens" bei Wein und gutem Essen. Natürlich gibt es hier viel Fisch – jedoch ausschließlich aus dem Bodden. Ein inselweit herausragendes Angebot, mit dem man sich ehrgeizig an die Fangzeiten hält. So stehen Hecht und Zander nur außerhalb der Schonzeiten auf der Karte. Auch sonst ist die frische Küche von Henry Krüger, der selbst den lange Zeit unter-

schätzten Barsch salonfähig filetiert, zumeist geprägt von den Produkten der Region. „Unsere Gäste wollen ihre Urlaubsregion auch schmecken", weiß man hier und pflückt die Kräuter in „Nachbars Garten", das Wild kommt aus dem Rügener Forst. Für Küchenchef Henry Krüger, der sich in anspruchsvollen Küchen weltweit tummelte und Prominenz vom russischen Botschafter bis zur deutschen Rockband Rammstein bekochte, steht immer das Produkt im Vordergrund, „alles per Hand mit Liebe und Leidenschaft" zubereitet – ob für das À-la-carte-Restaurant oder ein festliches Catering.

LUST AUF WURST

Marcus Bauermann ist Metzger aus Leidenschaft

„Ich mache Wurst mit Leib und Seele. Und Salami und Schinken mit Herz und Verstand. Ich weiß, was ich tue, und das kann man schmecken", beschreibt Marcus Bauermann sein Erfolgsrezept. In seiner Rügener Landschlachterei entstehen Spezialitäten, die für das Feinschmecker-Journal zu „den Besten in Deutschland" zählen. Dabei hält es der „Kultmetzger der Republik" mit Oscar Wilde: "Mit gutem Geschmack ist es ganz einfach: Man nehme von allem nur das Beste". So stammt sein Lammfleisch ausschließlich vom Rauhwolligen Pommerschen Landschaf, das auf Rügen ebenso heimisch ist wie das Pommersche Landschwein. Geschlachtet wird direkt vor Ort im eigenen Betrieb. Neben ausgesuchten Grundprodukten, nimmt sich Marcus Bauermann auch viel Zeit: „Nicht nur meine Salamis müssen reifen, auch meine Entscheidungen, meine Rezepturen für Gerichte und meine Gedanken, eben alles." Seine luftgetrockneten Salamis mit verheißungsvollen Namen wie Rügener Kreidefelsensalami, Lammfenchelsalami oder Baron Beitzelsche

RÜGENER LANDSCHLACHTEREI
Marcus Bauermann
*Gademow 6b
18528 Parchtitz auf Rügen
Tel. 0 38 38 / 25 19 55
Fax 0 38 38 / 20 94 95
www.ruegenfleisch.de
info@ruegenfleisch.de*

Trüffelsalami, reifen in Ziegel gemauerten Räumen mehrere Monate. Was in seiner cremigen Leberwurst außer Leber, Schweinebauch und Gewürzen steckt, ist kein Geheimniss sondern Wissen, Erfahrung, Tradition, Liebe und Handwerkskunst. Auf jeden Fall ist ihm Wurst auch Philosophie, insoweit ihm „ehrliches Essen eine Grundlage für Zufriedenheit ist." Metzgern ist ein uraltes Handwerk, das Marcus Bauermann ganz traditionell bei seinem Onkel Fritz im Erzgebirge gelernt hat.

Mit 22 Jahren war er einer der jüngsten Meister seines Fachs. 1998 gründete er sein Unternehmen auf Rügen. Heute ist er der unumstrittene Champion, seine Salamis und Schinken, ob von Schaf, Schwein, Rind oder Wild, luftgetrocknet oder schimmelgereift, seine Brat-, Blut- und Sülzwürste und das Schmalzfleisch sind Kult – aus gutem Grund. Qualität ist ihm Verpflichtung, schon weil er die Tiere und das Land mag, in dem seine „Würste wachsen".

DER INSULANER

Mit dem Ruderboot zwischen Rinderzucht und Gastronomie ie

Burger vom Salzwiesenrind
der Insel Öhe
*Dieses Rezept finden Sie
auf der Seite 222*

Das rote Backsteingebäude im Hafenweg des Fischerdorfes Schaprode ist schon seit dem 19. Jahrhundert ein Gasthaus. Berühmte Gäste wie Asta Nielsen, Gret Palucca und später auch Günther Grass verweilten hier auf der Durchreise nach Hiddensee und genossen im Sommer den Blick von der sonnigen Terrasse über den Schaproder Strom bis zu der Insel Öhe. Auf den Salzgraswiesen dieses kleinen privaten Eilands weiden an die 120 Rinder der aus Frankreich stammenden Rassen Limousin und Blonde d'Aquitaine, robuste Tiere, die hier auch gut über den Winter kommen. „Ihr Fleisch ist besonders saftig, zart und cholesterinarm", sagt Inselbauer Mathias Schilling, der seit 2006 gemeinsam mit Gattin Nicolle, Söhnchen Oskar-Theobald, Hütehündin und etlichen Schafen auf der Insel wohnt, so wie schon seit über 700 Jahren seine Vorfahren. Die Salzwiesen mit ihrem hohen Mineralgehalt und den vielen Kräutern geben dem Rindfleisch ein besonderes Aroma, das man in Feinschmeckerrestaurants zwischen Hamburg und München schätzt. Mit dem, nur wenige Ruderschläge von der Insel entfernten, Gasthaus erfüllt sich der Hotelfachmann und

SCHILLINGS GASTHOF
Mathias Schilling
*Hafenweg 45
18569 Schaprode / Insel Rügen
Tel. 03 83 09 / 12 16
www.schillings-gasthof.de
post@schillings-gasthof.de*

studierte Landwirt Mathias Schilling seit 2011 den Traum von einem sinnvollen Kreislauf regionaler Produktion. Haben die Rinder nach langen zwei Jahren das ideale Schlachtgewicht erreicht, begeistert das in der Rügener Landschlachterei verarbeitete Fleisch als Steak, Currywurst oder Öhe-Burger nun auch Einheimische und Touristen. Die Speisekarte richtet sich täglich auch nach dem Angebot der Hiddensee-Fischer.

Frischer Wildlachs ist der ganzjährige Renner der eingetragenen Marke „Hiddenseer Kutterfisch". Ostseedorsch geht den Fischern von September bis April in die Netze, dann kommen Hering und Hornhecht. Der Mai ist der Monat des Steinbutts. Durch die zunehmende Bekanntheit von Schillings Gasthof, so hofft der (Land)Wirt, verwandelt sich Schaprode allmählich vom Durchgangshafen nach Hiddensee zu einem eigenständigen Ausflugsziel.

MITTELPUNKT MENSCH

Leben und Arbeiten auf dem Bio-Hof

Eigentlich gäbe es Kransdorf im Süden der Insel Rügen nicht mehr. Doch seit 1990 belebt der gemeinnützige Verein Insel e. V. den Südosten Rügens. Bei diesem sozial-ökologischen Projekt, das mit ökologischer Landwirtschaft, Gärtnerei, Bäckerei, Werkstätten, Wohnungen und Reiterhof auch in den benachbarten Dörfern Altefähr, Gustow und Poseritz präsent ist, steht der Mensch im Mittelpunkt. Insel e. V. ist ein soziales Dienstleistungsunternehmen, das geistig und psychisch behinderten Menschen einen Ort zum Leben und sinnstiftende Arbeit anbietet. „Dabei geht es nicht darum, diese Menschen abzuschotten", sagt Geschäftsführer Holger Henze. Im Gegenteil, in der gläsernen Bio-Bäckerei des Hofladens in Gustow sind zwölf von ihnen munter und gut sichtbar bei der Herstellung von Gebäck, Rosinen-, Mohn-, Speck- und Zwiebelbrötchen sowie Vollkornbrot zugange. In der Natursteinmühle wird

Weizen, Dinkel und Roggen von eigenen und anderen zertifizierten Biohöfen vermahlen. Nur etwa zwei Kilometer von hier erstrecken sich die Äcker, die nach Bio-Richtlinien bearbeitet werden. Rinder, Schweine, Schafe, Gänse und Hühner werden artgerecht gehalten. Auf drei Hektar Freifläche wachsen etwa 50 Gemüsearten. Im zwei Hektar großen Obstgarten summen die Bienen. Alles, was auf der 100 Hektar großen landwirtschaftlichen Fläche von Insel e. V. gedeiht, wird unter der Regie von Küchenmeister Dirk Scheithauer – 1998 bester Deutscher bei den Europameisterschaften von Eurotoc, einer unabhängigen Verbraucherinitiative für gesunde Ernährung – erntefrisch zu Bio-Erzeugnissen verarbeitet und veredelt, die man im Hofladen kaufen oder im Bistro gleich vor Ort genießen kann. Zudem bietet Insel e. V. ein Bio-Catering. Mit mehr als 90 Mitarbeitern ist Insel e. V. inzwischen der größte Arbeitgeber der Region Süd-Ost-Rügen. Es ist ein Glück für viele Menschen, dass es Kransdorf, den Hauptstandort des landwirtschaftlichen Betriebes, noch gibt – auch für die zahlreichen Urlauber, die sich im Hofladen an der alten Bäderstraße nicht nur ihre Frühstücksbrötchen holen.

INSEL E. V.
Holger Henze
Kransdorf 1, 18573 Altefähr
Tel. 03 83 06 / 612-0
Fax 03 83 06 / 612-11
www.kransdorf.de
post@kransdorf.de

GESUNDES AUS MILCH UND WILDFRÜCHTEN

Sylva Rahm-Präger gibt Rügener Produkten eine Zukunft

Das Sanddorndessert schmeckt köstlich nach den Früchten des Nordens, der süße Vanilletraum nach Kindheit, die Käsebällchen nach Kräutern, Knoblauch, Bärlauch oder Paprika. Dass diese Spezialitäten der Rügener Inselfrische aus Joghurt und Quark hergestellt werden, deren Grundlage frische Milch, schonende Verarbeitung, Zeit für Reife und gesunde Kräuter und Früchte sind, schmeckt man. Die Milch der glücklichen Poseritzer Kühe, die jeden Tag auf grüner Weide grasen, wird direkt vor Ort frisch gemolken und naturbelassen zu Vollmilch oder Trinkmilch mit reduziertem Fettgehalt verarbeitet. Die Diplomagraringenieurin Sylva Rahm-Präger, die viele Jahre ihrer Kindheit auf der Insel verbracht hatte, gründete 1996 das Unternehmen, um hiesigen landwirtschaftlichen Basiserzeugnissen, vor allem regionaler Milch, eine Zukunft zu sichern. Aus dem ehemaligen LPG-Schweinestall wurde ein moderner handwerklicher Molkereibetrieb, in dem

MOLKEREI NATURPRODUKT
GMBH RÜGEN
Dr. Sylva Rahm-Präger
Poseritz Hof 15, 18574 Poseritz
Tel. 03 83 07 / 4 04 29
Fax 03 83 07 / 4 04 02
www.ruegener-inselfrische.de
post@ruegener-inselfrische.de

im Sommer 10 000 Liter, im Winter 4 000 Liter Milch in der Woche zu Joghurt und Quark verarbeitet werden. Vier Frauen der insgesamt zehn Mitarbeiter stellen aus täglich 3 000 Litern Fruchtsäften unter anderem auch fruchtige Milch- oder Joghurtshakes sowie Fruchtaufstriche und Gelees zum Beispiel aus Holunder, Brombeeren, Schlehen und Wildkirschen her – alles ohne Hilfs- und Zusatzstoffe wie Stabilisatoren, Emulgatoren und Bindemittel. Seit 2008 kann man das Sortiment auch im kleinen Hofladen kosten und kaufen. Dabei sind die Käsebällchen in Öl die Spezialität der Rügener Inselfrische. Buttermilch, Fruchtmolke, Milchshakes und Quarkbecher mit Früchten, aber auch überbackener Frischkäse mit Oliven und Paprika aus dem Backofen, Backkartoffeln mit frischem Kräuterquark zu Sassnitzer Matjes oder Geflügelsülze vom Bauernhof Kliewe stehen auf der Karte des hübschen kleinen Hofladen-cafés. Natürlich gibt es auch frisches Backwerk wie Buttermilchkuchen und Quarktorte.

SCHÖNE AUSSICHTEN

Frische originelle Küche im Hiddenseer Inselnorden

Gedünsteter Hecht
*Dieses Rezept finden Sie
auf der Seite 222*

Ginster und Sanddorn überziehen das Dornbuscher Bergland auf der Insel Hiddensee, dessen höchste Erhebung mit 72 Metern der Schluckswiekberg ist. Den 1880 erbauten Leuchtturm, das Wahrzeichen der Insel, kann man vom Aussichtspunkt Kleiner Inselblick in Kloster ebenso gut sehen, wie den Hafen von Neuendorf, dem südlichsten der vier Orte auf der 18,6 Kilometer langen Insel. So wie der Ausguck heißt gleich nebenan auch das Restaurant, das mit Abstand das originellste auf der Insel ist. Gastraum und Garten sind voller Trödel, kistenweise Bücher, in denen man hier schmökern oder die man wie all den anderen Krempel auch vom Fleck weg kaufen kann. Ringsum die Terrasse duften Wildrosen, Blüten schwimmen auch in der Sommerbowle. Auf dem sauren Hiddensee-Aal flammt Kapuzinerkresse. Alles ist liebevoll mit frischen, teilweise sogar aus ökologischem Anbau stammenden Produkten zubereitet. Der mit Safran gebratene Lachs steht für heimische Küche der feinen Art. Auch Dorsch, Zander, Hecht und Steinbutt landen, hübsch dekoriert, auf dem Teller. 1986 kam Franz Freitag von der Insel Rügen nach Hiddensee. Vor seiner Laufbahn in der Gastronomie, sie begann in einer Binzer Fischgaststätte und führte ihn als Geschäftsführer zweier Häuser nach Hidden-

ZUM KLEINEN INSELBLICK
Franz Freitag
*Birkenweg 2
18565 Kloster / Hiddensee
Tel. 03 83 00 / 6 80 01
www.zum-kleinen-inselblick.de
franzfreitag@gmx.de*

see, arbeitete er auf der Stralsunder Werft. Später erwarb er das Restaurant Zum Kleinen Inselblick in Kloster, im Nordteil der Insel. Seitdem ist es als kulinarisches Ausflugsziel nicht mehr von der Insel wegzudenken. Aus der kleinen Küche kommen à la minute zubereitete Gerichte. Lammfilet, Lende in Weinbrandsoße und Wokgemüse mit Krabben gehören zu den Lieblingsgerichten der Gäste. Sanddorn-Joghurt-Sahne-Torte und Kalter Hund sind die süßen Highlights. Wenn im November die Herbstnebel über die Insel wallen, schließt Franz Freitag sein Haus, um in Thailand als Tauchlehrer zu überwintern. Freuen wir uns auf Ostern, wenn der Kleine Inselblick wieder seine frühlingsgrüne Brennnesselsuppe serviert.

ZURÜCK ZU DEN WURZELN

Im Hitthim auf Hiddensee wird inseltypische Küche zeitgemäß kreiert

Stolz reckt sich die weiße Fachwerkfassade in den Seewind – und das schon seit über 100 Jahren. Das Hitthim ist eine der ältesten und traditionsreichsten Herbergen Hiddensees, die so manchen prominenten Inselgast gesehen hat. Künstlerinsel Hiddensee: Hier weilten „die schönen und schönsten Frauen, Dichterinnen, Dichter, Maler, Bildhauer, Musiker ohne Zahl und Männer klangvollster Namen auch aus allen Gebieten der Wissenschaft", wie der wohl berühmteste Wahlhiddenseer Gerhart Hauptmann schwärmte. Albert Einstein, Sigmund Freud, Thomas Mann, Max Reinhardt, Heinrich George, Billy Wilder und Carl Zuckmayer hielten sich hier auf – unmöglich, alle Namen aufzuzählen. Ihre Bildnisse schmücken heute die Wände des Hotelrestaurants, dessen Rundbogenfenster einen herrlichen Ausblick auf den Bodden gestatten. Seit der Rekonstruktion und Modernisierung 1997 kehren in dieses traditionsreiche Haus viele alte und neue Inselliebhaber ein. Sie erfreuen sich an den stilvoll eingerichteten Zimmern, viele mit Blick über das Wasser. In den Ferienwohnungen und Appartements fühlen sich Familien wohl. Hinter der lichten Veranda liegt die gemütlich-rustikale Schankstube mit dem Flair einer kleinen Schnapsdestille. Harald Merkl, der viele Jahre als Direktor in verschiedenen Hotels auf der ganzen Welt tätig war, ist 2012 als neuer Hausherr des Hitthim angelandet. „Ausgerech-

HOTEL HITTHIM
Swanti-Hotel GmbH
*Hafenweg 8
18565 Kloster / Hiddensee
Tel. 038300 / 6660
Fax 038300 / 66618
www.hitthim.de
hitthim@hitthim.de*

net auf einer autofreien Insel", der leidenschaftliche Motorradfahrer lacht, denn inzwischen genießt er die Ruhe dieses Eilands ebenso wie die Zusammenarbeit mit Küchenchef Arno Schnorrenberg, einem Meister der norddeutschen Küche. Der gebürtige Berliner mit Hiddenseer Wurzeln arbeitete jahrelang in Luxushotels der Schweiz, bis es ihn wieder in den Norden zog. Sein sommerliches „Hiddenseer Fischerbuffet" mit einer Riesenauswahl von einheimischen Fischspezialitäten aus Hiddenseer Fängen ist so legendär wie seine opulenten Hochzeitstorten. Auch wer sich einmal von ihm à la carte verwöhnen ließ, wird beispielsweise die Fischplatte mit dem knackig gegarten Gemüse lieben.

REZEPTE

KOTELETT VOM HAVELLÄNDER APFELSCHWEIN, APFEL-LAUCHZIEBEL-GEMÜSE UND BAGUETTE
Hotel Hafenresidenz / Sundpromenade, Seite 180

ZUTATEN für 4 Personen
4 Koteletts vom Havelländer Apfelschwein à 350 g mit Knochen | 4 mittelgroße Boskop-Äpfel | 300 g Lauchzwiebel oder Frühlingslauch | 12 Scheiben Baguette | Butter | Kräuter | Gewürze | Salz | Pfeffer | etwas Öl

ZUBEREITUNG
Die Koteletts mit Salz und Pfeffer würzen, in Öl anbraten, danach im vorgeheizten Backofen bei 160° C circa 12 Minuten fertig garen. Etwas Butter in einer Pfanne erhitzen und die in feine Spalten geschnittenen Äpfel anschwitzen. Den in Röllchen geschnittenen Lauch dazugeben und durchschwenken.
Baguettescheiben mit etwas Kräuterbutter bestreichen und unter einem Grill gratinieren.

ANRICHTEN
Die Äpfel und den Lauch auf einem Teller mittig anrichten, das fertig gegarte Fleisch anlegen und mit etwas Bratenfond begießen. Das gratinierte Baguette dazugeben und mit Kräutern garnieren.

GEBACKENE ZUCCHINI-RÖLLCHEN AN ROTE BETE RISOTTO UND KÜRBIS-PAPRIKA-RAGOUT
Bio-Insel Stralsund, Seite 186

ZUTATEN für 4 Personen
Rote Bete Risotto: 1 kleine Rote Bete | 1 kleine Zwiebel | 1 Knoblauchzehe | 200 g Risotto-Reis | 600 ml Gemüsebrühe | 50 g gehobelten Parmesan | Olivenöl | Salz | Pfeffer
Gebackene Zucchini-Röllchen mit Frischkäse: 3 lange Zucchini | Olivenöl | 150 g Kräuterfrischkäse | 150 g Ziegenfrischkäse | 1 Knoblauchzehe | rote und gelbe Paprika | Schnittlauch | Petersilie und Koriander
Kürbis-Paprika-Ragout: 500 g Hokkaidokürbis, entkernt und gewürfelt | 1 rote und 1 gelbe Paprika, gewürfelt | Knoblauch | Rosmarin- oder Thymian-Zweige | 100 ml Kokosmilch | 30 ml Orangensaft | 1 TL Honig | Olivenöl | Salz | Curry | Ingwer | Pfeffer

ZUBEREITUNG
Olivenöl erhitzen. Zwiebel und Knoblauch fein würfeln. Rote Bete mit Schale weich kochen, schälen und würfeln. Im heißen Olivenöl Zwiebel und Knoblauch glasig garen. Anschließend Reis, etwas Salz und wieder immer etwas Gemüsebrühe zum Risotto hinzufügen.
Nach 30–40 Minuten die fein gehackte Rote Bete und die Hälfte vom gehobelten Parmesan dazugeben. Das Rote Bete Risotto mit zwei Suppenlöffeln als Nocke anrichten und mit Parmesan bestreuen.
Gebackene Zucchini-Röllchen mit Frischkäse: Zucchini längs in circa 0,5 cm Zentimeter dicke Scheiben schneiden, von beiden Seiten anbraten und auskühlen lassen. Paprika in ganz feine Stücke würfeln. Ziegenkäse mit Kräuterfrischkäse, Knoblauch, gehackten Kräutern und Paprikawürfeln mischen, salzen und pfeffern. Zucchinischeiben mit etwas Füllung bestreichen, zusammenrollen, mit einem Bambusspieß fixieren und in einer feuerfesten Form im Ofen bei circa 180 °C 15 Minuten backen, bis sie von oben leicht braun sind.
Kürbis-Paprika-Ragout: Kürbiswürfel mit Knoblauch und Ingwer leicht anbraten, dann bei weniger Hitze bissfest garen.
Dann Paprikawürfel dazugegeben und mit der Kokosmilch ablöschen. Die frischen Kräuter hinzufügen und mit den Gewürzen, Orangensaft und Honig abschmecken.

„LAND UND MEER"
Weltenbummler, Seite 188

ZUTATEN für eine Portion
200 g feinstes argentinisches Rinderfilet | 4–5 Gambas

ZUBEREITUNG
Öl in der Pfanne sehr heiß werden lassen, das Steak von beiden
Seiten „scharf" anbraten, dann in dem auf 180 °C vorgeheizten
Backofen auf die gewünschte Garstufe bringen („Daumentest"
oder Temperaturfühler).
Gambas von jeder Seite in etwas Olivenöl mit Knoblauch maximal
eine Minute braten.
Für das Kartoffelgratin festkochende Kartoffeln in dünnen Scheiben
in eine Auflaufform schichten. Eine Liaison aus Sahne und Eigelb
mit Salz, Pfeffer und Muskat abschmecken und über die Kartoffeln
geben. Bei 140 °C im Umluftherd circa eine Stunde garen.

BANDNUDELN MIT GARNELEN
Monte Vino, Seite 190

ZUTATEN für 4 Personen
10 Cocktailtomaten | 2 Zwiebeln | 2 Knoblauchzehen |
2 Becher Sahne | ca. 100 g Aioli | 500 g Bandnudeln |
24 Black Tiger Garnelen | Salz | Pfeffer | Currypulver | Olivenöl

ZUBEREITUNG
Zwiebeln in kleine Würfel schneiden und in Olivenöl andünsten.
Geviertelte Tomaten dazugeben und weiter dünsten. Sahne zugeben
und aufkochen lassen. Kleingehackten Knoblauch dazugeben
und mit Pfeffer und Salz abschmecken. Knoblauch dazugeben
und weiterkochen bis die Mischung cremig ist und nochmals abschmecken. Garnelen in Olivenöl anbraten, Soße dazugeben und
alles einmal aufkochen lassen.
Bandnudeln kochen und auf die Teller verteilen. Soße und Garnelen
aufteilen und mit frischem Basilikum und frisch gemahlenem Pfeffer
garnieren.

REZEPTE

GESCHMORTE KALBSBÄCKCHEN MIT BOHNEN UND KARTOFFELSCHEITERHAUFEN
Hotel Schloss Ranzow, Seite 195

ZUTATEN für 4 Personen

*1 kg Kalbsbäckchen | 60 g Lauch | 120 g Karotten, gewürfelt |
70 g Pastinaken, gewürfelt | je 1 Zweig Rosmarin | Thymian | Bohnen-
kraut | 6 Blatt Salbei | 4 Blatt Lorbeer | 3 Pimentkörner | 6 Wacholder-
beeren | 1 gehäufter EL Tomatenmark | 2 Tomaten, gehäutet |
4 Schalotten | 500 ml Rotwein | 600 ml Kalbsfond | 1 Limette |
500 g Bohnen, grün (davon die Kerne) | 400 g Kartoffeln |
60 g Butter | 100 ml Sahne | 100 ml Milch | Salz | Muskat |
3 Eigelb | 200 g Mehl*

ZUBEREITUNG

Kalbsbäckchen: Würzen und im heißen Olivenöl ausbraten. Schalotten, Karotten, Pastinaken und Lauch zugeben, Tomatenmark einrühren und kurz anschmoren lassen, dann mit Rotwein und Kalbsfond
auffüllen. Lorbeerblätter, Pimentkörner und Wacholderbeeren sowie
die gewürfelten Tomaten dazugeben und circa 80 Minuten leicht
kochen lassen. Kräuter und geriebene Limettenschalen hinzugeben,
5 Minuten ziehen lassen. Kräuterstängel herausnehmen, Soße passieren und circa 15 Minuten reduzieren.
Kartoffelscheiterhaufen: Kartoffeln garen und zweimal durch die
Kartoffelpresse geben, heiße Milch und Sahne dazugießen, verrühren. Kalte Butter unterziehen, mit Salz und Muskat abschmecken,
2 Stunden kalt stellen. 4 Esslöffel Kartoffelpüree für die Füllung zur
Seite stellen. Den Rest mit Eigelb und Mehl zu einem Teig kneten.
Daraus gleichgroße Taler formen und in Butter goldgelb anbraten.
Mit Kartoffelpüree- Kräutermasse die Taler aufeinander schichten.
Bohnen: Mit Bohnenkraut ohne Salz circa 25 Minuten kochen.
Butter in der Pfanne schmelzen, die Bohnen durchziehen, salzen
und pfeffern.

ZANDERFILET MIT KARTOFFEL-LEMONEN-PÜREE
Strandhaus 1, Seite 198

ZUTATEN für 4 Personen

*4 Zanderfilet | 250 g Kirschtomaten halbiert | 5 EL Rohrzucker |
500 g Kartoffeln | 1 Limette | etwas Lorbeerlauch | Chili |
Knoblauch | Olivenöl | 1 Limette | Salz | Pfeffer*

ZUBEREITUNG

Kartoffel-Lemonen-Püree: Kartoffeln schälen und in leicht gesalzenem, mit Lorbeerlauch, Chili und einem Hauch Knoblauch
gewürzten Wasser weich kochen. Die weichen, heißen Kartoffeln
dann sofort pressen, mit Olivenöl oder gutem Rapsöl, Saft und
dem Abrieb einer Limette, Salz und etwas Pfeffer abschmecken.
Zum Schluss gehackte, am besten glatte, Petersilie unterheben.
Zanderfilet: Zanderfilets salzen, leicht mehlieren und in heißem
Öl braten.
Kirschtomaten: Zum Dekorieren mit Kirschtomaten, Rohrzucker
mit etwas Wasser karamellisieren, mit dunklem Balsamico ablöschen
und Kirschtomaten darin schwenken.

HAUSGEMACHTES SAUERFLEISCH
MIT REMOULADE

Hotel & Gasthof zur Linde, Seite 203

ZUTATEN

Sauerfleisch: 800 g Schweinefleisch | 3 Pimentkörner | 2 Lorbeer-
blätter | ½ Zwiebel | 2 mittelgroße Möhren | Essig (25%) | Salz |
Pfeffer | 15 Blatt Gelatine | 1 EL Fond
Remoulade: 30 g Möhre | 40 g Gewürzgurke | 10 g Zwiebelwürfel |
300 g Mayonaise | 50 ml Milch | Salz | Pfeffer | 15 g frischen Dill

ZUBEREITUNG

Sauerfleisch: Das Schweinefleisch von der Schulter waschen, in vier
gleich große Stücke schneiden, in einen Topf geben, komplett mit
Wasser bedecken und auf den Herd setzen. Pimentkörner, Lorbeerblätter, Zwiebel und Möhren dazu geben. Dazu noch so viel Essig
geben, bis es leicht in der Nase zieht. Nun noch ein wenig Salz und
Pfeffer hinzufügen und dann das Ganze einmal aufkochen lassen.
Danach köcheln lassen, bis das Fleisch gar ist (etwa 45 Minuten).
In der Zwischenzeit 15 Blatt Gelantine in etwas kaltem Wasser einweichen. Das gegarte Fleisch aus den Topf nehmen, klein schneiden
und in eine fünf Zentimeter hohe Form geben oder in kleine Ein-
weggläser abfüllen. Dabei auch ein wenig von der Möhre, der Zwiebel
und den Gewürzen dazu geben. Nun den Fond noch einmal abschmecken und abfüllen. Die aufgeweichte Gelantine ausdrücken und
in den Fond geben, diesen dann noch einmal durchrühren, um sicher
zu gehen, dass sich die Gelantine völlig aufgelöst hat. Anschließend
den Fond auf das Fleisch verteilen und eine Nacht lang kalt stellen.

Remoulade: Möhre waschen und schälen und ebenso wie die Ge-
würzgurke reiben. Nun Zwiebelwürfel, ein wenig Fond von der
Gewürzgurke, Mayonaise und Milch mischen und glatt verrühren.
Jetzt nur noch mit Salz, Pfeffer und Dill abschmecken.

GEBRATENES HECHTFILET MIT SAUTIERTEM
BLATTSPINAT UND KARTOFFELGRATIN

Im Jaich Wasserferienwelt, Seite 204

ZUTATEN für 4 Personen

4 Filetstücke vom Hecht mit Haut á 160 g | Saft einer halben
Zitrone | Salz | Pfeffer | Olivenöl
Kartoffelgratin: 600 g vorwiegend festkochende Kartoffeln, geschält |
250 ml Sahne | 1 Knoblauchzehe, geschält | 1 TL weiche Butter |
Salz | Pfeffer | Muskat
Spinat: 500 g frischer Blattspinat geputzt, gewaschen und gut
abgetropft | 20 g Butter | 1 EL Pinienkerne | 1 EL Rosinen |
Salz | Pfeffer

ZUBEREITUNG

Für den Gratin eine feuerfeste Form (circa 20 cm Durchmesser) mit
der zerdrückten Knoblauchzehe und anschließend mit der Butter ausstreichen. Die Kartoffeln in 1 bis 2 Millimeter dünne Scheiben hobeln
und mit Salz, Pfeffer und geriebener Muskatnuss würzen, gleichmäßig
in die Form schichten und mit der Sahne übergießen. Im auf 160 °C
vorgeheizten Ofen auf mittlerer Schiene circa 45 Minuten garen. Die
Hechtfilets mit Zitronensaft, Salz und Pfeffer marinieren und auf der
Hautseite in Olivenöl scharf anbraten. Anschließend wenden und für
die letzten 5 Minuten zum Kartoffelgratin in den Ofen geben. Für den
Spinat die Pinienkerne und Rosinen zusammen in der Butter leicht
anrösten und vorsichtig würzen. Die Spinatblätter in die braune Butter
geben und unter Rühren nur kurz zusammenfallen lassen.

ANRICHTEN

Den Gratin vierteln und auf vorgewärmte Teller portionieren, zu jedem
ein Häufchen Spinat geben und darauf je ein Hechtfilet anrichten.
Mit frisch geschnittener Petersilie und ein paar Tropfen Kürbiskernöl
garnieren.

REZEPTE

BURGER VOM SALZWIESENRIND DER INSEL ÖHE
Schillings Gasthof, Seite 208

ZUTATEN für 4 Personen

4 Burgerbrötchen | 4 Burgerpatties vom Salzwiesenrind | 4 Scheiben
kräftiger Bergkäse | 1 dicke Fleischtomate | 8 Scheiben Bacon |
4 Salatblätter | 100 ml Ketchup | 100 ml Mayo | 1 kleine gehackte
Zwiebel | 1 gehackte Gewürzgurke | 1 Schuss Tabasco | Salz | Pfeffer

ZUBEREITUNG

Aus Ketchup, Mayo, Zwiebel und Gurke eine Soße rühren und kräftig
mit Tabasco, Salz und Pfeffer würzen. Die Soße etwas ziehen lassen.
Tomate in Scheiben schneiden, Salatblätter waschen, mit Küchenkrepp etwas abtupfen und zurecht zupfen. Burgerbrötchen eventuell
etwas aufbacken oder aufschneiden und leicht toasten. In einer
heißen schweren Pfanne die Baconscheiben anbraten, bis sie schön
knusprig sind. Auf einem Teller möglichst warmhalten. Pattie im
Baconfett kräftig von jeder Seite circa 3 Minuten anbraten. Nach dem
Wenden mit dem Käse belegen, damit er auf dem Pattie schmilzt.
Das Burgerbrötchen aufschneiden und auf beiden Seiten ordentlich
mit der Soße bestreichen. Auf der unteren Brötchenhälfte Salat,
Tomate, Pattie (mit geschmolzenem Käse) und Bacon stapeln. Den
Stapel mit der oberen Brötchenhälfte abschließen und Burger warm
servieren.

Tipp: Es gibt zwei wichtige und unverzichtbare Zutaten für einen
guten Burger. Das Fleisch, auch Pattie genannt, und das Burgerbrötchen. Im Schillings Gasthof haben wir die exklusiven Burger
vom Öhe Salzwiesen-Rind. Aber das Fleisch kann noch so toll sein,
es wird ruiniert durch ein matschiges Burgerbrötchen. Deswegen
lassen wir die Brötchen bei einem Bio-Bäcker nach unserem
eigenen Rezept backen.

GEDÜNSTETER HECHT
Zum Kleinen Inselblick, Seite 214

ZUTATEN für 4 Personen

8 kleine Hechsteaks à 200 g | 1 Zitrone
Sud: 1 Bund Suppengrün | 2 Schalotten | ½ Liter Weißwein |
2 Lorbeerblätter | 2 Gewürznelken | 1 TL Pimentkörner
Soße: ½ Bund Petersilie | 120 g Butter | 40 g Mehl | ¼ l Sahne |
Salz | weißen Pfeffer, frisch gemahlen | Ingwer, frisch gerieben

ZUBEREITUNG

Den Hecht waschen, trocken tupfen, mit Zitronensaft beträufeln,
salzen und zugedeckt in den Kühlschrank stellen. Suppengrün
waschen und grob zerschneiden. Schalotten abziehen und halbieren.
In einem Fischtopf einen Liter Wasser mit Weißwein aufkochen,
Suppengrün, Schalotten, Gewürze und 2 Teelöffel Salz zugeben,
15 Minuten köcheln lassen, dann mit dem Schaumlöffel Suppengrün
und Schalotten herausheben und den Sud aufkochen. Die Hechtsteaks einlegen, Hitze herunterschalten und den Fisch bei niedriger
Temperatur im halbgeschlossenen Topf 10 Minuten ziehen lassen.
Petersilie fein hacken. Für die Soße 40 Gramm Butter schmelzen,
Mehl darin anschwitzen, Sahne dazugeben und mit dem Schnee-
besen kräftig verrühren. Anschließend ¼ Liter Fischfond unterrühren
und 10 Minuten kochen lassen. Bei schwächster Hitze die restliche
Butter in kleinen Stückchen unterschlagen, Soße mit Salz, Zitrone,
Pfeffer und Ingwer abschmecken, gehackte Kräuter einrühren. Die
Hechtsteaks aus dem Sud heben, abtropfen lassen und mit der Soße
servieren.

INSEL USEDOM

Menü mit Meerblick

Genießer schlendern von einem Gourmettempel zum nächsten, sechs Kilometer weit. Barfuß im warmen Sand. Der Ostseewind spielt mit weißen Tischtüchern und trägt den Duft von Krustentieren, gebratenem Seeteufel und in Zimt geröstetem Entrecote aus festlichen Zelten. Die kulinarische Strandwanderung Grand Schlemm ist eine kulinarische Wallfahrt, ein Hohelied des guten Geschmacks, gesungen bis die Sonne im Meer untergeht und sich glutrot in den Gläsern spiegelt. Begleitet vom Rauschen der Wellen und leiser Musik. Diese alljährlich im Mai von Ahlbeck bis Bansin zelebrierte kulinarische Strandwanderung ist ein intensiver Dauerflirt mit den Elementen Wasser, Feuer, Licht. Ein Fest für die Sinne. Nichts versandet, der

lange Weg führt viele Menschen zusammen. Bei allem surrealen Zauber: Grand Schlemm ist ein Genuss-Festival mit handfestem Hintergrund. 2007 kehrte Uwe Wehrmann, der Hotelier vom Strandhotel Ostseeblick in Heringsdorf, begeistert von einer Wanderung durch die Berge der norditalienischen Partnergemeinde Folgaria zurück, auf der man die Gäste mit landestypischen Spezialitäten wie Pasta, Gelati, Grappa und Käse verwöhnte. Gemeinsam mit den Usedomer Köchen Ralf Haug, Brian Seifert und Hark Pezely, der heute das Grand-Schlemm-Zepter hochhält, gab er dieser Idee einen inselgerechten Charakter. Bereits drei Monate später kochten Usedomer Spitzenköche erstmals am Strand. Als Koch an der Tafelrunde der Grand-Schlemm-Köche Platz nehmen zu dürfen, galt fortan als kulinarischer Ritterschlag. Mit Picknick auf Fine-Dining-Niveau erwecken die findigen Kochkünstler seitdem jedes Jahr im Mai den extravaganten Zauber der alten Kaiserbäder. Gutes Essen, edle Weine, in herrlicher Landschaft den Alltag vergessen – das ist Luxus in der heutigen Zeit. Strand und Meer bieten den idealen Ort, sich dem Moment und ausschließlich den köstlichen Dingen des Lebens hinzugeben.

Das hat Tradition auf Deutschlands zweitgrößter Insel. Ein 42 Kilometer langer, makellos weißer Strand verbindet die alten Fischerorte, die sich seit dem Ende des 19. Jahrhunderts in Ferienoasen verwandelt haben. Hotels und Pensionen im heiter-vornehmen Bäderstil prägen seewärts das Bild der Insel. Feriengäste flanieren über gepflegte Strandpromenaden. Landeinwärts, am buchtenreichen Achterwasser, liegt eine sanfte Landschaft aus Wald, Winkeln, Haken, Heide, Bruch, Wiesen, Hügeln und Seen, über die noch der Seeadler kreist. Das Achterland ist Teil des 632 Quadratkilometer großen Naturparks Insel Usedom, zu

dem auch ein Festlandstreifen gehört. Nirgendwo liegen typisch norddeutsche Landschaftsformen so dicht beieinander wie auf dieser Insel. Zwischen Achterwasser und Meer schmückt sich die Insel mit Binnenseen, 15 Prozent dieser Kulturlandschaft bilden Moore, dazwischen gedeihen artenreiche Trockenrasen, Buchenwälder und Dünenkiefern. In den 14 Naturschutzgebieten mit einer Gesamtfläche von 4000 Hektar finden seltene Pflanzen und Tiere ihren Lebensraum. Mit Weißstorch, Eisvogel, Kamingimpel und weiteren rund 280 Arten zählt der Naturpark zu den vogelreichsten Gebieten Norddeutschlands. In den fischreichen Gewässern finden auch See- und Fischadler reiche Beute.

Im Frühjahr ist der Hering, der Brotfisch der hiesigen Fischer, auch der Hauptheld auf den

Speisekarten der hiesigen Gastronomen. Während der Heringswochen im März präsentieren Usedomer Küchenchefs ihren Gästen sowohl herkömmliche Rezepte wie Brat-, Back- und sauren Hering als auch ungewöhnliche Heringshappen. Die Inselköche wetteifern mit kreativen Heringsgerichten wie Saltimbocca von Kabeljau und Hering, Sandwich vom Kräuterhering im Trüffelfond oder Hering im Jakobsmuschel-Kürbiskernmantel mit Quitten-Chutney und Absinth-Hollandaise. Im Jahr 2012 gewann das Ückeritzer Café Knatter mit frischem Hering im Sesammantel, gebraten auf Chorizo-Lauchgemüse mit La Ratte Kartoffeln und sauer-scharfer Gurkenpappardelle den „Goldenen Hering". Die Verleihung dieses Siegerpokals mit anschließendem Heringsfest ist der Höhepunkt der Usedomer Heringswochen.

KRUMMINER PFERDEBLUT
UND WILDSCHWEINSCHINKEN

Regionale Spezialitäten im einstigen Pferdestall

Die alte Lindenallee nach Krummin ist eine der schönsten und die längste der vorpommerschen Baumalleen. Der kleine Ort am Ende der romantischen Zufahrt liegt abseits der Touristenströme an einer Ausbuchtung des Peenestroms, am Ufer der Krumminer Wiek. Nur wenige Häuser säumen die Dorfstraße, das bunteste und einladenste davon ist mit Abstand das Gasthaus Zur Pferdetränke. Die auffälligste Farbe ist das Blau der Fensterrahmen und Türen, der Sonnenschirme und Gartenstühle und vor allem der hölzernen Speisekarte am Hofeingang: Schmalzstullen, über Buchenholz geräucherte Wachteln, gefüllte Germknödel, Anklamer Bockwurst mit hausgemachtem Kartoffelsalat, Fisch auf dunklem Steinofenbrot, Erbseneintopf, Soljanka und Wildbockwurst werden darauf angepriesen. Zudem Usedomer Inselbier. An den blauge-

ZUR PFERDETRÄNKE
Ralf Reschke
*Dorfstraße 31, 17440 Krummin
Tel. 03 836 / 23 10 23
www.zur-pferdetraenke-krummin.de
zur_pferdetraenke_krummin@
hotmail.de*

strichenen Gartentischen unterm 100-jährigen
Fliederbaum, mitten im Grün eines üppigen
Bauerngartens, wird Obstkuchen aus dem
Steinbackofen serviert. Ralf Reschke und seine
Frau Anke sind die Schöpfer dieser heiter-
sinnlichen Idylle. Krummin entdeckten die
Reschkes zufällig bei einem Spaziergang. Als
hier später ein altes Bauernhaus verkauft
wurde, griffen sie zu und investierten viel in
den Wiederaufbau des Anwesens. 2007 entstand aus dem ehemaligen Pferde- und Kuh-
stall ein kleines Gartencafé mit Hofladen. Das
anfängliche Angebot von Kuchen zu Kaffee
aus der Thermoskanne entwickelte sich allmählich zu einem originellen Repertoire zumeist
regionaler Produkte. Das leckere Steinofenbrot, köstlichen Usedomer Bio-Käse, Hirsch-
salami, Wildschweinnackenschinken, mitunter
auch hergestellt aus dem von Jäger Reschke
erlegten Wild, Honig, nach hauseigenem Rezept hergestellte Liköre wie das Krumminer
Pferdeblut, Brotaufstriche aus Holunder oder
Quitten und vieles mehr kann man hier nun
samt weitem Ausblick über die Felder genießen, im Hofladen kaufen oder sich direkt
nach Hause schicken lassen.

PIPPI LANGSTRUMPF HEUTE

Anja Debniaks Villa Kunterbunt ist ein heiterer Hofladen

Hühner hocken auf der weißen Gartenbank vor der Villa Kunterbunt. Hunde und Katzen liegen in der Sonne. Gänse schnattern, Schafe blöken. Gleich wird Pippi Langstrumpf über den Hof hüpfen. Doch Pippi steht in der Küche und hat alle Hände voll zu tun. Und wo sind die Zöpfe? „Pippi Langstrumpf ist erwachsen geworden", lacht Anja Debniak. Die junge Frau mit den roten Haaren hat sich gemeinsam mit ihrem Partner Axel Schwenn, dessen bäuerliche Wurzeln bis in das 16. Jahrhundert zurückreichen, ein ländliches Idyll wie aus dem Bilderbuch aufgebaut, hinter dem allerdings viel Arbeit und Sachverstand stecken. Und Freude, denn Pippis Maxime, nur zu tun, was ihr gefällt, ist auch die ihre. Axel kümmert sich um die Tiere und das Grünland. Der Hofladen „Villa Kunterbunt" ist Anjas Reich, hier wird angeboten, was gleich nebenan zubereitet wird. Jeder kann zuschauen, wie in der Küche Marmelade gekocht, Saft gemostet und ein Teil des Fleisches der Schwarzkopfschafe, schottischen Hochlandrinder und Wollschweine verarbeitet wird. Insgesamt gehören etwa 300 Tiere zum Hofbestand, die landwirtschaftliche Fläche umfasst

**HOFLADEN
VILLA KUNTERBUNT**
Anja Debniak
*Zinnowitzer Straße 6
17440 Neuendorf
Tel. 03 83 77 / 4 30 18
www.hofladen-usedom.de
anja.debniak@t-online.de*

40 Hektar und liegt auf der schönen Halbinsel Gnitz, von der der berühmte Usedomer Maler Otto Niemeyer-Holstein schwärmte: „Sanfte Hügel bestimmen die Landschaft ..., auf den Wiesen Wildblumen. Immer meine ich, dort müsse Corot gemalt haben – in dieser unfassbaren Steigerung des Grüns mit dem getupften Rot als Contrapunkt". Üppig wachsen Holunder, Quitten, Brombeeren und Himbeeren auf dem Gnitz – und werden in der Villa Kunterbunt zu Gelees und Marmeladen. Aber auch die Eier der freilaufenden Hühner, Obst und Gemüse, Wurst und Fleisch, Schafwolle, geringelte Wollsocken und vieles mehr kann man hier kaufen. Im Sommer kann Anja gar nicht genug Roggen-Dinkel-Schrotbrot backen, dabei ist der kleine Hof ein Geheimtipp. Wer ihn findet, staunt – Villa Kunterbunt ist wie ein erfüllter Kindertraum.

LECKERES AN DER LACHSBUCHT

Peter Noack und seine Mitarbeiter bieten beste pommersche Küche und pflegen den nördlichsten Weinberg Europas

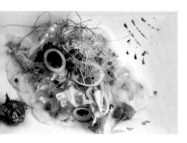

Carpaccio vom Wels und Lachs
Dieses Rezept finden Sie auf der Seite 259

D ort, wo am Ende des Dorfes Loddin die blühenden Wiesenhügel der Halbinsel Loddin beginnen, steht ein Haus an der Lachsbucht, wie die alten Slawen diesen Teil des Achterwassers nannten, das mit großen Fenstern in die Sonnenuntergänge schaut. In die mit Schiffsmodellen, Schifferklavier und Kapitänsbildern maritim gestaltete Gaststube kommen die Gäste, um den schönen Ausblick und echt pommersche Küche zu genießen. Natürlich gibt es viel Fangfrisches aus Ostsee und Achterwasser. Neben Zander, Aal, Hecht, Plötz, Stör und Wels auch Schnäpel, der als Steinlachs der Bucht den Namen gab. Eine Spezialität des Hauses ist der Zander, zumeist im Ganzen gebraten. Das Filet vom Großdorsch macht seinem Namen alle Ehre. Loddiner Fischtopf, Fischsülze nach Loddiner Art und Allerlei vom Hering nach Rezepten wie sie die pommersche Oma Anna und Opa Paul mochten, lassen zurecht vermuten, in dieser Küche werden herrlich frische Produkte mit altem Wissen vereint. Die Peenemünder Marinekameradschaft nahm den Waterblick sogar in die Reihe der Wirtshäuser auf, „wo Labskaus nach seemännischer Tradition und altem Brauch vortrefflich zubereitet wird". „Ut

FISCH- UND GRILL-
RESTAURANT WATERBLICK
Peter Noack
Am Mühlenberg 5, 17459 Loddin
Tel. 03 83 75 / 2 02 94
Fax 03 83 75 / 2 06 20
www.waterblick.de
info@waterblick.de

de Fleeschköök" kommt Feines wie Ochsenbäckchen vom Loddiner Höftochsen. Sechs Köche schwingen im Waterblick die Kochlöffel unter der Regie von Martina Radtke. Der umtriebige Wirt Peter Noack sorgt für Überraschungen. Er kreierte nicht nur jüngst den feurigen Freester Kutter Köm, einen Schnaps nach altem Rezept mit Ingwer, Nelken, Chili und Anis, seit 1998 führt eine Weinstraße zum nördlichsten Weinberg gleich hinter dem Haus. Auf dem mit Muschelresten durchsetzten Sandboden reifen Cabernet Sauvignon und Chardonnay. Auf der Weinkarte stehen diese, jedes Jahr von einer schönen Weinkönigin präsentierten, Eigengewächse jedoch nicht. Dafür ist der nach Paul und Anna benannte Delikatessenladen voller Hausgemachtem zum Mitnehmen wie Marmelade, Likör, Schmalz, Leberwurst, Fischsülze, süß-sauer eingelegter Hering und geräucherter Schinken.

ÜCKERITZER „WEIBERWIRTSCHAFT"

Schlemmen nach pommerscher Art im historischen Dorfgasthaus

Lammkeule im Wiesenheu gegart
Dieses Rezept finden Sie auf der Seite 259

Schöddelsülz, Pannfisch, Tollatschen, Rindsrip und Tüften und Plumm – die mecklenburg-vorpommersche Küche hat ihre eigene Sprache. Auch wer kein Plattdeutsch versteht, vermutet hinter diesen Namen zu Recht deftige Speisen. Schon beim Lesen der Speisekarte im alten Ückeritzer Dorfgasthaus läuft dem Liebhaber bodenständiger Küche das Wasser im Munde zusammen. Da gibt es beispielsweise die echte pommersche, weiß gekochte Fischsuppe und hausgemachtes Sauerfleisch (Schöddelsülz) vom Spanferkel. Eine Spezialität der Region, wie sie kaum noch serviert wird, sind die Tollatschen, faustgroße süße Blutkuchen aus Mehl, Griebenschmalz, Zimt, Anis, Thymian, reichlich Rosinen und Schweineblut mit in Butter gebratenen Apfelscheiben, so wie sie traditionell zu den Schlachtefesten zubereitet wurden. Zum

DORFGASTHOF DEUTSCHES HAUS ÜCKERITZ
Gudrun Zumpe
*Nebenstraße 1, 17459 Ückeritz
Tel. 03 83 75 / 20 94 0
Fax 03 83 75 / 20 86 8
www.deutsches-haus-ueckeritz.de
gudrun-zumpe@t-online.de*

Nachtisch kommen Beeren des Waldes und aus Nachbars Garten in das pommersche Beermus. Das Rezept für pommersche hausgemachte Leberwurst, Schmalz, Sülze und Küstenkäse stammt noch von Großvater Paul Niemann, der 1940 die Wirtschaft übernahm. Alles an diesem Ort, der schon vor 200 Jahren als Umspannstation durchreisende Kaufleute beköstigte, ist authentisch: das Haus, die Küche und die beiden Wirtinnen, die inzwischen in der dritten Familiengeneration für das Wohl der Gäste sorgen. Gudrun Zumpe und Bettina Besch betreiben eine erfolgreiche „Weiberwirtschaft" und legen dabei großen Wert auf familiäre Gastlichkeit. Während Bettina den Service leitet, steht Chefin Gudrun in der Küche, wo sie nach alten, zum Teil streng gehüteten Rezepten, neu kocht. Der mit seinen vielen Ecken und Nischen urige Gastraum und der auch gerne für Familienfeste genutzte Saal wirken mit ihrem altem Mobiliar wie ein Museum überkommener Küchen- und Wohnkultur. Wer hier mal so richtig schlemmen will, sollte sich nicht das große Spanferkelessen an jedem Donnerstag entgehen lassen. Für Gruppen ab zehn Personen tischt man auch zum zünftigen „Essen wie die Rittersleut" auf.

HART AM WIND

Surfen, segeln und schlemmen am Achterwasser

Carpaccio von der Roten Bete, Cube vom Fjordlachs an Meerrettichschaumsoße
Dieses Rezept finden Sie auf der Seite 259

Seglern und Surfern ist dieser Ort schon seit über 20 Jahren ein Begriff. „Alles begann 1989 mit der Idee, ein Hobby zum Beruf zu machen", erinnert sich Jörg Abert, dem zunächst eine alte Bretterbude von fünf mal fünf Metern für die Erfüllung seines Lebenstraums, an der Ostsee eine Wassersportstation zu eröffnen, genügte. Wo heute das moderne, mit Lärchenholz verkleidete Gebäude steht, diente viele Jahre lang nur ein zeltartiger Pavillon für den Ausschank. „Wir nannten es Café Knatter, weil es bei Wind so geknattert hat, dass man sein eigenes Wort nicht verstehen konnte", erinnert sich Jörg Abert. Doch schon mit dem improvisierten Ambiente kam die 1990 gegründete Segel- und Surfschule Ückeritz so gut an, dass der gebürtige Berliner 2007 einen gewaltigen Schritt wagte und in nur einem halben Jahr ein Haus mit neun lichten Zimmern und aussichtsreichem Restaurant nach eigenen Plänen erbauen ließ. Ein junges, nahezu familiär aufeinander eingespieltes Team kümmert sich reizend um die Gäste. So lieben Urlauber und Einheimi-

CAFÉ KNATTER
RESTAURANT UND PENSION
Jörg Abert
Hauptstraße 36, 17459 Ückeritz
Tel. 03 83 75 / 229 66
Fax 03 83 75 / 223 94
www.windsport-usedom.de
info@windsport-usedom.de

sche nach wie vor diesen Ort, an dem es nun nicht mehr nur Bier und Snacks gibt. Die Küche hat sich im gleichen Maße gewandelt wie das Café. Sympathisch bodenständig und gleichsam weltläufig, erfüllt sie gehobene Ansprüche mit einem vielseitigen und ausgewogenen Angebot. Der gebürtige Wolgaster Marco Behrendt bringt Pommersches wie Geschnetzeltes vom Schwein mit Äpfeln, Backpflaumen und Kartoffelrösti ebenso gekonnt auf den Teller wie Saltimbocca vom Dorsch auf getrüffeltem Kartoffel-Erbsenpüree mit Dijon-Senfsoße. „Aus'm Wasser" kommt der Rotbarsch, der sich gebraten zu einem spannenden Geschmackserlebnis mit Steinpilzrisotto vereint, von „Hof und Weide" stammen die Zutaten für den deftigen Grillteller „Knatter". Und wenn die Sonne im Achterwasser versinkt, ist kein Platz mehr frei auf der Terrasse. Aber auch durch die großen Verandafenster bietet das Café „Knatter" grandiosen Wasserblick.

GOTTESGESCHENK

Feinschmeckerfamilie trifft Vollblutkoch

Die Erweckung des einstigen Fischerstrandes von Heringsdorf zum „Nizza der Ostsee" geht auf den Rittergutsbesitzer und Oberforstmeister Georg Bernhard von Bülow zurück. Seine 1825 erbauten Logierhäuser stehen auf dem Kulmberg. Im „Weißen Schloss" kurte 1866 die Kronprinzessin Victoria von Preußen mit ihren Söhnen Heinrich und Wilhelm, dem späteren Kaiser. Nicht weit davon entfernt ließ sich etwa 1910 auch der Malermeister Max Arndt eine hübsche Villa mit Balkonen, Veranden und Säulen im heiteren Bäderstil erbauen. 1999 sanierten Hans-Karsten und Christine Zimpel das Haus und gaben ihm den Namen „Dorothea" – Gottesgeschenk. Aus dem früheren Elternhaus von Hans-Karsten Zimpel wurde eine reizende Frühstückspension. Die Salons in der unteren Etage, im kräftigen Jugendstilfarbklang der später entdeckten Wandmalerei des Bauherren, sind aber auch schöner Rahmen für Le-

sungen, Seminare und vor allem für Familienfeiern. Köstlicher Duft zieht dann durch die Räume, wenn Brian Seifert, der „Meister der Aromen", das Büfett eröffnet. Der Küchenchef gehört mit der leichten, frischen Küche seines In-Lokals Kulmeck seit 2001 zu den kulinarischen Pionieren auf Usedom. Hier haben sich

VILLA DOROTHEA
H. K. Zimpel
Strandstraße 15
17424 Seebad Heringsdorf
Tel. 03 83 78 / 2 23 32
Fax 03 83 78 / 2 23 36
www.villa-dorothea.de
villa-dorothea@web.de

KULMECK
Brian Seifert
Tel. 03 83 78 / 2 25 60
www.kulm-eck.de

auch die Feinschmeckerfamilie Zimpel und der damals noch „Junge Wilde unter den Köchen Usedoms" kennen und schätzen gelernt. Die Idee, die Potenziale zu vereinen und hervorragende Küche in stilvollem Ambiente für besondere Anlässe anzubieten, war bald geboren. Wenn Jäger Zimpel zur Jagdgesellschaft lädt, endet der Tag bei einem festlichen Essen beispielsweise mit Rehschulter mit Kakao-Pfef-

fergewürz, Kerbelwurzel und Kartoffel-Steinpilzküchlein. Kaum jemand beherrscht so kreativ die Feinheiten des Würzens, im Sommer auch mit Wildkräutern und Blumen, wie Brian Seifert, der in St. Peter Ording gemeinsam mit französischen Köchen und im Schweizer Pontresina mit einer thailändischen Meisterköchin gearbeitet hat.

DER JUNGE WILDE

Arjan Mensies kocht mit Temperament und Erfahrung

Konfierte Kalbsleber
mit Apfelchutney, Kartoffelpapier, Zwiebelespuma
und Baconsauce
*Dieses Rezept finden Sie
auf der Seite 259*

„Wenn ich eines Tages keine Lust mehr zum Kochen hätte, würde ich Maler werden oder Architekt", sagt Arjan Mensies und schwingt den Pinsel schon mal über den Teller. Tannen- spitzengrün und Paprikarot. Ein Bild von einem Gericht entsteht. Glücklicherweise ist der junge Holländer Koch geworden. Geschult hat sich Arjan an bekannten Größen seines Faches. Mit 22 Jahren erkochte er gemeinsam mit Jean Michael Heggen im holländischen „Restaurant Müller" einen Michelin-Stern. Auch sein weiterer Weg führte ihn durch nieder- ländische und deutsche Sterne-Gastronomie. Seit 2007 kreiert Arjan im Strandhotel Ostsee- blick sowohl die Gourmetkarte als auch das Halbpensionsmenü mit gleichbleibendem Qualitätsfanatismus. Fisch ist dabei sein kuli- narisches Lieblingsthema. Nordseekrabbe trifft Ostseezander, eine deutsch-holländische Liaison, in der sich auch die Strandaster vom Wattenmeer mit Mecklenburger Sauerkraut verbündet. Seinen Kochstil bezeichnet er selbst als „kreativ-gewagt", was allein schon seine Gänsestopfleber mit Coca-Cola-Gelee oder Popcorn beweist. Und da das Essen nicht nur geschmacklich, sondern auch optisch ein

STRANDHOTEL
OSTSEEBLICK
Sibylle und Uwe Wehrmann
*Kulmstraße 28
17424 Seebad Heringsdorf
Tel. 03 83 78 / 54 0
Fax 03 83 78 / 54 299
www.strandhotel-ostseeblick.de
info@strandhotel-ostseeblick.de*

Erlebnis sein soll, wird nicht nur auf schwarzem Schiefer und weißem Porzellan, sondern auch auf Moos und Holz angerichtet.

Serviert wird in der gläsernen Rotunde des Restaurants Bernstein mit grandiosem Panoramablick über das Meer. Das tragende Gestaltungselement in dem Vier-Sterne-Superior-Hotel ist die Landschaft – vom Entree bis in den vom Deutschen Wellness Verband für herausragende Qualität ausgezeichneten Wellnessbereich. Sanfte Naturfarben, von Sand,

Bernstein und Seegras abgeguckt, entspannen die Sinne. Dieses Haus mit einer langen Familiengeschichte wurde 1996 von Uwe und Sibylle Wehrmann zu neuem Leben erweckt – mit großem mentalen und materiellen Einsatz, aber auch mit spürbarer Lust an geschmackvoller Lebensart, an guten Weinen und exzellentem Essen. 2013 belohnte Gault Millau das gelungene Konzept mit 15 Punkten, zwei Hauben und einer Fliege für „besonders liebenswürdigen Service".

ICE AGE

Der zart schmelzende Genuss aus der Kälte erfreut Groß und Klein

Sommer, Sonne, Eiscafé gehören zusammen wie Wind und Wellen. Die Eisdiele im Ostseebad Heringsdorf ist zudem wie ein süßer Mädchentraum. Ganz in Rosa, wie schon der Schriftzug an der Fassade der schönen, bereits 1888 erbauten Villa. Rosafarbene Wolkenstores rahmen die Fenster, rosafarben sind die Sitzkissen. Rosen auf den Tischen, Rosenranken an den Wänden. Glaslüster glitzern an der Stuckdecke. Auf der Sommerterrasse begrüßt Lothar, der altmodische Kellner aus Pappmaché, die Gäste. Kathinka Stein-Tiews hat ein Händchen für optischen Zauber, der den grauen Alltag vollkommen vergessen lässt. 2003 übernahm sie als Nachfolgerin ihrer Großmutter Helga Stein, die das Haus 1992 von Grund auf sanieren ließ, das Eiscafé. An ihrer Seite Sebastian – Gatte, Geschäftsführer und Eismann. Der gebürtige Usedomer ist das

"kalte" Herz dieser Eisoase. Seinen eigentlichen Beruf als Bürokaufmann tauschte er aus Liebe zu Kathinka, die auch seine Lehrmeisterin war, gegen den des Eiskonditors. Nun erfindet er mit großem Vergnügen immer neue Milcheis-Kreationen aus frischen Zutaten. Dass solch ein Eis nicht nur köstlich, sondern auch gesund ist, kann man in der Eiskarte nachlesen: "Es stimuliert die Verdauung und ist gerade für Kinder, die unter Appetitlosigkeit leiden, ideal. Eis spendet Energie und macht nicht dick … durch den Milchgehalt sind die meisten Eissorten wichtige Calcium-Lieferanten. 100 Gramm Eiscreme enthalten doppelt so viel Calcium wie 100 Gramm Speisequark". Zwischen 40 verschiedenen Eissorten kann man in der Villa Stein im Laufe einer Sommersaison wählen. Beim "Happy Schoko" fließt Schokoladensoße über zart schmelzendes Schokoeis – ein Traum für jeden Schokofreak. Die "Träumerei für zwei" mit 17 Kugeln Eis kühlt die Zunge, aber nicht die Herzen. Sebastians Favoriten sind griechisches Joghurteis und Eis aus mecklenburgischem Sanddornsaft. Wieder aufwärmen kann man sich bei selbstgebackenen Pfannkuchen, herzhaftem Toast und einer Tasse Bio-Hochlandkaffee.

EIS-VILLA STEIN
Helga Stein und Sebastian Tiews
Kulmstraße 4
17424 Seebad Heringsdorf
Tel. 038378 / 28452

DER HINTERGRÜNDIGE

„Kreativ sein und mit eigenen Ideen überzeugen" ist Tom Wickboldts Motto

Steinbuttfilet mit Hummer-
haube, Kaisergranatravioli
& Erbsenmousseline
*Dieses Rezept finden Sie
auf der Seite 260*

In einer der schönsten Villen des Kaiser-
bades Heringsdorf, im Hotel Esplanade,
haben sich nostalgisches Ambiente und
zeitgemäße Gastlichkeit zu einer reizvollen
Liaison zusammengefunden. Vorbei am plät-
schernden Brunnen führt ein roter Teppich
die Freitreppe hinauf in das kleine Grand
Hotel, das mit seiner festlichen Fassade geradezu prädestiniert ist für die Legende vom
Hohenzollernprinzen, der 1898 dieses Palais
für seine Geliebte erbaut haben soll.

Im Sommer sind die hohen Fenstertüren des
Gourmetrestaurants zur Terrasse hin geöffnet.
Seit 2009 kreiert Tom Wickboldt in dem nach
ihm benannten cremefarbenen Restaurant eine
klassisch französisch inspirierte Küche, der er
mit feinsten regionalen Zutaten köstliche Fa-
cetten verleiht. Oft kommen bei ihm Fisch und

ROMANTIKHOTEL
ESPLANADE
Rolf Seelige-Steinhoff
Seestraße 5
17424 Seebad Heringsdorf
Tel. 03 83 78 / 4 70 20
Fax 03 83 78 / 47 02 15
www.seetel-resorts.de
esplanade@seetel.de

Fleisch auf einen Teller. Seine vornehmlich frankophilen Leidenschaften verbindet er mit handwerklicher Perfektion. Soßen werden aufwändig reduziert, und herrlich zart sind die Ochsenbacken nach rund fünfstündigem Garprozess. Alles wird anschließend schnörkellos kredenzt. „Mir ist wichtig, dass man das Produkt erkennt", bekundet Tom Wickboldt. Seine linearen Tellerkompositionen sind eine Art Understatement, mit dem er hintergründig seinen hohen Anspruch verkündet. Der Schlemmeratlas hat ihn durchschaut: „Das Auge isst mit – die Liebe zum Detail kann man den Gerichten von Tom Wickboldt jederzeit ansehen. Und was das Auge verspricht, bestätigt der Gaumen auf grandiose Art und Weise". Als Kapitänssohn ist Tom Wickboldt ein „Rostocker Jung", den es jedoch nicht auf das Meer, sondern an den Küchenherd zog. Schon als Azubi im Warnemünder Hotel Neptun erringt er frühe Erfolge. Später sammelte er deutschlandweit Erfahrungen in der Sterne-Küche. Über das Kurfürstliche Amtshaus in Daun ließ er selbst einen Stern erstrahlen. Doch das Heimweh war stärker als alle Strahlkraft des Ruhms und so zog es ihn zurück in den Norden – welch ein Glück für die Insel.

DER CHRISTO DER KÜCHE

Hark Pezely sorgt für ein Fest sich gegenseitig befeuernder Aromen

Variation von der Topinambur
*Dieses Rezept finden Sie
auf der Seite 260*

Seit 2001 verzaubert Küchenchef Hark Pezely die Gäste im Ahlbecker Hof, einem der schönsten Hotelbauten an der deutschen Ostseeküste. Französische Palastbauten standen Pate für das 1890 direkt an der Strandpromenade erbaute Grand Hotel. Seine Pracht lockte einst Kaiser Franz Joseph I., jüngst weilte Königin Silvia von Schweden hier. Auch Ex-Bundespräsident Horst Köhler und Prinz Hendrik von Dänemark ließen sich schon im Gourmetrestaurant Kaiserblick von Hark Pezely verwöhnen. Der gebürtige Husumer schmeichelt dem Gaumen mit klassischer Gourmetküche. Mediterran inspiriert, mitunter regional und saisonal pointiert. Dabei setzt er auf Opulenz, Kontrast und Überraschung. Am liebsten packt der „Christo der Küche" alles ein: eine Orange wird zum Orangenstrudel, eine Wachtel zur Crépinette. Jedem einzelnen Produkt gewinnt er gerne die besten Seiten ab und verwandelt beispielsweise Pastinaken in Viererlei: Pastinaken-Thymian-Espuma, Pastinaken-Pfeffersalat, Pastinaken-Krabbenravioli und zum guten Schluss ein Pastinaken-Panaché. Hark Pezelys professionelle Ausbildung

ROMANTIK SEEHOTEL
AHLBECKER HOF
Rolf Seelige-Steinhoff
*Dünenstraße 47
17419 Seebad Heringsdorf/
OT Ahlbeck
Tel. 03 83 78 / 620
Fax 03 83 78 / 621 00
www.seetel-resorts.de
ahlbecker-hof@seetel.de*

begann im Parkhotel Fürstenhof in Celle, einem der damals ersten zehn Hotels in Deutschland. Schon als kleiner Commis de Cuisine hat er in den Schweizer Stuben mit Sterneköchen wie Michael Baader, Ingo Holland und Hans-Stefan Steinheuer Skat gespielt und dabei große Bordeauxweine getrunken. Seitdem ist er für Gerstensaft und jedes Mittelmaß verloren. Seine weitere Wanderschaft führte ihn zu Jörg Müller auf Sylt. Schon mit 23 Jahren wurde er Küchenchef im Hotel Guggis in Zürs am Alberg. Auf Usedom galt der Küchendirektor der Seetel Gruppe bald als „Bester Küchenmeister auf der Insel". Kulinarischer Hochgenuss, stilvolles Ambiente und eine herzliche Begegnung mit dem Küchenchef lassen den Abend im Kaiserblick zu einem nachhaltigen Erlebnis werden.

NUR FLIEGEN IST SCHÖNER

Kulinarische Genüsse in der Erlebniswelt historischer Fliegerei

Feurige Jakobsmuschel im Speckmantel mit Knoblauch-Erbs-Püree und Salbeibutter
Dieses Rezept finden Sie auf der Seite 261

Im Juli 2011 eröffnete auf Usedom eine der weltweit außergewöhnlichsten Ausstellungen historischer Flugzeuge und zugleich die wohl stylischste gastronomische Stätte der Insel Usedom. Das Sichtbetongrau der Wände, das Feuerrot des Tresens, auf dem der Flugzeugmotor einer Bücker als Zapfhahn trohnt, und das warme Braun der Ledermöbel verbinden Funktionalität mit Eleganz. Auf den Sesseln im Stil eines Ledersitzes einer Spitfire, eines englischen Kampfflugzeuges, kann man in der BBD-Lounge bei einem Glas Wein oder einer edlen Zigarre in die faszinierende Welt der historischen Fliegerei eintauchen. Der Flughafen Heringsdorf ist einer der ältesten Luftzielorte in Deutschland. Das Gelände am Nordufer des Stettiner Haffs zwischen Garz, Kamminke und Zirchow, ursprünglich „Exerzierplatz" der Garnison Swinemünde, diente von 1919 bis 1927 als „Landflugplatz Swinemünde" für den Linienflugverkehr. Mit der Machtergreifung der Nationalsozialisten endete zunächst die zivile Nutzung. Als „Flugplatz Garz" in die Luftrüstung einbezogen, diente er bis 1939 als Heimathorst der Kunstflugstaffel der Deutschen Luftwaffe. Hangars und eine

HANGAR 10
Air Fighter Academy GmbH
An der Haffküste 1 / Hangar 10 a
17419 Zirchow
Tel. 038 376 / 29 51 - 0
Fax 038 376 / 29 51 – 29
www.hangar10.de
info@hangar10.de

Flugzeugreparaturwerft entstanden, 1942 wurden die ersten Truppenerprobungskommandos für Abwurf-Lenkwaffen stationiert. Nach Kriegsende von den Sowjets und der NVA genutzt, begann ab 1962 auch eine teilweise zivile Nutzung durch die DDR-Fluggesellschaft Interflug. Bis 1979 konnten Urlauber aus Berlin, Dresden, Erfurt, Leipzig, Budapest und bis 1980 auch aus Prag auf die Insel fliegen. 1990 landete das erste Privatflugzeug auf Usedom. Mit der Gründung der Flughafen GmbH begann 1992 die Grundsanierung des Flugplatzes. 2001 / 2002 wurde auch der Hangar10 saniert und im baulichen Zustand von 1936 wieder hergestellt. 2011 eröffnete auf Initiative einer flugzeugtechnikbegeisterten Investorenfamilie die Erlebniswelt im Hangar10, der mit seiner gewaltigen freitragenden Decke selbst ein interessantes Exponat ist. Fast alle der hier ausgestellten Fluggeräte aus der Mitte des 20. Jahrhunderts, ob Messerschmitt, Mustang P-51, Spitfire Mk IX, Yakowlew Yak9 und viele andere, sind flugfähige Originale. Beliebtes Objekt bei Groß und Klein ist die Messerschmitt Bf 109 G-14, in die jeder einmal probeweise einsteigen kann. 2012 begann die Erweiterung des Erlebnisbereiches auf nun insgesamt 4000 m² mit interessanten Spielgeräten und Flugsimulatoren verschiedener Art, sowie weiteren Attraktionen nicht zuletzt

der Unterhaltung der Jüngsten, die die Kletterwand und den Kletterturm lieben. Die Größeren begeistert ein europaweit einzigartiger interaktiver Simulator mit rasanten Aktionen. Natürlich kann man auch leibhaftig in den Himmel abheben, auf einem Rundflug, je nach Wunsch in einem Sportflugzeug, einem offenen Doppeldecker oder in einem historischen Trainer. Seit Februar diesen Jahres gibt es ein weiteres Highlight im Hangar10, die Spielwelt wurde um eine Indoor-Hochseil-Kletteranlage erweitert.

Von der Restaurantterrasse aus lässt sich das gegenwärtige Flugplatzleben beobachten. Für 5 Mio. DM wurde Anfang der 1990er-Jahre die 2.305 Meter lange Start- und Landebahn des Flugplatzes Heringsdorf erneuert. Im Jahr können mehrere tausend Starts und Landungen verzeichnet werden – gute Zahlen für den kleinsten Regionalflughafen Deutschlands. Und ein unterhaltsames Schauspiel für die Restaurantgäste vom Hangar10, die es sich dabei mit warmen Schokoladenkuchen oder der leckeren Haustorte, Baumkuchen mit Blaubeercreme, gut gehen lassen. Küchenchef Marko Nimz versteht sich aber auch hervorragend auf herzhaftere, international inspirierte

Gerichte. Seine feinen Jakobsmuscheln im Speckmantel und das gepfefferte Schellfischsteak sind hier ebenso beliebt wie der auf der Haut gebratene Müritzzander. Begehrt sind auch seine Steaks und das Wiener Kalbsschnitzel mit lauwarmem Kartoffelsalat. Vegetarier macht Marko Nimz zum Beispiel mit Gemüsepüree an einer Orangen-Nage mit pochiertem Wachtelei glücklich. Man kann im Hangar10 lange verweilen, sogar über Nacht, in Ferienappartements, die ebenso stylisch gestaltet sind wie die Gasträume.

VOLLMONDBIER, SCHLOSSHERREN-TORTE UND RITTERBÜFETT

Jan Fidora kreiert kulinarische Vielfalt im alten Wasserschloss

Wildgulasch mit Rosenkohl &
Kartoffelklößen
*Dieses Rezept finden Sie
auf der Seite 261*

Die alte Dorfallee führt zu dem von zwei eingeschossigen Seitenflügeln flankierten Haupthaus. Ein breiter Graben umfängt den zwischen 1575 und 1580 errichteten Renaissancebau, dessen Bauherr Rüdiger von Neunkirchen in der mittelalterlichen Dorfkirche begraben liegt. 2001 ging das Anwesen in den Besitz der Familie Fidora über. Heute ist das Wasserschloss Mellenthin mit Café, Restaurant, Hotel, Brauerei und Kaffeerösterei geselliger Mittelpunkt im Naturpark Insel Usedom. 2011 richtete Hotelfachmann, Brauer und Mälzer Jan Fidora im Ostflügel des herrschaftlichen Anwesens die Schaubrauerei ein. Eine eigene Brauerei war der Traum, der ihn, auf der Suche nach einem geeigneten Ort, aus seiner westfälischen Heimat auf die Insel führte. Bevor sein Traum jedoch in Erfüllung ging, musste das Schloss, dessen älteste Teile aus dem 12. Jahrhundert stammen, von Grund auf saniert werden. Nun kann man sich zwischen kupfernen Sudkesseln unter historischen Gewölben und im Biergarten bei Mellenthiner Hell und Dunkel vergnügen oder interessante Geschmacksvarianten, wie mit Brot, Kaffee oder Holunder gebrautem Bier, ausprobieren.

WASSERSCHLOSS
MELLENTHIN
Jan Fidora
*Dorfstraße 25, 17429 Mellenthin
Tel. 03 83 79 / 2 87 80
Fax 03 83 79 / 2 87 82 80
www.wasserschloss-mellenthin.de
info@wasserschloss-mellenthin.de*

Schmackhafte Grundlage bietet die reichlich mit Wild- und Fischgerichten lockende Speisekarte des Restaurants. Kulinarische Themenabende wie Ritterbüfett und Brauerabend und der sonntägliche Schlemmer-Brunch passen hervorragend in das mit modernen Akzenten ergänzte nostalgische Ambiente. Da der Beruf des Mälzers dem des Rösters sehr ähnlich ist, beschloss Jan Fidora, den Kaffee zu der großen Auswahl an Kuchen und Torten der haus-

eigenen Schlossbäckerei selbst zu rösten und eröffnete im April 2012 in der ehemaligen Schlosskapelle die erste Usedomer Kaffeerösterei. Doch das war erst der Anfang der kulinarischen Vielfalt im alten Wasserschloss. Die Ideen des jungen Unternehmers sprudeln wie Mellenthiner Brause, der jüngsten Kreation in der neuen Reihe der hauseigenen Erfrischungsgetränke.

DIE RÜCKKEHR DER BLAUEN WELLE

Traditionelle pommersche Irdenware schmückt wieder den Alltag

Scheinbar mühelos formt Susi Erler den Tonklumpen auf der Töpferscheibe zu einem ebenmäßigen Gefäß. Nach dem ersten Brand wird Keramikmalerin Liane Schwengbeck die traditionellen Farben Blau und Grün auf die weiße Glasur auftragen. Schlichte Muster, Wellenlinien beispielsweise. Mitunter aber auch Täubchen und Hirsche – Sonderanfertigungen, die das traditionelle Repertoire ergänzen. Viel Fingerspitzengefühl und eine solide Ausbildung sind die Grundlage für die Leidenschaft, mit der in Mellenthin die Tradition der Pommernkeramik am Leben erhalten wird. Als „Stettiner Ware" gelangte sie einst vom Stettiner Hafen aus weit in den Ostseeraum, geriet jedoch durch die Konkurrenz englischer Töpferware und des aufkommenden Emaillegeschirrs Ende des 19. Jahrhunderts in Vergessenheit und wurde erst in den 1970er-Jahren von einem dänischen Keramiker und einem deutschen Volkskundler wieder-

POMMERSCHE KERAMIK-MANUFAKTUR
Töpferei Susi Erler
Morgenitzer Berg 10
17429 Mellenthin
Tel. 03 83 79 / 22 933
Fax 03 83 79 / 22 931
www.pommersche-keramik.de
info@pommersche-keramik.de

entdeckt. Seit 2003 bringt die Pommersche Keramik-Manufaktur die „blaue Welle", das alte Symbol für das Leben am Meer, wieder auf pommersche Teller, Schalen und Tassen. Seit 2009 ist Susi Erler mit ihrem kleinen Team die alleinige Hüterin der Pommernkeramik, die sie unverwechselbar mit einer eingetragenen Bildmarke am Boden kennzeichnet. „Durch den Indentitätsfaktor Pommern findet unser Geschirr immer mehr in heimischen Haushalten und auch in der Gastronomie Verwendung", sagt Mitarbeiter Rainer May. Das abschließend bei über 1 200 Grad Celsius gebrannte Gebrauchsgeschirr passt schließlich gut in den modernen Alltag, es ist aus schadstofffreien Materialien hergestellt und kann bedenkenlos in Geschirrspüler, Mikrowellen und Backöfen gestellt werden. Zudem sind die Gefäße wunderbare Souvenire, bei deren Herstellung man in der Pommerschen Keramik-Manufaktur zuschauen kann.

REZEPTE

CARPACCIO VOM WELS UND LACHS

Fisch- und Grillrestaurant Waterblick, Seite 233

ZUTATEN für 6 Personen

Wels und Lachs: 1 Seite Welsfilet | 250 g Lachsfilet | 50 g mittel-scharfer Senf | 500 g Rucola | 250 g Parmesan | Salz | 1 kleines Bund Dill | Frischhaltefolie | Alufolie

Limetten-Minze-Vinaigrette: Zesten von 5 Limetten und 1 Zitrone | Saft von 5 Limetten und 1 Zitrone | 1 Knoblauchzehe | 10 Blätter Minze | 1 TL Senf | 2 cl Weinbrand | 2 cl Minzsirup | 2 cl Vanille-sirup | 100 g Zucker

Das Ganze mit dem Pürierstab mixen.

ZUBEREITUNG

Zuerst den Dill waschen und klein schneiden. Anschließend ein circa 50 cm langes Stück Frischhaltefolie auf der Arbeitsfläche ausbreiten und das Welsfilet darauflegen. Das Filet nun von der Mitte an, von beiden Seiten nach außen hin aufschneiden und aufklappen. Den Wels mit dem Senf bestreichen und die geschnittenen Dillspitzen über die ganze Fläche verteilen.

Das Lachsfilet in fingerdicke Streifen schneiden und in die Mitte des Welsfilets legen.

Die Frischhaltefolie jetzt vorsichtig von oben anheben und einen Bonbon rollen. An beiden Enden der Frischhaltefolie einen Knoten machen, sodass eine lange Rolle entsteht. Das Ganze jetzt in Alufolie einwickeln und über Nacht in die Tiefkühltruhe stellen.

Am nächsten Tag von einer Seite an öffnen, mit einer Aufschnittmaschine in feine Scheiben schneiden und auf einen angewärmten Teller im Kreis anrichten.

In die Mitte ein Rucolabukett setzen und alles mit der Limetten-Minz-Vinaigrette beträufeln. Parmesan reiben und darüber streuen.

LAMMKEULE IM WIESENHEU GEGART

Dorfgasthof Deutsches Haus, Seite 234

ZUTATEN für 4 Personen

1 Lammkeule von etwa 1 kg | 5 Knoblauchzehen | 50 g gemischte getrocknete Kräuter (Thymian, Majoran, Rosmarin, Oregano) | 50 ml Rapsöl | Salz und schwarzer Pfeffer

ZUBEREITUNG

Die Keule unter fließendem Wasser waschen und trockentupfen.

Die Knoblauchzehen abziehen, durch die Knoblauchpresse drücken und mit dem Öl, Kräutern und Gewürzen verrühren und das gewürzte Öl rundherum in die Lammkeule einmassieren.

Den Römertopf eine Stunde wässern, danach den Topf mit Wiesenheu auslegen, die gewürzte Keule darin betten und den Römertopf schließen.

Bei 180 °C im vorgeheizten Backofen 1 Stunde, dann weitere 2 Stunden bei 80 °C garen.

ANRICHTEN

Die Lammkeule im Topf präsentieren und den Deckel vor dem Gast erst am Tisch lupfen.

Das Fleisch vom Knochen weg in Scheiben schneiden, auf eine Platte anrichten und servieren.

Als Beilage reichen wir Grüne Bohnen mit Knoblauchmayonnaise, Kartoffelpuffer aus sehr groben Kartoffelraspeln gefertigt und Thymiansoße.

CARPACCIO VON DER ROTEN BETE, CUBE VOM FJORDLACHS AN MEERRETTICH-SCHAUMSOSSE

Café Knatter, Seite 236

ZUTATEN für 4 Personen

500 g Lachsfilet | 400 g Rote Bete | 150 g Mehl | 400 g verschiedene Sorten Blattsalat | 100 g Sprossen | 40 ml weißen Balsamico | 80 ml Olivenöl | 30 g Honig | 400 g Meerrettich | 100 ml Sahne | Salz und weißer Pfeffer zum Abschmecken

ZUBEREITUNG

Lachsfilet melieren und braten. Rote Bete kochen, schälen und in dünne Scheiben schneiden. Salate waschen und zur Hälfte zupfen, den Rest in feine Streifen schneiden.

Soße: Sahne kurz aufkochen, Meerrettich dazu, mit Salz und Pfeffer abschmecken und mit dem Mixstab aufschäumen.
Vinaigrette: Balsamico, Olivenöl und Honig zusammenrühren.

ANRICHTEN

Vinaigrette mit Blattsalat vermengen; Rote-Bete-Carpaccio auf Teller Anrichten; Lachsstreifen daneben und etwas Salat oben drauf setzen. Den Meerrettichschaum über die Rote Bete geben.

KONFIERTE KALBSLEBER MIT APFELCHUTNEY, KARTOFFELPAPIER, ZWIEBELESPUMA UND BACONSOSSE

Ostseeblick, Seite 240

ZUTATEN für 6 Personen

Zwiebelespuma: 200 ml Sahne | 100 ml Geflügelfond | 50 ml Weißwein | 2 Zwiebeln | 5 Schalotten | 7 Scheiben Lardo
Kalbsleber: 500 g Kalbsleber | 1 Orange | 1 Thymian | 1 Rosmarin | Sel Rose
Apfelchutney: 6 Äpfel | Sternanis | Kumin | Five Spice Gewürz | 40 g Zucker
Baconsoße: 50 g Bacon | 3 Schalotten | 7 Scheiben Lardo | 50 ml Apfelsaft | 50 ml Rotwein | 150 ml Kalbsfond

ZUBEREITUNG

Kalbsleber: 12 Stunden mit Kräutern, Orangenzesten und Salz marinieren. Danach in neutralem Öl bei 65 °C 24 Stunden lang garen.
Apfelchutney: Äpfel im Ganzen im Backofen bei 150°C garen, danach die Schale entfernen. Zucker im Topf schmelzen lassen, bis er eine leicht hellbraune Farbe annimmt, dann Sternanis, Kumin, Five Spice Gewürz und die gegarten Äpfel hinzugeben.
Zwiebelespuma: Schalotten in Butter anschwitzen, Lardo Speck zugeben, mit Weißwein und Geflügelfond ablöschen, salzen und pfeffern, Sahne hinzufügen.
Kartoffelpapier: Kartoffeln kochen, pürieren, durch ein feines Haarsieb pressen. Mit Curry und Salz abschmecken und zwischen zwei Backpapierblättchen mit dem Nudelholz dünn ausrollen. 12 Stunden lang bei 100 °C im Ofen trocknen.
Baconsoße: Bacon, Schalotten, Lardo und Bohnenkraut in Nussöl garen, mit Apfelsaft, Rotwein und Kalbsfond ablöschen, auf die Hälfte reduzieren, dann passieren.

REZEPTE

STEINBUTTFILET MIT HUMMERHAUBE, KAISER-GRANATRAVIOLI & ERBSENMOUSSELINE
Romantikhotel Esplanade, Seite 244

ZUTATEN für 4 Personen

4 Kaisergranat | 1 Hummer | 300 g Farce | 800 g Steinbuttfilet | 500 g Erbsen | 100 g Butter | 200 g Spinat | 300 g Mehl | 10 Eigelb | 1 EL Olivenöl | Salz | Safran | Sepiafarbe

ZUBEREITUNG

Nudelteig: Je fünf Eigelb mit Safran und Sepiafarbe verrühren, jeweils 150 g Mehl und eine Prise Salz zugeben und zu einem glatten Teig kneten. 30 Minuten im Kühlschrank ruhen lassen.
Spinat kurz blanchieren und auf einem Tuch zu einer lückenlosen Matte legen. Hummer 4 Minuten in siedendem Wasser garen, anschließend kurz in Eiswasser geben und ausbrechen. Dann Hummer säubern, Schwanz längs halbieren. Auf die Spinatmatte etwa ein Viertel der gesamten Farce dünn aufstreichen, darauf je eine Hummerschwanzhälfte und eine Schere (mit Farce bestrichen) paarweise aneinanderreihen. Das Ganze zu einer Roulade rollen. Erbsen in Butter anschwenken, salzen, fein pürieren und durch ein feines Sieb streichen.
Nudelteige gleichmäßig ausrollen. Den schwarzen Teig in etwa 5 Millimeter breite Streifen schneiden und in ebenso breiten Abständen auf den gelben Teig legen. Beides nochmals dünn ausrollen. Kaisergranat ausbrechen und von Darm befreien. 2 Esslöffel Farce mit Schnittlauch, Salz und Pfeffer würzen. Nudelteig mit Eigelb bestreichen und auf eine Hälfte gleichmäßig verteilt vier Kleckse der Schnittlauchfarce (Abstand 10 Zentimeter) geben. Kaisergranatschwänze um die Farce drapieren und mit der zweiten Teighälfte abdecken. Zwischen den Füllungen nochmals den Teig kurz andrücken und dann vier Ravioli ausstechen, in gesalzenem Wasser vier Minuten garen.
Steinbuttfilet würzen und in vier gleich große Teile schneiden. Hummerroulade in dünne Scheiben schneiden und je zwei Scheiben auf ein Steinbuttfilet legen. Die gedeckten Filets mit Wein und Wasser bei 160 °C circa 8–10 Minuten garen. Das Erbsenmousseline nochmals erhitzen und abschmecken.

VARIATION VON DER TOPINAMBUR
Romantik Seehotel Ahlbecker Hof, Seite 248

ZUTATEN für 4 Personen

500 g Topinambur | 200 g Butter | 0,2 L Sahne | 4 cl weißer Portwein | 30 g Schalotten | 1 Ei | Semmelbrösel | gehackte Petersilie | Balsamico | Essig | Salz | Pfeffer | Muskatblüte | Szechuan Pfeffer | Zucker

ZUBEREITUNG

Topinambur dünn schälen und mit einem Kugelausstecher 8 gleich große Bällchen ausstechen. Den Rest der Topinambur in etwas Brühe weich kochen. Wenn die Brühe verkocht ist, die Topinambur mit etwas Butter zu einem Püree verarbeiten. Drei Viertel des Pürees mit etwas Balsamessig und Salz würzen und bereit stellen. Ein Viertel des Pürees mit Schalottenwürfeln anschwitzen und mit Portwein ablöschen, mit Brühe auffüllen. Die Soße mit Muskatblüte und Salz würzen, danach mit einem Stabmixer schaumig aufschlagen.
Die 8 Kugeln in Brühe etwa 2 Minuten einblanchieren. Dann 4 Kugeln in kleine Weckgläser legen und mit geschäumter Butter auffüllen, bis sie leicht bedeckt sind. Mit Szechuan Pfeffer und Salz würzen. Circa 20 Minuten bei 100 °C im Ofen confieren.
Aus Petersilie und Semmelbrösel eine grüne Panade im Mixer erstellen. Die letzten 4 Kugeln im Ei wenden, panieren und im Butterfett frittieren.

FEURIGE JAKOBSMUSCHELN IM SPECKMANTEL MIT KNOBLAUCH-ERBS-PÜREE UND SALBEI-BUTTER

Hangar10, Seite 250

ZUTATEN

2 Knoblauchzehen | 3 EL Olivenöl | 175 g tiefgefrorene Erbsen | Salz | 150 g Butter | frisch gemahlener schwarzer Pfeffer | Fleisch von 8 mittelgroßen Jakobsmuscheln | 1 TL Cayennepfeffer | 8 Streifen Schinkenspeck | 10 kleine Salbeiblätter | Saft von einer halben Zitrone

ZUBEREITUNG

Den Backofen auf 200 °C vorheizen. Die ungeschälten Knoblauchzehen auf ein Backblech legen, mit Öl beträufeln und im heißen Ofen 15–20 Minuten backen, bis sie leicht angebräunt und sehr weich sind. Das Blech aus dem Ofen nehmen, den Knoblauch abkühlen lassen, dann die Zehen aus der Schale drücken und in den Mixer geben. Die Erbsen in Salzwasser gar kochen, abgießen, gut abtropfen lassen und zusammen mit 25 g Butter ebenfalls in den Mixer geben. Mit Salz und Pfeffer würzen und die Zutaten seidig-glatt pürieren. Das Knoblauch-Erbs-Püree warm halten.
Das Muschelfleisch großzügig mit Cayennepfeffer sowie mit etwas Salz bestreuen, dann mit dem Schinkenspeck umwickeln und diesen mit einem Zahnstocher befestigen. Die umwickelten Muscheln in eine Grillpfanne legen und leicht braten bis der Speck knusprig ist und das Muschelfleisch gerade gar ist. Etwas Erbspüree auf jeden Teller geben und jeweils zwei Muscheln im Speckmantel darauf setzen. Eine kleine Pfanne stark erhitzen, die restliche Butter hineingeben und aufschäumen lassen, bis sie nussig ist. Die Salbeiblätter und den Zitronensaft in die Butter geben und dann die Butter um und über die Muscheln gießen.

WILDGULASCH MIT ROSENKOHL & KARTOFFELKLÖSSEN

Wasserschloss Mellenthin, Seite 254

ZUTATEN für 4 Personen

Wildgulasch: 1 kg Wildfleisch, z. B. Wildschwein oder Damwild (zu Gulasch geschnitten) | 1 Knoblauchzehe | 2 große Zwiebeln | 1 Pck. Suppengemüse (Porree, Möhren, Sellerie) | 1 EL Senf | 1 EL Tomatenmark | 1 Spritzer Tabasco | Salz und Pfeffer | 250 ml Rotwein | 500 ml Wildfond | Olivenöl
Rosenkohl: 500 g Rosenkohl (TK) | 20 g Kräuterbutter | 20 g Knoblauchbutter | 20 g Butter | Salz | Muskat
Kartoffelklöße: 1 kg Kartoffeln | 80 g Butter | 1 Ei | 200 g Kartoffelmehl

ZUBEREITUNG

Das Fleisch in Olivenöl scharf anbraten. Die klein geschnittenen Zwiebeln, das Suppengemüse und den Knoblauch dazugeben und kurz mit anbraten, mit Salz, Pfeffer und Tabasco würzen, den Senf und das Tomatenmark dazugeben und kurz mitrösten. Danach mit Rotwein ablöschen und einreduzieren lassen. Den Wildfond dazugeben, zugedeckt köcheln lassen, bis das Fleisch weich ist, dann offen bis zur gewünschten Konsistenz einköcheln lassen, vor dem Servieren noch einmal abschmecken.
Rosenkohl kochen. Anschließend abgießen. In der Zwischenzeit in einer Pfanne Kräuterbutter, Knoblauchbutter und Butter schmelzen. Anschließend den Rosenkohl zugeben und langsam darin braten. Mit Salz und Muskatnuss nach Belieben würzen.
Kartoffeln gar kochen, durch eine Kartoffelquetsche drücken und mit zerlassener Butter, Ei und Kartoffelmehl vermengen. Aus dem Teig portionsgerechte Klöße formen und in reichlich heißem aber nicht kochendem Salzwasser solange ziehen lassen, bis sie von selbst an die Wasseroberfläche aufsteigen.

OSTVORPOMMERN ZWISCHEN RYCKNIEDERUNG, PEENETAL UND STETTINER HAFF

Kirchen, Kormorane, Koppeln

Dass Greifswald dem von Stralsund kommenden Reisenden noch immer das jahrundertealte Panorana zeigt, ist vor allem dem sumpfigen Wiesenland der Ryckniederung zu verdanken. Ein hoher Himmel wölbt sich über den Kirchtürmen der Stadt, etwa so, wie sie einst ihr berühmtester Sohn, Caspar David Friedrich gemalt hat.

Im Nordostmecklenburgischen Tiefland und dem Oderhaffgebiet südlich der alten Hanse- und Universitätsstadt erstreckt sich mit einer Fläche von 33 400 Hektar der 2011 gegründete Naturpark Flusslandschaft Peenetal. Die Peene, der drittlängste Fluss Mecklenburg-Vorpommerns, zählt zu den schönsten Tieflandflüssen Europas, doch ist das Peenetal noch immer weitgehend unbekannt. Obwohl der Eden-Award, der die Flusstäler Vorpommerns 2010 zu den exzellenten Reisezielen in Europa kürte, mehr Urlauber bescherte, blüht diese

Landschaft touristisch noch immer weitgehend im Verborgenen. Um diese Region nachhaltig und umweltschonend zu vermarkten, haben sich lokale Touristikanbieter zum Netzwerk „Abenteuer Flusslandschaft" zusammengetan und organisieren komplette Touren über Wasser und Land, mit Paddel- und Bungalow-Booten, mit Floß und Fahrrad. An den Ufern des Peenestrom erstreckt sich das Naturschutzgebiet Anklamer Stadtbruch, Deutschlands größtes Moorwiedervernässungsgebiet. Biberspuren an geknickten Bäumen. Schwäne brüten auf einer Grasinsel. Seeadler kreisen am Himmel. Im alten Durchströmungsmoor zwischen Kamp, Bugewitz, Rosengarten und dem Stettiner Haff leben mehr als hundert Vogelarten, auch Tüpfelsumpfhuhn und Wachtelkönig, Uferschnepfe und Kampfläufer. Deiche führen durch eine Landschaft, die seit dem 17. Jahrhundert nutzbar gemacht wurde. Noch bis 1945 hat man hier Torf gestochen. 1995 brach eine Sturmflut die Dämme. Drei Jahre später wurde die Nutzung des Stadtbruchs eingestellt. Heute stehen Erlen- und Birkenbruchwald unter Wasser. Pommersche Everglades. Ein Abstecher über die ehemalige Bahnlinie Ducherow–Swinemünde führt durch die nun nassen Peenewiesen zur Rosenhäger Beck. In den entlaubten Ästen der vom Kot schneeweißen Baumkronen hat sich eine der größten Kormoran-Kolonien Deutschlands eingenistet. Ein Stück weiter südöstlich liegt Ueckermünde am Stettiner Haff. Einst Teil der Ostsee, trennt

es als flache Lagune die Inseln Usedom und Wollin vom Festland und ist größer als der Bodensee. 277 Quadratmeter davon sind deutsch, 410 polnisch. Vor der Stadt liegt ein Märchenwald. Blaubeerstauden schäumen zwischen uralten Wacholderbäumen. Man findet Koppeln, vertorfte Moore, Wiesen, kleine Seen. Menschen trifft man kaum. Hinter dem Wacholdertal des Naturparks am Stettiner Haff liegen die Altwarper Binnendünen, nacheiszeitliche Sandhügel, umflattert von einigen der mehr als 350 heimischen Schmetterlingsarten.

AUSTERN UND OCHSENSCHULTER

Tom Heinrichs geniale Symbiose von gehobener Gastronomie und Großmutters Küche

Zur Eröffnung des Restaurants „Tischlerei" am Greifswalder Yachthafen hatte Tom Heinrich einen klaren Küchenplan: „Hier koche ich nur so, wie ich es mag." Gesagt, getan, denn Tom Heinrich wusste, worauf er sich verlassen kann: auf seine Erfahrungen. Schon am Holzofenherd der Großmutter, umweht vom „besten Schmorbraten der Welt" be-

schloss der gebürtige Greifswalder, Koch zu werden. Nach seiner Lehre in Westfalen machte er sich auf den Weg durch verschiedene Sterne-Restaurants, der ihn von Düsseldorf über Essen und Berlin bis nach Los Angeles und über das Gutshaus Stolpe wieder in die Heimat Greifswald führte. Vor allem in Deutschland war ihm der langjährige Küchen-

RESTAURANT TISCHLEREI
Tom Heinrich
Salinenstrasse 22
17489 Greifswald
Tel. 0 38 34 / 88 48 48
Fax 0 38 34 / 88 48 47
restaurant-tischlerei@web.de

chef vom Essen-Kettwiger Nobelrestaurant „Résidence" Henri Bach sowohl fachlich als auch menschlich ein Vorbild. Die große Chance zur Selbstständigkeit sollte Tom Heinrich dann 2006 durch den Yachtbauer M. Schmidt bekommen, der die ehemalige Tischlerei am Fluss Ryck zum Restaurant umbauen ließ und den jungen Koch engagierte. Seitdem ist Tom Heinrich seinem Prinzip vom Kochen im Spannungsbogen zwischen edel und einfach treu geblieben. Als Speisekarte dient ihm die Tafel über dem großen Kamin. Mit einem Wisch lässt sie sich rasch nach dem jeweiligen Angebot an Frischeprodukten aktualisieren. Die langen Tische in der ehemaligen Tischlerei und auf der Terrasse am Kai, mit Blick auf Yachten, Speicher und Marienkirche sind gut besetzt. Das Ambiente ist so klar und linear wie Heinrichs Küche. Bei Gerichten wie Blutwurst vom Berliner „Blutwurstritter" Marcus Benser, Thunfisch-Sashimi, Côte de Boeuf und Jakobsmuscheln treffen sich die Gäste gerne in der „Tischlerei". Selbst die gute alte Soljanka wird bei Tom Heinrich zur Delikatesse. Auch der Napfkuchen mit hauchzarter Zuckerkruste und dem exotischen Aroma der Tonkabohne ist besonders wohlgelungen.

VOM GRAUEN KLOSTER ZUM MUSEUM DES 21. JAHRHUNDERTS

Geschichte des südlichen Ostseeraums und große Kunst erleben

Quarkpfannkuchen mit
Blaubeeren auf Preiselbeer-
Sabayon und Ananas-
Süßdolden-Eis
*Dieses Rezept finden Sie
auf der Seite 296*

Das Pommersche Landesmuseum in der alten Hanse- und Universitätsstadt Greifswald ist eines der sowohl architektonisch als auch inhaltlich interessantesten Museen des Landes. Weiß leuchtet die elegante Fassade des klassizistischen Hauptgebäudes, das 1793 als Stadtschule unter der Regie von niemand Geringerem als J. G. Quistorp, dem Zeichenlehrer des großen Romantikers Caspar David Friedrich, auf den Fundamenten des einstigen Franziskanerklosters erbaut wurde. Eine lichtdurchflutete, gläserne Museumshalle verbindet heute den Quistorp-Bau mit dem historischen Komplex um die Klosterbibliothek. Seit 2005 bieten insgesamt sechs Häuser spannenden Raum für die pommersche Landeskunde und Kulturgeschichte, für die die Ernst-Moritz-Arndt-Universität, eine der ältesten akademischen Bildungsstätten in Europa, wertvolle Kunstschätze einbrachte, so auch den monumentalen, über 450 Jahre alten Croy-Teppich des Herzogs Philipp I. von Pommern-Wolgast. Die Jahrmillionen weite Geschichtsreise beginnt in den Gewölberäumen des Grauen Klosters. Sie dokumentiert 14 000 Jahre Menschheitsgeschichte an der südlichen Ostseeküste und führt seit 2010 im Obergeschoss

POMMERSCHES
LANDESMUSEUM
*Rakower Straße 9
17489 Greifswald
Tel. 038 34 / 83 12 0
Fax 0 38 34 / 83 12 11
www.pommersches-
landesmuseum.de
info@pommersches-
landesmuseum.de*

Pommersches Landesmuseum

auch zu 1 200 Exponaten der 200 Jahre währendden Schwedenzeit bis hin zur wilhelminischen Bäderepoche. Der Geschichte Pommerns gemäß, das seit Ende des Zweiten Weltkrieges zum Teil in Polen liegt, gehören bilaterale Kulturprojekte mit den Nachbarländern zu den wichtigsten Aufgaben des Museums. Überregional bedeutsam ist das Pommersche Landesmuseum auch durch seine Gemäldesammlung mit Werken vom späten 18. bis ins frühe 20. Jahrhundert. Neben Adolf von Menzel, Vincent van Gogh und Max Liebermann sind hier vor allem die Romantiker wie Philipp Otto Runge und Carl Blechen, vor allem aber der wohl berühmteste Sohn der Stadt Caspar David Friedrich, mit großartigen Werken vertreten. Auch kulinarisch bietet das Pommersche Landesmuseum hohe Kunst. Stefan Frank, Kerstin Rehfeldt und das Team des Gourmetrestaurants und Cafés „Le Croy" bewirteten bereits die schwedische Königin Silvia und den ehemaligen Bundespräsidenten Horst Köhler. Die moderne deutsche Küche, vornehmlich aus heimischen Produkten, belohnte Gault Millau mit 15 Punkten.

GOURMANDIE IM WIECKER HAFENIDYLL

Büttners bieten Frischeküche auf höchstem Niveau

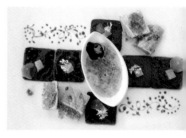

Kürbis Creme Brûlée
mit marinierter Rote Bete
und Thunfisch
*Dieses Rezept finden Sie
auf der Seite 296*

Der kleine, denkmalgeschützte alte Fischerort Wieck an der Mündung des Flüsschens Ryck in den Greifswalder Bodden ist mit seinen reetgedeckten Häusern, blühenden Gärten und der historischen Zugbrücke ein beliebtes Ausflugsziel der Greifswalder. In einem weißen Haus an der Hafenmole haben sich Antje und Ines Büttner den langgehegten Traum von der Selbstständigkeit erfüllt. Ihr Handwerk lernte die gebürtige Greifswalderin Antje Büttner bei Starkoch Kolja Kleeberg im Berliner Gourmetrestaurant VAU. Weitere Erfahrungen sammelte sie bei Sterne-Koch Stefan Hartmann und bei Andreas Loch-

ner im Paris-Moskau. Im noblen Ahlbecker Hof auf Usedom traf sie auf ihre Partnerin Ines, bald wurde aus den beiden ein Team, das die kulinarische Szene im Norden mit einem der spannendsten neuen Restaurants der Region bereicherte, wie auch der Feinschmecker jubiliert. Der Michelin verlieh dem 2011 eröffneten gastlichen Haus schon nach einem Jahr den Bib Gourmand für das faire Preis-Leistungsverhältnis. Das Konzept ihrer modernen, naturverbundenen Küche spiegelt sich im lichten Ambiente des renovierten Restaurants wider. Auf den Tischen frische Blumen, an den Wänden selbstfotografierte Landschaften Mecklenburg-Vorpommerns. Der Name des Hauses ist so familiär wie der Umgang mit den Gästen, von denen viele gerne immer wieder kommen. Im Sommer sollte man sich unbedingt einen Platz reservieren, um in den Genuss der „Aromen zu kommen, die Emotionen bewegen", wie Antje Büttner das Geheimnis hiesiger Kochkunst auf den Punkt bringt. Für ihre Frischeküche holen die Büttners die Produkte zumeist direkt von regionalen Erzeugern, doch neben Bodden-Zander erfreuen sie gerne auch mit Thunfisch den Gaumen. Virtuos spielen sie mit regionalen Klassikern. Der geschmorte Schweinebauch liegt mehrere Tage in einer Beize aus Gewürzen und Kräutern, um dann hauchzart und zugleich kross einmal mit Birnen, Bohnen und Speck, ein anderes Mal mit Jakobsmuscheln serviert zu werden. Konkurrenzlos sind Büttners hausgemachte Pasta und das Eis aus Butter.

RESTAURANT BÜTTNERS
Antje Büttner
*Am Hafen 1a
17493 Greifswald-Wieck
Tel. 03 834 / 8 87 07 37
Fax 03 834 / 8 87 07 38
www.buettners-restaurant.de
info@buettners-restaurant.de*

SCHLEMMERTOUR UNTER WEISSEN SEGELN

Kapitänin Jane Bothe steuert das segelnde Fahrgastschiff Weisse Düne

Tomate-Apfel-Aufstrich
*Dieses Rezept finden Sie
auf der Seite 297*

Schon mit 13 Jahren ist Jane Bothe gesegelt – über den Berliner Wannsee und auf alten holländischen Plattbodenschiffen über das niederländische Wattenmeer. Auch die Weiße Düne ist ein altes Plattbodenschiff, weiß vom Bug bis zu den Segeln und, weil kiellos, unten eben ganz platt. Der Laderaum des 1909 in Meppel als „Klara Katharina" erbauten Frachtenseglers, der noch bis 1999 Schrott, Briketts und Steine vom Rheinland über das Ruhrgebiet bis zur Küste und den Inseln der Nordsee transportierte, ist geräumig. Im Jahr 2000 auf einer Spezialwerft im niederländischen Harlingen zu einem exklusiven Traditions-Segelschoner liebevoll zurückgebaut, bietet es heute Platz für sechs Kajüten mit 20 Kojen. In dem mit Messing und Mahagoni edel maritim ausgestatteten Tagesraum mit gut bestückter Bar können sich 48 Mitsegler vergnügen. Seit 2001 als Topsegelschoner getakelt, könnte Kapitänin Jane Bothe, die auf der traditionellen Enkuizer Zeevaartschool in

WEISSE DÜNE
SEGELTOUREN
Jane und Detlef Bothe
*Lange Str. 52, 17489 Greifswald
Tel. 03 834 / 231 0801
Fax 03 834 / 231 0802
www.weisse-duene.com
kontakt@weisse-duene.com*

Holland ihr Kapitänspatent für die Küsten- und Binnenschifffahrt erworben hat, das Schiff ganz allein mit ihrem Mann Detlef über das Wasser führen, doch hat sie die Weiße Düne der Geselligkeit geweiht. Während die Ausflugsgäste an Deck freiwillig mit Hand anlegen oder sich einfach nur dem Genuss hingeben, sorgt der Schiffskoch in der Kombüse für das leibliche Wohl. „Schlemmertour" nennt sich das individuelle Tagesprogramm, das maritimes Flair mit kulinarischem Genuss verbindet – bodenständig und geradlinig wie frisch gebackenes Brot mit Heringsbutter und roten Zwiebeln. Aber auch längere Gruppenfahrten sind buchbar, ob mit der Familie oder der Firma. Kapitänin Jane nimmt jeden, den die Sehnsucht nach Wind, Wellen und Weite packt, mit in alte Zeiten und erzählt die Geschichte des Schiffes. Dazu gibt es eine kleine Nautik- und Knotenkunde. Seefahrtsromantik hautnah. Schon wer sein Ticket im Weisse Düne Laden und Buchungsbüro abholt, taucht im kleinen Laden voll maritimer Souvenirs und Geschenkideen in die Welt der Segelschifffahrt ein.

LERNEN UND LOGIEREN IM GRÜNEN

Bio schon zum Frühstück

Die Region um Züssow erstreckt sich südlich der Hanse- und Universitätsstadt Greifswald über weite Felder und Flure, an zahlreichen Gutshäusern, Dörfern und großen Waldgebieten vorbei bis hinein ins naturbelassene Peenetal. Viele kennen Züssow nur als Umsteigestation auf der Reise nach Usedom. Doch immer mehr Urlauber, vor allem Radfahrer, entdecken den stillen Winkel zwischen Stadtleben und Strandtrubel und verweilen gerne einige Tage im BIO-

BIO-TAGUNGSHOTEL WICHERNHAUS
Pommerscher Diakonieverein
Gustav-Jahn-Str. 6, 17495 Züssow
Tel.: 038355 / 670
Fax: 038355 / 649-499
www.tagungshotel-wichernhaus.de
wichernhaus@pommerscher-diakonieverein.de

Tagunsghotel Wichernhaus, das seit dem Jahr 2011 nach ökologischen Richtlinien komplett modernisierte Ein- und Zweibett-Zimmer sowohl für Tagungsgäste als auch für Individualreisende bereithält. Fußbodenbeläge aus Ziegenhaar bringen Farbe in die lichten Räume, an den Wänden hängen Schwarz-Weiß-Bilder der Landschaft Mecklenburg-Vorpommerns. Nichts lässt vermuten, dass dieses nach dem Theologen, Lehrer, Begründer der Inneren Mission der Evangelischen Kirche und Gefängnisreformer Johann Hinrich Wichern benannte Haus bereits über 60 Jahre alt ist. Einst wohnten in ihm die Witwen der Pfarrer und Diakone, 1995 wurde es zur Tagungs- und Bildungsstätte mit Übernachtungsmöglichkeiten umgebaut, heute wird es als modernes BIO-Tagungshotel von acht Fachkräften und 15 Menschen mit Behinderung im Rahmen der beruflichen Rehabilitation bewirtschaftet. Der Wind in den Wipfeln der alten Parkbäume vor den Fenstern singt den Gästen das Wiegenlied; Vogelgesang sorgt für heiteres Erwachen, das Frühstück für einen gesunden Tagesbeginn. Auf den Tisch dieses Hauses kommen nur hochwertige Erzeugnisse aus der Region, vor allem aber aus

dem eigenen biologischen Anbau und der gegenüberliegenden Ostseeländer Schau-Käserei. Ganz Bio sind auch die Büfetts für Tagungen und für besondere festliche Anlässe, denn dieses Hotel ist Teil der vom Pommerschen Diakonieverein betriebenen Ostseeländer Biowelt.

OSTSEELÄNDER BIOWELT

Gemüse, Käse und Wurst aus eigener Produktion

Gegenüber dem BIOTagungshotel Wichernhaus hat der Pommersche Diakonieverein seine eigene Biowelt erschaffen. Die Ostseeländer Biowelt, verkehrsgünstig an der B 111, der Zufahrtsstrecke nach Usedom, gelegen, verlockt sieben Tage in der Woche Einheimische aber auch viele Urlauber zum Zwischenstopp. Aus dem Plan, den Ferienvorrat mit frischen und gesunden Lebensmitteln rasch noch einmal aufzufüllen, wird dann oft ein ausgiebiger Aufenthalt. Es duftet nach hausgebackenem Blechkuchen, nach frischen Kräutern und würziger Lammsalami. Alles, was es hier im Hofladen zu kaufen und im Hofcafé und auf der Sommerterrasse zu kosten gibt, stammt aus ökologischer Landwirtschaft. Zu dem Ostseeländer Bio-Bauernhof gehören mehr als 40 Mutterschafe und ungezählte Lämmer, 700 Enten und 300 Hühner, die hier nicht nur artgerecht gehalten (mindestens vier Quadratmeter pro Henne)

Ostseeländer Greuntüüchrull mit Pimpkees (auf hochdeutsch: Grünzeugrolle mit Quark)
Dieses Rezept finden Sie auf der Seite 297

sondern auch sorgfältig geschlachtet und verarbeitet werden. Die ostfriesischen Schafe werden von Mai bis Oktober gleich neben der Käserei gemolken. Auch bei der Zubereitung der etwa 20 verschiedenen Ostseeländer-Käsesorten, zum Teil auch aus Kuhmilch, kann man durch die große Glaswand im Hofladen zuschauen und den Vorgang von der Pasteurisierung bis zur Trennung von Molke und Käse verfolgen. Steffen Arndt, der Leiter der Käsemanufaktur, empfiehlt auch gerne die Molke, die als erfrischendes Getränk durch körpereigene Eiweiße den Appetit reduzieren und zugleich die Lebensfreude steigern soll. Mit den Arbeitsplätzen in den Ställen, in der Gärtnerei, der Käserei und im Hofladen schafft der Pommersche Diakonieverein anspruchsvolle und wertschätzende Angebote für Menschen mit Behinderung. Sie sind stolz auf ihre Produkte bester Bio-Qualität. Die Regale des Hofladens sind gefüllt mit Käse, Milch- und Geflügelprodukten, mit Wurst und Fleisch, Brotaufstrichen, Säften, frischen Kräutern, Salaten, Gemüse und sogar mit Schnittblumen.

OSTSEELÄNDER BIOWELT
Pommerscher Diakonieverein
Gustav-Jahn-Straße
17495 Züssow
Tel. 03 83 55 / 68 98 28
Fax 03 83 55 / 68 98 29
www.ostseelaender-zuessow.de

HANDGESCHÖPFTER TAFELSCHMUCK

Wo Gräser zu Papier und Bäume zu Buchstaben werden

Das Schöpfen von Papier ist ein uraltes Handwerk, das von China und Japan aus seinen Weg bereits im 11. Jahrhundert nach Europa fand. Doch erst die Erfindung des Buchdrucks ließ den Bedarf an Papier rasant ansteigen. Längst wurde aus der Notwendigkeit eine Kunst, auch für die Malerin und Papierkünstlerin Kristine Kautz, die noch zu DDR-Zeiten aus Mangel an qualitätvollem Mal- und Zeichenpapier sich ihr Papier selbst schöpfte. Auch in Zeiten des Überflusses hält sie nun diese überkommene Handwerkskunst hoch, an ihrer Seite Brigitte Biedermann, die sich inzwischen hervorragend auf die Kunst des Buchbindens versteht. Aus handgeschöpften Papieren entstehen in dem ehemaligen Schafstall des Schlosses Wrangelsburg kleine Bücher und große Alben, ganz nach Kundenwunsch. Ob Weihnachtsbaumkugeln, Tafelschmuck, Menükarten oder Tischkärtchen – die Fantasie der beiden Künstlerinnen ist beinahe grenzenlos. Mit selbstgefertigten Holzbuchstaben bedrucken sie beispielsweise Spruch- und Speisekarten. Damit das alte Handwerk in Wrangelsburg lebendig bleiben kann, organisierte Kristine Kautz bereits 1994 in ihrer damaligen Funktion als Bürgermeisterin Fördergelder für den Ausbau des Wrangelsburger Schlosses und gründete den Verein, der seit 2002 in dem inzwischen mit Hilfe von Leader-plus sanierten Schafstall Werkstatträume und Verkaufsgalerie hat. Neben eigenen Kreationen bietet der Verein nun auch Seminare sowohl in der Herstellung von Holzlettern als auch von Papier an. Gerade der jungen Computergeneration erscheint es wie ein Wunder, wenn unter ihren Händen faserige und zellulosereiche Pflanzen wie Heu, Schilf, Stroh oder Rhabarber, mit Baumwolle gemischt, zu kunstvollem Papier werden, ganz ohne künstliche Zusatzstoffe. Im Sommer ist Wrangelsburg mit Schlosspark und Papiermanufaktur ein schönes Ausflugsziel. Bei Kaffee und Kuchen kann man dann jeden Tag der Künstlerin und Kunsthandwerkerin über die Schulter sehen.

PAPIERMANUFAKTUR
WRANGELSBURG
Papier und Druck e.V.
Schlossplatz 5
17495 Wrangelsburg
Tel. 03 83 55 / 71 780
Fax 03 83 55 / 71 782
www.papier-druck.info
www.kristinekautz.de
papier-druck@t-online.de
kristinekautz@t-online.de

DAS ROMANTISCHE RITTERGUT

Gastronomin Nicola und Förster Lorenz Flierl sind die ideale Besetzung

Wildkräutersalat mit Scampis
*Dieses Rezept finden Sie
auf der Seite 298*

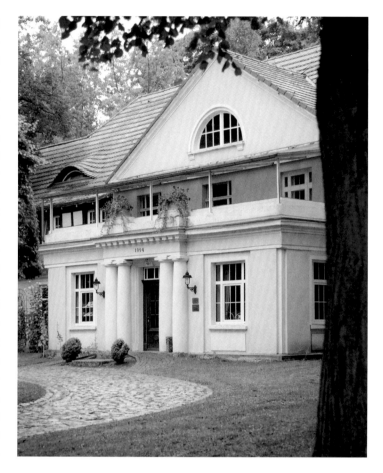

Der Weg zum Romantikhotel Rittergut Bömitz schlängelt sich durch die Weiten der alten Jagdgründe zwischen Peenemoor und Stettiner Haff. Kaum eine Viertelstunde von der Insel Usedom entfernt, jenseits aller Urlaubshektik, liegt das alte Rittergut, das gleichsam heiter und melancholisch, durchaus eine stimmungsvolle Kulisse für die Inszenierung eines Stückes des russischen Dramatikers Anton Tschechow abgeben könnte. Kugelig geschnittene Hainbuchen umringen das kleine Rosenrondell vor dem dreiflügeligen Gutshaus mit klassizistischem Mittelbau. Auch die Wirtschaftsgebäude und Stallungen stammen noch aus der zweiten Hälfte des 18. Jahrhunderts und wurden einst durch den in schwedischen Diensten stehenden Hauptmann von Hertell erbaut. Pferde weiden auf den Wiesen, Störche nisten auf dem Dach, im Herbst kann man die Brunftschreie der Hirsche und das Trompeten der Kraniche hören. Im Laufe der Jahrhunderte wechselte das Haus oft seine Eigentümer. Im Jahr 2006 haben es sich die Münsterländer Gastronomin Nicola

ROMANTIKHOTEL
RITTERGUT BÖMITZ
Nicola Flierl
Dorfstraße 14 , 17390 Bömitz
Tel. 03 97 24 / 22 540
Fax 03 97 24 / 22 541
www.rittergut-boemitz.de
info@rittergut-boemitz.de

und der fränkische Förster Lorenz Flierl zum Lebensmittelpunkt auserkoren – nach langer deutschlandweiter Suche nach einem eigenen kleinen Landhotel. Das Rittergut Bömitz mit der so gemütlichen wie stilvollen „Jägerstube" gefiel ihnen sofort. Viel heimisches Wild aber auch Fisch und Gemüse der Saison bestimmen hier nun die Speisekarte. Obst und Gemüse tragen das Bio-Gütesiegel, genauso auch viele der Fleischprodukte. Kräuter wachsen im eigenen Gutshofgarten und die Äpfel für jährlich 1000 Liter Apfelsaft auf der Streuobstwiese. Brombeeren und Veilchen gedeihen zu aromatischer Marmelade. Das opulente Zitronenhuhn mit Honigfeigen – ein kulinarischer Kick für Zwei – scharte bis zu seinem vorbestimmten Ende glücklich im Sand des benachbarten Hühnerhofs. Kein Wunder, dass aus den Jagdgesellschaften, Dinner-Krimi-Arrangements und Zufallsbesuchen dieses romantischen Hauses längst eine treue Stammgästeschar entstanden ist.

KÖSTLICHKEITEN IM PEENETAL

Stefan Wollerts Küche ist regional – aber anders

Roulade von Scholle
und Ostseelachs auf
Petersiliengraupenrisotto
und jungem Salat
*Dieses Rezept finden Sie
auf der Seite 298*

Im sanften Bogen zieht der drittlängste Fluss Mecklenburg-Vorpommerns Richtung Osten, von breiten Schilfgürteln gesäumt. Keine Schleuse erschwert den Weg. Kein Stau, kein Gegenverkehr. Die Gäste vom Gutshof Liepen gleiten mit dem hoteleigenen Solarboot durch das Wasser, ringsum nichts als meditative Monotonie aus Grün und Blau. Die Peene zählt zu den schönsten Tieflandflüssen Europas, der Eden-Award kürte die Flusstäler Vorpommerns 2010 zu den exzellenten Reisezielen in Europa. Der Gutshof Liepen liegt direkt am Rand dieser naturbelassenen Landschaft, die dem Hotel-Restaurant auch den Namen „Am Peenetal" gab. Hier erwartet Stefan Wollert die Gäste mit einer deftigen, regionalen Küche, die sich allerdings nicht so einfach in ein Schema pressen lässt. „Regional – aber anders" bedeutet hier zum Beispiel Schnitzel vom Wildschwein, grün (mit Kräutern) paniert oder Apfelstrudel mit Holunder und hausgemachtem Birkeneis. Paprikaschoten füllt Stefan Wollert mit Gehacktem vom Hecht. Seine kulinarischen Kreationen sind so überraschend und köstlich, wie der warme Rotwein-Gewürzkuchen mit Glühweinbuttereis und Birnenkompott oder gebratenes Kabeljaufilet auf Fenchel-Stockfischpüree und Limonensoße. Pommersches Wild und pommerscher Fisch wie Dorsch, Scholle,

GUTSHOF LIEPEN
HOTEL & RESTAURANT
AM PEENETAL
Stefan Wollert
*Dorfstraße 31, 17391 Liepen
Tel. 03 97 21 / 56 75 8I
Fax 03 97 21 / 56 79 12
www.gutshof-liepen.de
info@gutshof-liepen.de*

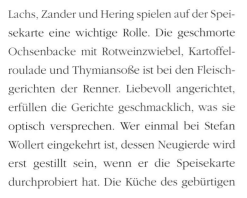

Lachs, Zander und Hering spielen auf der Speisekarte eine wichtige Rolle. Die geschmorte Ochsenbacke mit Rotweinzwiebel, Kartoffelroulade und Thymiansoße ist bei den Fleischgerichten der Renner. Liebevoll angerichtet, erfüllen die Gerichte geschmacklich, was sie optisch versprechen. Wer einmal bei Stefan Wollert eingekehrt ist, dessen Neugierde wird erst gestillt sein, wenn er die Speisekarte durchprobiert hat. Die Küche des gebürtigen Mecklenburgers bleibt spannend bis zum letzten Gericht. Viele der Grundprodukte kommen übrigens aus dem Hotelgarten und machen auch die Bankettküche im großartig zum Festsaal ausgebauten ehemaligen Bullenstall zur Sensation. Leckeres zum Mitnehmen gibt es im kleinen Gutshof-Laden. Und am Abend lockt ein Wannen-Dinner, im sogenannten Dutchtube, unterm Sternenhimmel.

FÜR BEWUSSTEN TEEGENUSS

Norbert und Tino Helm geben Tee authentisches Aroma

Hinter dem Haus von Norbert und Tino Helm erblüht im Sommer ein kleines Stück Provence.

Violett leuchtet der Lavendel, grün die Zitronenverbene, lila die Mauretanische Malve und blau die Moldawische Melisse. Ein irrer Duft von frischen Kräutern liegt in der Luft. Die langen Kräuterreihen gedeihen prächtig auf dem Festland südlich der Insel Usedom, Deutschlands sonnenreichster Region, die sich zugleich besonders gesunder Luft rühmen kann. Seit 2010 pflanzen, ernten und trocknen der Natur- und Landschaftspfleger Norbert Helm und Sohn Tino, studierter Forstwissenschaftler, die blühende Pracht, um damit grünen und schwarzen Tee zu veredeln. Jede ihrer Teekreationen besteht aus dem Basistee und einer Kräutersorte, die dem Getränk ein ganz natürliches Aroma verleiht, zur Freude wahrer Teegenießer. Damit erfüllen sich die beiden leidenschaftlichen Teetrinker auch den Lebenstraum vom selbstständigen Arbeiten in der Natur und nachhaltigem Umgang mit der Landschaft. So erklärt sich denn auch der un-

HELMSGARD
Norbert und Tino Helm
Alt Teterin 26, 17392 Butzow
Tel. 0160 / 97 96 61 74
www.helmsgard.de
info@helmsgard.de

gewöhnliche Name des Familienunternehmens: „Helmsgard ist eine Zusammenführung aus dem alten Familiennamen 'Helm', seit jeher ein Symbol für Schutz und Bewahrung, und dem Wort 'gard', welches in der germanischen als auch slawischen Sprachfamilie seinen Ursprung hat und Garten, Welt oder befestigter Ort bedeutet." In dieser Sinn arbeiten sie auch als Helmsgard-Naturschutzhof mit der Stiftung Umwelt und Naturschutz MV zusammen und widmen sich neben der Kräutergärtnerei der Landschaftspflege. Ihre Wasserbüffel weiden im wiedervernässten Landschaftsschutzgebiet, was dazu beiträgt, die weiträumig monotone Landschaft in mosaikartig zusammengesetzte Biotope zu verwandeln und einzigartige Lebensräume für bedrohte Tier- und Pflanzenarten, die in der vorpommerschen Landschaft immer weniger zu finden sind, zu schaffen.

DER IDENTITÄTSSTIFTER

Der Göttertraum ist ein Pommerscher Pudding mit Pumpernickel

Gefüllter Barsch auf
Spitzkraut mit
Rote-Bete-Creme
*Dieses Rezept finden Sie
auf der Seite 299*

Ueckermünde besitzt das letzte erhaltene pommersche Herzogsschloss und den nordöstlichsten Seehafen Deutschlands. „Die pommersche Küche ist jedoch seit dem Zerfall Pommerns als Kulturraum als Geschmackskosmos nahezu vergessen", sagt Martin Wünscher und sieht durch die großen Fenster zum Stadthafen hinaus. Von hier aus starten die Ausflugsschiffe in das Stettiner Haff, zur Insel Usedom oder in das benachbarte Polen. Martin Wünscher widmet sich, seitdem er 2005 das Hotel seiner Eltern übernommen hat, der pommerschen Küche und beweist, dass diese nicht auf bäuerliche Deftigkeit zu reduzieren ist. In bürgerlichen Stadtvillen und Landadelshäusern Pommerns entwickelte sie unter europäischen Einflüssen ihren ganz eigenen, raffinierten Charakter. Diesen gilt es, neu zu entdecken. Dabei entstehen im „Roten Butt" solch unerwartete Gaumenfreuden wie Kalbsbraten mit Stachelbeeren oder Salzheringssalat mit Rinderbraten, Roter Bete und einer Marinade mit Johannisbeermarmelade. Der süßsaure, wunderbar fruchtige und sahnige Charakter ist das Typische vieler der historisch inspirierten Gerichte. Martin Wünscher gelingt es dabei authentisch und gleichermaßen modern zu sein. Man spürt

HAFENHOTEL
POMMERNYACHT
Martin Wünscher
*Altes Bollwerk 1b
17373 Ueckermünde
Tel. 03 97 71 / 21 50
Fax 03 97 71 / 215 39
www.pommernyacht.de
info@pommernyacht.de*

seine Wurzeln und zugleich die Erfahrungen seiner Wanderjahre, die ihn nach seiner Hotelfachlehre und der Ausbildung zum Koch in Berliner Gourmethäusern zu verschiedenen Sterneköchen führte. Dass Fisch eine herausragende Rolle auf seiner „Pommernkarte" spielt, mag in seinen Genen liegen, der Großvater war Fischer und die Großmutter berühmt für ihre Fischgerichte, sicher aber auch an der Lage des Hauses. Die meisten Fische kommen aus dem Stettiner Haff, wo auch der Lachs sein natürliches Laichgebiet hat. Das nutzt der kreative Küchenmeister für seinen Lachskaviar. Allerdings geht Martin Wünschers Blick auch über den pommerschen Tellerrand hinaus, wobei er sich bei seinen fantasievollen Verknüpfungen mediterraner, asiatischer und regionaler Küche immer frischen, heimischen Produkten verpflichtet fühlt.

IM MAGISCHEN KREIS
DER ZIGARRE

Institution für Tabak, Insel für gute Gespräche

Der Althistoriker und Archäologe Roman Bress und der Betriebswirt Merten Krøhan haben ihre gemeinsame Leidenschaft, das Sammeln und Genießen von Tabakwaren, zum Beruf gemacht. Sie entwickeln eigene Tabak-Kreationen, bieten aber auch Zigarren und Zigarillos von über 300 international bekannten Marken und Formaten aus verschiedensten Provenienzen der ganzen Welt an. Die Havanna-Zigarre – oder Habano – gehört natürlich dazu. Rauchen in Zeiten der Raucherinseln? „Eine gute Zigarre am Feierabend hat noch niemandem geschadet." Für Roman Bress und Merten Krøhan ist sie sogar der Gipfel gemütlichen Genusses. Im magischen Dunst einer hochwertigen Zigarre, ohne künstliche Parfümierungen oder Tabakersatzstoffe, finden sich verwandte Geister zu angeregter Kommunikation. Im getäfelten Hinter-

KRØHAN-BRESS
Roman Bress und Merten Krøhan
Markt 8, 17373 Ueckermünde
Tel. 03 97 71 / 5 97 85
www.kroehanbress.de
mail@kroehanbress.de

stübchen des kleinen Tabakladens am Marktplatz von Ueckermünde, ein originales Rauchzimmer aus dem Berlin der Zwanziger Jahre, bekommt so ein Herrentreff mit Zigarre nahezu etwas Konspiratives. Man spricht über Tabak, Kunst, Kultur und Politik – und lässt sich Zeit. „Vor einer hochwertigen Zigarre hat der Connaisseur Respekt", sagt Roman Bress. Er weiß, sie ist ein anspruchsvolles Produkt mit eigenem Schutzraum, dem Humidor, und langen Reifungszeiten. An den Ueckermünder Zigarrenabenden, bei Whiskeyverkostungen und Themenrunden entpuppt sich das Bild vom Zigarre rauchenden Privatier fortgeschrittenen Alters als nicht mehr zeitgemäß. Jeden Freitag treffen sich bei Krøhan-Bress Gäste ganz unterschiedlichen Jahrgangs und sozialer Prägung. Jugendstilfliesen der sächsischen Hofmanufaktur schmücken bis unter die Stuckdecke den denkmalgeschützten vorderen Ladenraum, einst eine Fleischerei, und verzaubern jeden Kunden. Im Winter knistert Feuer im Kamin, im Sommer sitzen die Gäste zum Plausch bei Wein und Whiskey, bei Kaffee aus der glänzenden Elektra und hausgebackenem Kuchen auf der sonnigen Marktplatzterrasse.

GESUND UND MUNTER

Silke Wendt versteht sich auf vollwertige Ernährung

Aprikosenaufstrich
*Dieses Rezept finden Sie
auf der Seite 299*

Das alte Fischer- und Bauerndorf Rieth mit neuem Hafen, breiten Wegen und blühenden Vorgärten überrascht wie eine Fata Morgana in der urwüchsigen Region im östlichsten Zipfel Vorpommerns. In DDR-Jahren lag Rieth zu dicht an der polnischen Grenze, um touristisch überrannt zu werden. Von den 165 Einwohnern des Haffdorfes sind heute viele Zugezogene, wie die Ernährungsberaterin Silke Wendt aus Papenburg im Emsland. Barfuß im Garten genießt sie, umgeben von wilden Blumen und Streuobstbäumen, das Einfache, die Natürlichkeit und den würzigen Duft der nahen Kiefernwälder. Im Teegarten ihres schwedischroten Holzhauses „Klatschmohn" und in dem lichtdurchfluteten Frühstücksraum sitzen Gäste bei tollen Flocken und Nussvariationen aus der Kornquetsche, bei selbstgebackenem Brot und Brötchen, zu denen es verschiedene hausgemachte Aufstriche gibt – süß, pikant, herzhaft und, wie alle Gerichte hier, vegetarisch. Silke Wendts Frühstück ist ein gelungener Start in einen Tag voll neuer Erfahrungen auf dem Gebiet vollwertiger Ernährung. Seit 2008 bietet die studierte Ökotrophologin in ihrem hübschen Haus erlebnisorientierte Projekte und Urlaubsangebote rund um das Thema gesunde Kost an. In ihren Kochkursen und im Koch-Camp können

GESUNDHAUS
KLATSCHMOHN
Silke Wendt
Ahlbecker Weg 6, 17375 Rieth
Tel. 039775 / 2 07 37
www.gesundurlaub-meckpom.de
info@gesundurlaub-meckpom.de

schon Kinder spielerisch lernen, wie aus Körnern Brot oder Nudeln werden und wie man aus einfachen, naturbelassenen Produkten schmackhafte Gerichte zubereiten kann. In ihren Vitalwochen begleitet Silke Wendt Familien und Einzelreisende auf dem Weg der bewussten Ernährungsumstellung bis hin zum Genuss. In Workshops kann man sich von ihr zu neuen, gesundheitsfördernden Koch-Methoden inspirieren lassen – selbst wenn es im Alltag eigentlich schnell gehen muss. Gleichzeitig führt sie durch den Dschungel zahlloser Nahrungsangebote mit klaren Koordinaten, von denen die Wichtigste besagt, dass man möglichst naturbelassene Lebensmittel verwenden sollte. Die Eier für ihren Frühstückstisch werden dann auch im Dorf gelegt und jeden Freitag steht eine Kiste voller Biolebensmittel vor ihrer Tür.

ZWISCHEN HAFFZANDER UND BUTTERSTULLE

Die Vielfalt bodenständiger Gutshausküche genießen

„Möchten Sie ein Stück Mohntorte probieren", fragt Ilsa-Marie von Holtzendorff und kommt erst zur Ruhe, als alles hübsch arrangiert und duftend auf dem Tisch steht. „Oma Lentzes Caféstübchen" in dem schmalen Nebengebäude des Gutshofes umfängt die Gäste mit Landhausgemütlichkeit. Das Mohntortenstück mit Johannisbeergelee, Rum und flüssiger Butter gebacken, ist so opulent wie köstlich. „Bei mir gibt es keine Abnehmkuchen", sagt die Gutsherrin. Und ein Ei mehr schadet nicht, schon gar nicht, wenn es von den eigenen Hühnern gelegt wurde. Die „Oma-Lentze-Schnitte", eine Spezialität aus Mürbeteig, Biskuit, Buttercreme, gerösteten Mandeln und Zitronenguss, erinnert an Großmutter Cäcilie von Holtzendorff, eine geborene Lentze. Seit Mitte des 18. Jahrhunderts ist die Familie von Holtzendorff ansässig in Wilsickow, einem Dorf im Uckerland, an der Grenze zu Meck-

lenburg, mit nur wenigen Häusern, einer Kirche, dem zweigeschossigen Herrenhaus, daneben der 1923 für Cäcilie erbaute Alterssitz, das heutige Café. 1994 kehrte die Familie mit Ilsa-Marie von Holtzendorff, begleitet von Mann und drei Kindern, nach Wilsickow zurück. Nach dem Motto: „Heimat ist da, wo ich

GUTSHOF WILSICKOW
Ilsa-Marie von Holtzendorff
Wilsickow 2
17337 Uckerland-Wilsickow
Tel. 03 97 52 / 206 99
Fax 039752 / 206 98
www.gutshof-wilsickow.de
info@gutshof-wilsickow.de

gebraucht werde", nutzte die studierte Lehrerin für Deutsch, Musik und Hauswirtschaft das Anwesen ihrer Vorfahren viele Jahre lang, um Pflegekindern auf Zeit eine neue Heimat zu geben. Mit dem Café öffneten die Holtzendorffs ihr Haus auch den Menschen dieser Region und um dem Tourismus in dieser schönen Gegend eine Chance zu geben. Angemeldete Besucher oder Bewohner der hübschen, sehr individuell eingerichteten Gästezimmer werden im Herrenhaus mit einer Gutsküche verwöhnt, in der Butter, Sahne und Kräuter eine wichtige Rolle spielen. „Gegessen wird, was auf den Tisch kommt", die Hausherrin lacht, denn bisher waren alle zufrieden, ob es nun Zanderfilet auf Sahnekraut, Wildgulasch, Königsberger Klopse oder hausgebackenes Schmalzbrot gab – immer serviert mit dem guten Tafelsilber. Die Atmosphäre ist entspannt, man ist hier „zu Gast wie bei Freunden".

WILD UND KÖSTLICH

Der handwerkliche Meisterbetrieb produziert hochwertige Lebensmittel für Genießer

I n der „Toskana des Nordens", inmitten der fruchtbaren Landschaft der Uckermark, liegt ein letztes Stück vom Paradies. Hier auf Gut Klepelshagen erweist sich das scheinbar Unmögliche als machbar: Mensch und Tier teilen sich zu beider Wohl die Landschaft. Dank der Deutschen Wildtier Stiftung können Rothirsche, Rehe, Wildschweine und viele andere Wildtiere frei in ihren natürlichen Lebensräumen leben. Nachtjagdverbot, kürzere Jagdzeiten und große Wildruhezonen gehören zu den strengen Jagdprinzipien. Rinder und Schweine werden ausschließlich mit Futter, das auf dem Bioland-zertifizierten Gutsbetrieb angebaut wird, gefüttert. Den Weide-Rindern und den Landschweinen in ihren luftigen Stallungen und artgerechten Wiesenhütten lässt man mehr Lebenszeit als in der konventionellen Landwirtschaft. Es gibt keine stressigen Tiertransporte und geschlachtet wird direkt vor Ort. Auch die Sterneköche Cornelia Poletto und Michael Laumen sind vom Gesamtkonzept und der Qualität des Fleisches so überzeugt, dass

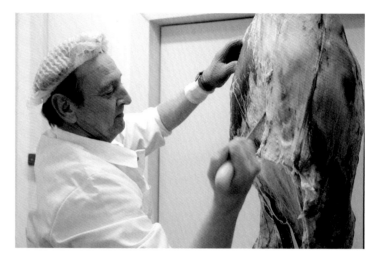

sie für die Gourmet Manufaktur Gut Klepelshagen schmackhafte Gerichte wie Wildbolognese und Wild-Paté mit Waldhonig, Holunder oder Steinpilzen entwickelten. Die Convenience-Erzeugnisse sind Meisterwerke aus bestem Fleisch, ausgewogenen Zutaten, erstklassiger Verarbeitung und fachmännischer Produktion. Das Rindfleisch reift beispielsweise fünf bis sechs Wochen am Knochen im Dry-Aged-Ver-

GOURMET MANUFAKTUR
GUT KLEPELSHAGEN
Karl-Uwe Kayatz
Klepelshagen 4, 17335 Strasburg
Tel. 03 97 53 / 258 83
Fax 03 97 53 / 258 87
www.gmgk.de
info@gourmet-manufaktur.com

fahren, bevor es als Frischfleisch verkauft wird. Alle Zutaten wie Gemüse und Kräuter sind Bio-zertifiziert. „Ich bin kein Bio-Fanatiker, sondern Kulinariker, der gerne gut isst. Das aber ist heutzutage nur in Bio-Qualität möglich – und zusätzlich muss man sich viel Zeit für die Reifung und Verarbeitung des Fleisches lassen", sagt der erfahrene Ingenieur für Fleischwirtschaft Karl-Uwe Kayatz, unter dessen Leitung in Klepelshagen der Slow-Food-Gedanke von einer naturnahen, regionalen und genussbetonten Lebensmittelerzeugung verwirklicht wird.

REZEPTE

QUARKPFANNKUCHEN MIT BLAUBEEREN AUF PREISELBEER-SABAYON UND ANANAS-SÜSSDOLDEN-EIS

Pommersches Landesmuseum, Seite 266

ZUTATEN für 6 Pfannkuchen

Pfannkuchen: 200 g Mehl | 200 ml Milch | 100 g Quark | 3 Eigelbe |
Prise Salz | Abrieb von 1 Zitrone | 1 Vanillestange | 3 Eiweiß |
50 g Zucker | 250 g Blaubeeren
Preiselbeer-Sabayon: 3 Eigelbe | 30 g Zucker | 100 ml Preiselbeersaft
Ananas-Süßdolden-Eis: 1 Dose Ananas (800 g) | 100 g Puderzucker |
Saft von Zitrone | 100 ml Mineralwasser | 3 EL Orangensaft |
4 EL gehackte Süßdolde

ZUBEREITUNG

Pfannkuchen: Mehl, Milch, Eigelb, Salz, Zitronenschale, Vanillemark miteinander verrühren. Eiweiß mit Zucker zu Eischnee schlagen, unter den Pfannkuchenteig heben, Teig für einen Pfannkuchen etwa 2 Zentimeter hoch in eine beschichtete Pfanne geben, mit Blaubeeren bestreuen. 8 Minuten bei 160 °C backen.
Preiselbeer-Sabayon: Zutaten verrühren und über einem Wasserbad bei maximal 80 °C aufschlagen.
Eis: Ananas pürieren, passieren. Alles miteinander vermischen und in einer Metallschüssel einfrieren. Alle 15 Minuten umrühren, bis das Eis cremig gefroren ist.

KÜRBIS CRÈME BRÛLÉE MIT MARINIERTER ROTE BETE UND THUNFISCH

Restaurant Büttners, Seite 268

ZUTATEN für 5 Personen

175 ml Sahne | 75 ml Kürbispüree (vom Butternusskürbis) |
Quatre Espices | Salz | 120 g Eigelb | 50 g braune Rohrzucker |
2 Knollen Rote Bete | Kümmel | Zucker | Limonen-Olivenöl |
Himbeeressig | 250 Gramm Thunfisch (Sushi Qualität) | Koriander-
saat | Meersalz | Olivenöl

ZUBEREITUNG

Eigelb mit Quatre Espices und Salz aufschlagen. Sahne und Kürbispüree zusammen aufkochen und die heiße Flüssigkeit unter Rühren in die Eimasse gießen. Bei 80 °C 40 Minuten bei kombinierter Hitze mit Dampf garen und danach kühlstellen.
In dieser Zeit die Rote Bete in Salzwasser und unter Beigabe von Kümmel in der Schale kochen. Dann schälen und in gleichmäßig große Scheiben schneiden. Die Rote-Bete-Scheiben mit etwas Salz, Zucker, Limonenolivenöl und Himbeeressig marinieren.
Den Thunfisch mit gerösteten Korianderbeeren und etwas Olivenöl marinieren und dann in einer heißen Pfanne von allen Seiten kurz und scharf anbraten.
Vor dem Verzehr die Oberfläche mit Meersalz würzen. Die Crème mit braunem Zucker leicht abbrennen.

TOMATE-APFEL-AUFSTRICH
Weiße Düne Segeltouren, Seite 270

ZUTATEN

1 kg Tomaten, ca. 500 g vorbereitet | 500 g Granny Smith,
ca. 400 g vorbereitet | 550 g Rohrzucker | 2 Zitronen |
2 Zweige Rosmarin

ZUBEREITUNG

Die Tomaten blanchieren und anschließend die Haut abziehen. Die Kerne entfernen und das Fruchtfleisch in Streifen schneiden (ergibt circa 500 g Tomatenstreifen). Die Tomaten in einen Topf geben, die Zitronen auspressen und den Saft zu den Tomaten geben. Die Äpfel vierteln, vom Kerngehäuse befreien, schälen und in dünne Scheiben schneiden (ergibt circa 400 g Apfelscheiben).

Die Tomaten in einen Topf geben, die Zitronen auspressen und den Saft zu den Tomaten geben. Die Äpfel vierteln, vom Kerngehäuse befreien, schälen und in dünne Scheiben schneiden. Die Apfel-stückchen zum Tomaten-Zitronenmix geben, den Zucker und die beiden Rosmarinzweige hinzufügen. Den Topf bei mittlerer Hitze erhitzen und die Mischung zum Köcheln bringen. Dabei vorsichtig rühren, bis der Zucker sich vollständig aufgelöst hat. Den Inhalt in eine Glasschüssel füllen und über Nacht abgedeckt in den Kühl-schrank stellen. Am nächsten Morgen den Inhalt wieder in den Topf füllen und die Rosmarinzweige entfernen. Die Mischung zum Kochen bringen und weiter köcheln lassen, bis die Apfelscheiben glasig werden. Die Apfel- und Tomatenstücke herausschöpfen und den im Topf verbliebenen Sirup einkochen, bis er eine Temperatur von 105 °C erreicht hat. Die Äpfel und Tomaten wieder dazufügen, zum Kochen bringen und rühren bis wieder die Temperatur von 105 °C erreicht ist. Den Aufstrich in sterilisierte Gläser füllen, ver-schließen und im Wasserbad 20 Minuten einkochen. Den fertigen Aufstrich, der hervorragend zu Käse schmeckt, kühl lagern.

OSTSEELÄNDER GREUNTÜÜCHRULL MIT PIMPKEES (AUF HOCHDEUTSCH: GRÜNZEUGROLLE MIT QUARK)
Ostseeländer Biowelt, Seite 274

ZUTATEN für eine Rolle

600–800 g frischen Spinat | 6 mittelgroße Eier | 200 g Schnittiger
Ostseeländer, gerieben | 250 g Frischer Ostseeländer Natur oder
Frischer Ostseeländer mit Kräutern | Salz | Pfeffer nach Gefühl
und Geschmack | zur Füllung geräucherter Lachs | frische Kräuter |
Spargel oder Meerrettich

ZUBEREITUNG

Den Spinat in Salzwasser blanchieren, abkühlen lassen und klein hacken oder pürieren. Die Eier einzeln aufschlagen, mit Salz und Pfeffer würzen und schaumig schlagen. Dann den Spinat vorsichtig unterrühren. Den geriebenen Käse unterheben und alles nochmals vorsichtig vermengen. Den Spinat-Eier-Käseteig auf ein handels-übliches mit Backpapier ausgelegtes Blech streichen und im vor-geheizten Ofen bei 180 °C Umluft circa 15–20 Minuten backen, anschließend abkühlen lassen. Während des Backens kann die Füllung vorbereitet werden. Dafür den Frischkäse mit Kräutern, Lachs und Meerrettich vermengen, anschließend auf die abgekühlte Teigplatte streichen und das Ganze, wie bei einer Biskuitrolle, fest einrollen und in Frischhaltefolie gewickelt mindestens sechs Stunden kaltstellen. Es empfiehlt sich, die Greuntüüchrull schon einen Tag vorher zu zubereiten.

ANRICHTEN

Zum Anrichten die Rolle in beliebig dicke Scheiben schneiden. Die Greuntüüchrull an einem kleinen Salat mit klarem, leichtem Dressing anrichten und dazu frisches, warmes Baguette oder körniges Voll-kornbrot reichen.

REZEPTE

WILDKRÄUTERSALAT MIT SCAMPIS
Romantikhotel Rittergut Bömitz, Seite 280

ZUTATEN für 4 Personen

*100 g Wildkräuter (z.B. Geißfuß, wilde Malve, Vogelmiere, Hirten-
täschel, Taubnessel, Löwenzahn, Leimkraut, Spitzwegerich, Schafs-
garbe, Giersch) | 20 g essbare Blüten (z.B. Veilchen, Malve, Glocken-
blumen, Borretsch, Kartoffelrosenblütenblätter, Gänseblümchen,
Vergissmeinnicht) | 2 EL weißer Balsamessig | 2 EL Walnussöl |
2 EL Sonnenblumenöl | 6 Himbeeren (oder auch Erdbeeren) |
Salz | frisch gemahlener Pfeffer | 1 TL Zitronensaft | 12 Scampis |
etwas Olivenöl | 1 Knoblauchzehe*

ZUBEREITUNG

Kräuter und Blüten vorsichtig abspülen und trocken schütteln oder
trocken tupfen. Grobe Kräuterstängel abschneiden. Essig, Sonnen-
blumenöl, Walnussöl, Salz, Pfeffer und Himbeeren pürieren und
mit Salz, Pfeffer und etwas Zitronensaft abschmecken. Scampis
in heißem Olivenöl und dem klein geschnittenen Knoblauch
scharf und kurz anbraten, mit Salz und Pfeffer abschmecken.

ANRICHTEN

Kräuter und Soße vermengen und mit den Scampis anrichten.
Die Blüten zum Schluss als Garnitur leicht auf den Salat legen.

ROULADE VON SCHOLLE UND OSTSEELACHS AUF PETERSILIENGRAUPENRISOTTO UND JUNGEM SALAT
Gutshof Liepen Hotel & Restaurant Am Peenetal, Seite 282

ZUTATEN für 4 Personen

*Roulade: 400 g Schollenfilet | 200 g Lachs | Gewürze | etwas Butter
Farce: 50 g Fischfleisch | 50 ml Sahne
Graupenrisotto: 100 g Graupen | 100 ml trockener Weißwein |
200 ml Gemüsebrühe | Salz | Pfeffer | Olivenöl | 1 Schalotte |
1 Bund Petersilie | etwas geriebenen Parmesan
Salat: 200 g Salat je nach Geschmack, z.B. Friese, Eiskraut, Rucola,
Feldsalat | wilde Kräuter (Malve, Vogelmiere, Gundermann, Gänse-
blümchen, Giersch und Wiesenkerbel)*

ZUBEREITUNG

Farce: Zutaten mit einer Küchenmaschine fein kuttern, mit Salz,
Cayennepfeffer, Nolly Prat und Kräutern abschmecken. Die Masse
muss unbedingt kalt bleiben.
Roulade: Schollenfilet mit dem Messer von der Haut ziehen, leicht
plattieren und mit Fischfarce bestreichen. Damit das Fleisch nicht
so leicht einreißt, Fischfilet in Klarsichtfolie legen und plattieren.
Lachsfilet ebenfalls von der Haut befreien und in 4 dicke Streifen
schneiden, würzen und in das plattierte Schollenfilet einrollen.
Die Fischroulade in gebutterter Alufolie straff einwickeln und
anschließend im Wasserbad 8–10 Minuten pochieren.
Graupenrisotto: Feine Schalottenwürfel in Olivenöl goldgelb anschwitzen, Graupen dazugeben, mit Weißwein ablöschen, würzen
und mit Brühe auffüllen. Anschließend abgedeckt im Ofen bei
circa 180 °C 12–14 Minuten garen lassen. Danach sollte die gesamte
Flüssigkeit eingezogen sein. Die Graupen sollten noch leichten
Biss haben. Mit viel gehackter Petersilie und geriebenem Parmesan
abschmecken.

GEFÜLLTER BARSCH AUF SPITZKRAUT MIT ROTE-BETE-CREME

HafenHotel PommernYacht, Seite 286

ZUTATEN für 2 Personen

2 mittelgroße Barsche (je 400–500 g) | 2–4 Streifen Bauchspeck | Pfeffer | Salz
Füllung: 50 g Fischfilet ohne Haut (Zander oder Barsch) | 50 ml Sahne | Kräuter, gehackt (Petersilie, Estragon, Kerbel) | gebackte Pfifferlinge (in etwas Butter angebraten, gewürzt und abgekühlt)
Spitzkraut: ½ Spitzkohl | 2 Schalotten, klein geschnitten | Butter | Salz | Sahne oder Crème fraîche
Rote-Bete-Creme: 1–2 Rote Bete, klein geschnitten | 2–3 Schalotten, klein geschnitten | Butter | Salz | Pfeffer | Thymianzweig | Essig | etwas Rotwein und / oder Geflügelfond | Butterflocke zum Aufmixen

ZUBEREITUNG

Barsch: Barsche filetieren, wobei die Schwänze an den Filets verbleiben. Für die Füllung Fischfilet und Sahne (alles gut gekühlt) zu einer glatten Farce mixen, Kräuter und Pfifferlinge dazugeben und abschmecken. Die Filets von innen ebenfalls würzen, mit der Füllung bestreichen, zusammenklappen und mit dem Bauchspeck-Streifen umwickeln. Die Hautseiten vorsichtig in Mehl wenden und in der Pfanne im Ofen bei mittlerer Hitze circa 10 Minuten braten. Mit einer Rouladennadel die Innentemperatur prüfen.
Spitzkraut: Von den äußeren Blättern befreien, viertteln und den Strunk herausschneiden. Die Viertel entblättern, Strünke entfernen, die Blätter nach Farbe sortieren, da die Garzeiten der gelben und grünen Blätter unterschiedlich sind, nacheinander blanchieren. Anschließend in kaltem Wasser abschrecken, auf einem Sieb etwas ausdrücken, in Streifen schneiden. Zwiebeln in Butter anschwitzen, Spitzkohl dazu geben, würzen, vielleicht noch eine Butterflocke, Sahne oder Crème fraîche verwenden.
Rote-Bete-Creme: Schalotten mit der Roten Bete in Butter anschwitzen, würzen, angießen und weich dünsten. Thymianzweig herausnehmen und alles andere zu einer Creme aufmixen, Butterflocke nach Geschmack dazugeben.

APRIKOSENAUFSTRICH

Gesundhaus Klatschmohn, Seite 290

ZUTATEN für ca. 4 Portionen à 25 g

40 g ungeschwefelte Aprikosen | 40 g Orangensaft | 2 Messerspitzen abgeriebene unbehandelte Zitronenschale | 2 Messerspitzen Ingwer, frisch gemahlen | 20 g Nüsse, fein gerieben

ZUBEREITUNG

Die Aprikosen in dem Orangensaft über Nacht einweichen.
Am nächsten Tag die aufgequollenen Früchte ganz fein pürieren.
Die geriebenen Nüsse unterziehen und die Masse mit dem Ingwer und der Zitronenschale abschmecken (hält sich 2–3 Tage im Kühlschrank).

MECKLENBURGISCHES SEENPARADIES

Kleine Residenzen und schöne Herrenhäuser adeln das Land der mehr als eintausend Seen

Die Slawen nannten die Müritz „Morcze" – kleines Meer. Auch für Fontane war sie „so was wie ein Meer". „Königin der deutschen Seen", so nannte sie 1891 ein englischer Reisender. Auf jeden Fall ist sie der Mittelpunkt der Mecklenburgischen Seenplatte und mit 116,8 Quadratkilometern Deutschlands größter Binnensee. Doch mehr als tausend Seen und viele Fließgewässer verwandeln die Mecklenburgische Landschaft in ein schier unüberschaubares Wasserparadies. Das Gebiet um die Städte Waren, Röbel, Malchow und Plau bildet das Zentrum der mecklenburgischen Großseenlandschaft, die Teil des größten zusammenhängenden Wassersportgebietes Europas ist. Etwa 30 Fischarten tummeln sich im Müritzgebiet, ein reich gedeckter Tisch für die hier lebenden rund 60 Fischadlerpaare. Aber auch Seeadler machen hier gute Beute. Scheinbar schwerelos schweben die großen Vögel bis zu 50 Meter hoch am Himmel, bevor sie sich auf ihre schwimmende Beute stürzen. Angler sind hier hauptsächlich auf Barsch und Karpfen aus. Vor allem aber gilt der Hecht als „Herr der mecklenburgischen Seen". In kleinen Waldseen und auch größeren Gewässern lebt die für die Berufsfischerei wichtige Schleie.

Der Müritz-Nationalpark mit 107 Seen ist der natürlichste Teil der Mecklenburgischen Seenplatte. Hier lassen sich Fisch- und Seeadler beobachten, aber auch Kraniche und viele andere der insgesamt zwölf Greifvogelarten, die im Nationalpark ihre Jungen aufziehen.

Der Nationalparkstatus gewährt dieser Landschaft seit 1990 höchsten Schutz. Während hier die Natur die Regie übernimmt, bewahren Naturparks die von Menschen geprägte mecklenburgische Kulturlandschaft und sichern vielen gefährdeten Tierarten wie der Großen Rohrdommel, dem Moorfrosch, dem Biber und dem Fischotter den Lebensraum. Nordwestlich des

Großseengebietes erstreckt sich auf 36 500 Hektar der Naturpark Nossentiner-Schwinzer Heide, ein flaches Land mit 60 Seen. Der Jabelsche See gilt bei den Müritzfischern als Eldorado für den Karpfenfang.

Die Mecklenburgische Schweiz ist die hügelige Mitte des ganzen Landes und gleichsam Zentrum des Naturparks Mecklenburgische Schweiz und Kummerower See. Der Schriftsteller Fritz Reuter und der Maler, Grafiker und Dichter Ernst Barlach waren die berühmtesten „Wanderer" in dieser Landschaft, deren Wege noch heute über anmutige Höhen und durch liebliche Täler zu Landschlössern, Biberburgen und 1000-jährigen Eichen führen. Die kleinen Seen dieser Landschaft garantieren mit ihrem Fischreichtum Anglerglück. An ihren stillen Ufern rasten Tausende Bleß- und Saatgänse, Haubentaucher und Pfeifenenten. Die Mecklenburgische Schweiz erreicht mit dem 127 Meter hohen Schmocksberg die höchste Erhebung. Vom 96,4 Meter hohen Rötelberg nahe der Burg Schlitz, hat man einen

der schönsten Rundblicke. Jungsteinzeitliche Großsteinanlagen zeugen von früher Besiedlung. Burgwälle erinnern an die Slawenzeit. Schlösser und Herrenhäuser mit ihren Parkanlagen sind eindrucksvolle Beispiele früherer bewusster Landschaftsnutzung und -gestaltung. Schattige Alleen führen beschaulich von Ort zu Ort.

Die Stadt nördlich des Großseenlandes und westlich der Mecklenburgischen Schweiz ist als Barlach-Stadt Güstrow weit über die Landesgrenzen hinaus bekannt. Prächtige Patrizierhäuser säumen noch immer die Straßen der bald 800-jährigen Stadt. Die Domschule aus dem 16. Jahrhundert ist der älteste erhaltene Schulbau Mecklenburgs, der dunkelrote, 1335 geweihte Dom der älteste Backsteinbau Güstrows. Viele Besucher kommen hierher, um den Drittguss von Barlachs bronzener Skulptur „Der Schwebende" zu sehen. Barlach arbeitete bis zu seinem Tode 1938 im Atelierhaus am Heidberg, das heute Arbeiten aus allen Schaffensperioden dieses Künstlers zeigt. Aber auch der Natur- und Umweltpark Güstrow ist ein

Anziehungspunkt. Große Unterwasserschau-
fenster ermöglichen den Blick aus der Fisch-
perspektive in die heimische Wasserwelt.
Außerdem lebt hier das größte Wolfsrudel
Mecklenburgs fast wie in freier Wildbahn.

Südöstlich der Müritz beginnt das Kleinseen-
gebiet, ein Labyrinth von Flussläufen, Wasserwegen und mehr als 360 Seen. Mirow ist das
Tor dieser Landschaft, die auch alte Residenz-
städte und urwaldhafte Buchenwälder birgt.
2011 ernannte die UNESCO die östlich von
Neustrelitz gelegenen Serrahner Buchenwälder
des Müritz-Nationalparks zum Weltnaturerbe.
In den kristallklaren Gewässern des Naturparks Feldberger Seenlandschaft schwimmt
noch die fette Quappe, eine Verwandte des
Dorsches. Insgesamt 69 Gewässer mit einer
Größe von mehr als einem Hektar werden in
dem 35 500 Hektar großen Naturpark gezählt.
Der Schmale Luzin gehört zu den klarsten aller
mecklenburgisch-vorpommerschen Seen – bis
zu acht Meter tief kann man den Fischen beim
Schwimmen zusehen.

AM ENDE DER KASTANIENALLEE

Mosterei und Kunst in der Mühle

Wenn die Textilgestalterin Tine Schröter einen Knopf annäht, sitzt sie gerne am Fenster ihres Ateliers, ganz oben unter dem Dach der einstigen Wassermühle, und sieht dabei hin und wieder den Fischen beim Schwimmen zu. Im sanften Bogen umfließt die Mildenitz das romantische Anwesen am Ende einer von alten Kastanien beschatteten Allee. Auf einer kleinen Insel steht eine große Gartenbank, ein eher rustikales Sitzobjekt mit hohem Sitzkomfort, gebaut von Wolf Schröter. Das Künstlerpaar Tine und Wolf Schröter lebt seit 1985 in dem 60-Seelen-Dorf. 1369 erstmals urkundlich erwähnt, dient die Rothener Mühle seit den 1920er-Jahren als Kornspeicher und Wohngebäude. Als die Schröters sie entdeckten und mit viel Zeit und Herzblut vor dem Verfall retteten, stand sie bereits einige Jahre leer. Das Anwesen bietet viel Platz für Wolf Schröters Holz- und Korbflechtarbeiten. Tine Schröter, die schon als Kind gern „genäht und geschnippelt hat" und heute ihr Können an einer Schweriner Kunstschule weitergibt, entwirft und schneidert aus selbstgefärbten Naturstoffen zauberhafte Kleider und Accessoires. Seit 1995 stellen die Schröters in ihrer Verkaufsgalerie von Mai bis August neben eigenen Arbeiten auch Werke anderer Künstler und Kunsthandwerker aus. Jeden

**WERKSTATTGALERIE
UND MOSTEREI**
Tine und Wolf Schröter
*Rothener Mühle 3
19406 Mustin
Tel. 03 84 85 / 25 2 65
Fax 03 84 85 / 5 08 64
www.rothener-muehle.de
rothener-muehle@gmx.de*

Herbst jedoch rollen plötzlich Autos mit Anhängern voller Äpfel auf den Hof. Es herrscht ausgelassene Erntezeitstimmung. Täglich strömen dann an die 2000 Liter Apfelsaft durch die Presse der Lohmosterei. „Das ist unsere planbare Einnahmequelle", sagt Tine Schröter. Vielleicht, weil jedem garantiert der Saft der eigenen Früchte in die Flaschen fließt, sicher aber auch wegen der besonderen Atmosphäre

in dem schönen Künstlergarten, in dem es immer wieder etwas Neues zu entdecken gibt. Auch hat sich, was mit der Rothener Mühle angefangen hat, inzwischen im ganzen Dorf, das immer mehr Künstler und Kunsthandwerker anzieht, mit Ausstellungen und Veranstaltungen des Vereins Rothener Hof und dem Gutshaus Rothen fortgesetzt.

EIN HAUS MIT TRADITION

Das Kurhaus am Inselsee bietet beste bodenständige Küche

Rehrücken mit frischen
Pfifferlingen, Schupfnudeln
und Preiselbeerbirne
*Dieses Rezept finden Sie
auf der Seite 350*

Bereits 1913 als Kurhotel Waldhaus erbaut, machten sich die Güstrower das Gasthaus am Rand der Stadt bald als „Kurhaus am Inselsee" zu eigen. Wahre Völkerwanderungen setzten zum Restaurant mit Seeblick ein. Über tausend Bewohner der damaligen Garnisonsstadt Güstrow tanzten zu den Klängen der Militärkapellen im Schatten der großen Buchen und Eichen. Berühmtester Besucher dieses gastlichen Hauses war der Dramatiker, Grafiker und Bildhauer Ernst Barlach, dessen Atelierhaus nur etwa 300 Meter vom Kurhaus entfernt steht. Über den heutigen Barlach-Wanderweg kommen noch Besucher der Stadt, vor allem aber ist das Kurhaus am Inselsee beliebtes Ausflugsziel der Güstrower geblieben. In familiärer Atmosphäre trifft man sich zum Essen sowie zu Hochzeits- und Jubiläumsfeiern. Dass dieses traditionsreiche Haus

Güstrow erhalten blieb, ist vor allem Erich Alexander und Claudia Hinz zu verdanken. Um seinen Eltern, die das marode Gebäude nach der Wende erworben hatten, zur Seite zu stehen, gab Erich Alexander Hinz seinen

KURHAUS AM INSELSEE
Erich Alexander Hinz
Heidberg 1, 18273 Güstrow
Tel. 0 38 43 / 85 00
Fax 0 38 43 / 85 01 00
www.kurhaus-guestrow.de
info@kurhaus-guestrow.de

Job als Bankkaufmann in Hamburg auf und widmete sich mit aller Kraft dem Wiederaufbau des Kurhauses. Im Restaurant mit Wintergarten und auf der großen Terrasse bietet Küchenchef Sebastian Sterl, der seine Laufbahn hier einst als Lehrling begann, eine frische, bodenständige Küche, die beispielsweise mit Gerichten wie Sauerfleisch von der Gans und Mecklenburger Pflaumenbraten der Tradition Referenz erweist. Auf dem Lavastein grillt saftiges Steak. Fisch und Wild stammen aus der Region. Karrees, Filets und geschmorte Bäckchen vom Mangalica-Schwein, Nachfahren der ab 1833 von Josef von Habsburg gezüchteten Rasse, sind eine Spezialität des Hauses, nach der sich die Gäste alle fünf Finger lecken. „Das schmeckt wie früher", sagen die Älteren, die Jüngeren vergleichen es gerne mit dem Iberico-Schwein, das ebenso wie das Mangalica-Schwein ganzjährig im Freien lebt.

OLIVEN IM OSTSEELAND

Olaf Gitzbrecht hat seinen guten Geschmack zur Profession gemacht

Schon im Vorraum der Güstrower Manufaktur weckt das sonnige Aroma von Kräutern und Olivenöl die Erinnerung an Italien und Spanien. Diese beiden Länder haben Olaf Gitzbrechts Sinne für immer geprägt. Als Korbflechter aus dem Norden zog er über die südländischen Märkte, als Feinschmecker kehrte er zurück, um in Güstrow einen Weinhandel zu eröffnen. Der kleine Weinladen lief gut, doch dann entdeckte Olaf Gitzbrecht seine große Liebe zu den kleinen Ölfrüchten des Südens. Mit Kräutern, Knoblauch und anderen Zutaten verfeinert, gab er ihnen ein besonderes Aroma. Dann zog er über die mecklenburgischen Wochenmärkte und überzeugte mit südländischem Charme und deutscher Beharrlichkeit die Mecklenburger von dieser fremden Frucht. Heute importiert er über eine von ihm initiierte bundesweite Einkaufsgemeinschaft jährlich an die 50 Tonnen Oliven. Die Erzeuger auch der anderen Produkte kennt er zumeist persönlich. Olivero-Kunden können auf den Wochenmärkten in Güstrow, Rostock, Bad Doberan und Schwerin, ebenso wie Großhändler und Gastronomen, aus 40 verschiedenen Olivensorten auswählen. Viele der ausschließlich frischen Kräuter, mit denen Olaf Gitzbrecht und seine 12 Mitarbeiter die Oliven, aber auch selbstgefertigte Pesti oder heimische Frisch-

OLIVERO-FEINKOST
Olaf Gitzbrecht
Lagerstraße 11a, 18273 Güstrow
Tel. 0 38 43 / 68 39 50
Fax 0 38 43 / 68 39 52
www.oliverofeinkost.de
info@oliverofeinkost.de.

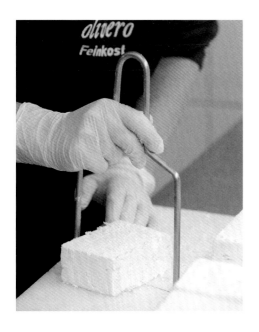

käse verfeinern, stammen aus mecklenburgischem Bio-Anbau. Alle etwa 120 Olivero-Produkte, viele davon in Bio-Qualität, entstehen in Handarbeit, ohne Konservierungsmittel und künstliche Aromen. Von seiner Leidenschaft für gute Grundprodukte würde Olaf Gitzbrecht auch keinen Millimeter abweichen, wenn er damit nicht sein Geld verdienen könnte. „Dann würde ich eben nur den Freundeskreis damit erfreuen", der sympathische Olivenhändler lächelt und reicht eine Orangen-Lavendel-Käsecreme mit Akazienhonig herum, die sämtliche Geschmacksknospen zum Erblühen bringt. Köstlich schmeckt dazu das Olivero-Brot mit getrockneten Tomaten und Kräutern der Provence.

IM ZEICHEN DER EICHEN

Baumkuchenscheiben getränkt mit Eichellikör sind ein „Reutertraum"

Tausendjährige Eichen haben Ivenack berühmt gemacht. Von diesen legendären Baumriesen schwärmte schon der mecklenburgische Dichter Fritz Reuter – Konditormeister Peter Komander brachten die beiden ältesten seiner Kinder auf den genialen Einfall, Baumkuchen zu backen, sozusagen im Schatten der phänomenalen Eichen. Damals noch Außendienstleiter der Lübecker Marzipanfabrik, fand Peter Komander bald das passende Anwesen, nur zwei Orte von Ivenack entfernt, an der Dorfstraße von Grammentin. Gemeinsam mit seiner Frau Mirjam, bis dato noch Hausfrau und Mutter von sechs Kindern, eröffnete er die kleine Familien-Konditorei. Schon bald bestellten Kunden aus ganz Deutschland Ivenacker Baumkuchen auch im Online-Shop. Ganze Scharen von Süßmäulern kommen, um in der gläsernen Backstube den Konditoren in ihren blütenweißen Jacken über die Schulter zu schauen, wenn sie Schicht für Schicht die Baumkuchen backen, mit aller Sorgfalt und „mit besonders viel frischem Eigelb". Verkauften die Komanders anfangs etwa 2,5 Kilogramm pro Woche, waren es zur Weihnachtszeit 2011 drei Tonnen „Ivenacker

FAMILIEN-KONDITOREI KOMANDER
Peter Komander
*Dorfstraße 7–9, 17153 Grammentin
Tel. 03 99 52 / 2 39 12
Fax 03 99 52 / 23 97 97
www.ivenacker-baumkuchen.com
komander@ivenacker-
baumkuchen.com*

Baumkuchen" – den Begriff haben sie sich patentieren lassen. „Einfach klasse", kommentierte Josef Lafer Komanders Kuchen nach seinem Besuch mit der MDR-Sendung „Lafers leckerer Osten". Neben Baumkuchen gibt es aber noch andere Spezialitäten. Die Fritz-Reuter-Torte schnitt als Erster der Ministerpräsident des Bundeslandes Erwin Sellering zum 200. Geburtstag Fritz Reuters an. In der kleinen Caféstube der Konditorei und in der restaurierten Holländerwindmühle kann man jeden Tag, nur im Winter ist montags geschlossen, zur Grammentiner Kaffeemischung auch Bio-Pralinen, Kokosgebäck oder Bobbes, Studentenfutter in Buttermürbteig, genießen. Auf Wunsch der Dorfbewohner backt Peter Komander auch kleine Brötchen, bissfest wie zu DDR-Zeiten, nach alter Rezeptur und, wie alle anderen Konditoreiwaren auch, ohne chemische Zusätze, Backhilfs- und Konservierungsmittel.

VOM EINFACHEN DAS BESTE

Kulinarische Ouvertüre auf Schloss Ulrichshusen

Geschmorte Ochsenbacke
mit Salatherzen
und Steinpilzen
*Dieses Rezept finden Sie
auf der Seite 350*

Das Renaissanceschloss in der Mecklenburgischen Seenplatte war eine Brandruine, als sich Helmuth Freiherr von Maltzahn entschloss, den Sitz seiner Vorfahren als Hotel wieder aufzubauen. Doch damit nicht genug: Auch die alte Feldsteinscheune richtete er als Konzerthaus wieder auf. Seitdem schlägt hier das Herz der Musikfestspiele Mecklenburg-Vorpommern. Die benachbarte barocke Gutsanlage ist inzwischen einer der schönsten Tagungsorte des Landes. Die wieder in Stand gesetzte Remise wird ein Museum. Historie und Komfort, idyllische Landschaft und kulturelle Erbauung schaffen hier eine Atmosphäre, die Ulrichshusen längst über mecklenburgische Grenzen hinaus bekannt gemacht hat. Seit 2012 schlägt man auch in der Küche neue Töne an. Schöpfer des kulinarischen Programms mit dem Motto „Vom Einfachen das Beste" sind Ralf Fränkel, Direktor auf Schloss Ulrichshusen, und Küchenchef Markus Görner. So werden in der traditionell-mecklenburgischen Küche des Restaurants „Am Burggraben", einst ein Pferdestall, regionale Zutaten verwendet. Markus Görner und sein Team verarbeiten Fische und Krebse aus den umliegenden Gewässern, Wild aus eigener Jagd, Obst und Getreide von heimischen Bauern auf höchstem handwerklichen Niveau. Auf seinem

SCHLOSS ULRICHSHUSEN
Helmuth Freiherr von Maltzahn
*Seestraße 14, 17194 Ulrichshusen
Tel.: 03 99 53 / 79 00
Fax 03 99 53 / 790 99
info@ulrichshusen.de
www.ulrichshusen.de*

Weg nach Ulrichshusen vervollkommnete Markus Görner sein Talent in anspruchsvollen Küchen wie im Sterne-Restaurant Caroussel im Dresdener Bülow Palais – und doch ist der Küchenchef erfrischend bodenständig geblieben. Von Marmeladen über Kuchen bis Wildschinken wird alles hier noch per Hand gemacht. Zu den Klassikern auf der Karte gehört der Suppentopf Großmutters Art, eine Rindsbrühe mit Grießnocken, Tafelspitz, Wurzelgemüse und Schnittlauch. Auch die heute nur noch selten zubereiteten Kalbsbäckchen erleben in seiner Küche eine Renaissance. Zeitgemäß zubereitet, garantieren sie ebenso kulinarisches Vergnügen wie die geschmorte Schulter vom Müritz-Lamm und das in Bauernbutter gebratene Kabeljaufilet. Zu festlichen Menüs werden auch Trüffel und Krebse aufgetafelt.

KULINARISCHE ENTDECKUNG AM WEGESRAND

Carsten Leddermann bietet große Küche auf kleinem Raum

Carsten Leddermann ist sozusagen ein kulinarischer Wegelagerer an der Kreuzung der Bundesstraßen 192 und 196. Mitten in der mecklenburgischen Pampa fällt plötzlich der elegante Schriftzug „leddermann" aus dem ländlichen Rahmen. An ihm kommt niemand vorbei, dem in dieser Gegend nach einer ungewöhnlich guten Mahlzeit zumute ist. Doch es täuscht sich, wer meint, die Lage des kleinen Restaurants würde nur zum zufälligen Autostopp einladen. Wer in den Genuss dieser Küche kommen will, sollte sich vor allem abends einen Tisch reservieren. Die Gäste kommen zahlreich und auch von weit her. Auf

Gebratene Riesengarnelen mit Ananas-Chutney und Feldsalat
Dieses Rezept finden Sie auf der Seite 351

den schwarz-weißen Fliesen stehen Bistrotische mit weißen Dammastdeckchen. Entspannte Musik rieselt durch den schlichten Raum mit städtischem Ambiente. Hier ist nicht nur die Zubereitung der Speisen perfekt, auch das Preis-Leistungsverhältnis ist sensationell. Die irischen Ochsenbäckchen mit Rotweinjus, Butterspätzle und Speck-Wirsing zergehen einem so angenehm auf der Zunge wie der Preis von knapp über zehn Euro. Alles hier hat goldrichtiges Maß.

Dem schlanken Koch, geboren in Röbel an der Müritz, sieht man nicht an, dass Kochen und Essen schon seit dem 14. Lebensjahr seine Leidenschaften sind. Früh stand sein Berufswunsch fest und er ging in die Lehre in das Dorfhotel Fleesensee. Dann zog es ihn in die Großstadt, nach Berlin, um die gehobene frische Küche kennen zu lernen. Nach einem Zwischenspiel mit französisch inspirierter Küche in Cardiff kehrte er zurück, um als Küchenchef das Gourmetrestaurant im Schloss Fleesensee zu führen. Nachdem er sich auf dem Kreuzfahrtschiff MS „Amadea" den Wind um die Nase hat wehen lassen, folgte der junge Koch seinem Wunsch nach Selbstständigkeit wieder nach Mecklenburg. Seit 2010 erwartet er nun seine Gäste mit saisonaler frischer Küche, mediterran verfeinert und gut bürgerlich im allerbesten Sinne.

RESTAURANT & CAFÉ LEDDERMANN
Carsten Leddermann
Am Bahnhof 8A
17192 Groß Plasten
Tel. 03 99 34 / 8 99 44
www.restaurant-leddermann.de
Restaurant-Leddermann@ t-online.de

KULTUROASE IN BACKSTEIN

Brunhilde und Hans Schmalisch schufen einen gastlichen Ort voller Poesie

Lindgrünes Licht fällt durch die Fenster der kleinen Stuben. Sonnenstrahlen tanzen auf den lehmgestrichenen Wänden, streifen die alten Kaffeekannen auf dem Fensterbrett und den Kachelofen. Über allem liegt der Duft von Apfelkuchen. Das Haus atmet Wohlbehagen. Der Gedichtband „Eintagsfliegen" von Hans Schmalisch liegt auf dem Tisch. „Komm lieber Spatz/wir bauen uns ein Nest/ statt immer nur so rumzufliegen/könnten wir im Nest dann liegen", liest Brunhilde Schmalisch die ersten Zeilen ihres Lieblingsgedichts „Spatzenliebe". Auch der Garten ist Poesie. Hinter Brombeerhecken, Rosenrabatten, Buchsbaumkreisen und Wiesenstücken eröffnen sich immer neue grüne Räume. Ein Labyrinth, gepflanzt aus 3000 einheimischen Sträuchern und Gehölzen. So traumschön war es hier nicht immer. Als Brunhilde und Hans Schmalisch vor über 20 Jahren aus Schleswig-Holstein in das mecklenburgische Dorf zogen,

BÜDNEREI LEHSTEN
Brunhilde und Hans Schmalisch
17219 Lehsten
Tel. 03 99 28 / 56 39
Fax 03 99 28 / 8 70 21
www.buednerei-lehsten.de
bs@buednerei-lehsten.de

um das familiäre Erbe anzutreten, tauschten sie ein perfektes Haus am Elbdeich gegen eine winzige „Bruchbude" am Rand des Müritz-Nationalparks. Doch der Zustand des Hauses war ihnen Herausforderung. Auch die beiden Nachbarhäuser wurden liebevoll saniert. Die ehemalige Maschinenmühle verwandelten sie 1999 in ein „Hof-Theater". Aus den Silos der ehemaligen LPG wurde ein großer schilfgerahmter Teich. Das gesamte, 25 000 Quadratmeter große Gelände der Büdnereien, ehemaligen Anwesen von Kleinbauernfamilien, ist heute eine Kulturoase mit Café, Galerie, Seminargebäude, Ferienwohnungen, Gästehaus mit Kreativräumen und Wellnessbereich entstanden. Die stilvoll und komfortabel eingerichteten Gästezimmer heißen „Erdbeere", „Apfel", „Birne", „Kirsche", „Pflaume" oder „Tomate". Von März bis Oktober organisiert der „Büdnerei Lehsten e. V." Veranstaltungen: Jazz, Klassik und Lesungen. Manchmal, wenn Besucher sich durch die Büdnerei Lehsten führen lassen, liest Brunhilde Schmalisch bei selbstgebackenem Brot mit Schmalz auch einige der kurzweiligen Gedichte ihres Mannes vor.

LANDWIRTSCHAFT ZUM ANFASSEN

Museum zur Geschichte der Großflächenwirtschaft Mecklenburgs

Mecklenburg ist traditionsreiches Agrarland. Von vielen Generationen geprägt, bilden Landwirtschaft und Dörfer auch im Naturpark Nossentiner – Schwinzer Heide eine untrennbare Einheit. 1963 wurde in Alt Schwerin das Agrarhistorische Museum eröffnet. Basis hierfür war ein fast vollständig erhaltenes ritterschaftliches Gut mit Herrenhaus und Park, mit Wirtschaftsgebäuden, Alleen und Landarbeiterhäusern. Mit einer Holländerwindmühle, einem Lokschuppen, einer Schmiede und Tagelöhnerkaten aus anderen Orten wurde die Ausstellung komplettiert. Das prächtige schmiedeeiserne Tor schmückte ursprünglich das Gutshaus Vollrathsruhe. 2009 begann die insgesamt rund 6,8 Millionen teure Umstrukturierung des Agrarhistorischen Museums. Nicht nur der Name, auch die Schwerpunkte der Ausstellung änderten sich: Lag der Fokus bisher auf der gesamten Landwirtschaftsgeschichte Mecklenburgs, konzentriert sich das 2012 als AGRONEUM Alt Schwerin wiedereröffnete Museum auf die Großflächenwirtschaft Mecklenburgs von 1848 bis heute. Unter der Überschrift „Arbeiten auf dem Land" präsentiert sich ein spannender Technik-Bereich, in dem Ochsenpflug und Großtraktor die Eckpunkte der technischen Entwicklung verkörpern. Nicht nur Kinderherzen schlagen höher beim Anblick des „Lanz-Kühler-Bulldog" oder des „RS Aktivist", einem der ersten in der DDR produzierten Traktoren. Ein sogenannter Düngerbomber steht unter dem Dach der neuen Flugzeughalle, in der es auch um Chemie und Pflanzenschutz geht. Im Wiesengrund entstand eine Ausstellungshalle aus Glas und Stahl für die

AGRONEUM ALT SCHWERIN
Achter de Isenbahn 1
17214 Alt Schwerin
Tel. 03 99 32 / 4 74 50
Fax 03 99 32 / 47 45 20
www.agroneum-altschwerin.de
agroneum@lk-seenplatte.de

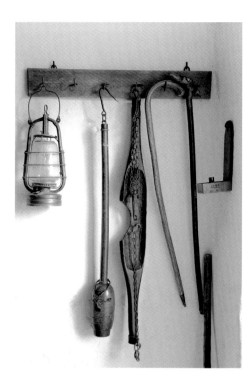

moderne Landtechnik. Das Thema „Leben auf dem Land" illustrieren die einklassige wilhelminische Dorfschule, die Schnitterkaserne (1904), die Tagelöhnerkate um 1800, die Steinkaten mit den Landarbeiterwohungen um 1910 und 1940, eine original belassene Wohnung eines LPG-Bauern um 1965 und das Neubauerngehöft von 1949/1950. Regionale Produkte wie Mecklenburgischen Honig, verschiedene Sanddornprodukte und museumseigene Kreationen wie zum Beispiel Marmeladen bietet der Shop des neuen gläsernen Empfangsgebäudes an.

DIE KRÄUTERFEE

Anke Bayler zaubert Delikatessen aus Kräutern und Früchten

„Angefangen hat alles mit Löwenzahnblüten, Waldmeister, Holunderblüten, ein paar leeren Gläsern und einem Kopf voller Ideen", erinnert sich Anke Bayler. Die studierte Landschaftsplanerin, zierlich von Gestalt und mit wilder Mähne, ist eine Kräuterfee. 2006 eröffnete sie in ihrer ehemaligen Garage den Hofladen, ganz in Weiß. Was sie auf ihren Streifzügen durch den Naturpark Nossentiner Hütte sammelt, verarbeitet sie in ihrer Kräuterküche zu wohlschmeckenden, gleichsam wohltuenden Produkten. Das Jahr beginnt mit Löwenzahn, im Sommer blüht der Holunder. Auf Streuobstwiesen reifen im Herbst die wilden Pflaumen, Äpfel und Quitten. Holunder, Quitten, Waldmeister und Robinienblüten werden zu Gelees; wilde gelbe und rote Pflaumen, Äpfel, Kirschen, Heidelbeeren, Himbeeren, Hagebutten und Rosenblüten zu Fruchtaufstrichen. Dabei entstehen köstliche Verbindungen wie Rosenblüten mit Erdbeeren, Heidelbeeren mit Thymian, Pflaumen mit Schokolade oder Aprikose mit Sanddorn. Brombeeren mit Zitronenthymian, Heidelbeeren mit Rosmarin, Erdbeeren mit Basilikum geben Fruchtessigen ein köstliches Aroma. Auch Chutneys, Liköre, Tees, Kräutersalz und sogar Blütenzucker ent-

MANUFAKTUR
LÖWENZAHN
Anke Bayler
17214 Nossentiner Hütte
Tel. 03 99 27 / 7 61 79
www.manufaktur-loewenzahn.de
kontakt@manufaktur-loewenzahn.de

stehen in der kleinen Manufaktur. Im Blüten-
salz „Sommernachtstraum" treffen sich Thymian,
Schabziger Klee, Brennnessel, Wegerich, Korn-
blume, Ringelblume und Klatschmohn. Hanf
wird zu Senf, Tee und knuspriger Knabberei.
Würzig duftet es im kleinen Hofladen. Immer
wieder nimmt Anke Bayler auch Gäste auf ihre
Kräuterwanderungen mit. Dabei erzählt sie
von der Verwendung, der Heilkraft und den

Mythen der Pflanzen. So vom heilsamen Gun-
dermann, der auch bei Husten und Hauter-
krankungen hilft. Zu Kränzen geflochten, soll
man mit seiner Hilfe in der Walpurgisnacht
Hexen erkennen können. Vieles, was in Anke
Baylers Bauerngarten hinter dem Haus wächst,
findet auch beim „Kochen in der Sommer-
küche" unterm Nussbaum Verwendung.

FEINE LEBENSART AM MALCHOWER SEE

Anette Gundlach verwöhnt ihre Gäste mit Stil

Der Varta Führer ist des Lobes voll und schwärmt von frisch gebackenen Spezialitäten aus der hauseigenen Konditorei und den zur Jahreszeit passenden Gerichten. Internationale und bodenständige Einflüsse mischen sich in der Küche des Hotels und Restaurants Rosendomizil beispielsweise zu einer Sinfonie von Heilbutt und Jakobsmuscheln. Zander und Garnele vereinen sich auf Apfel-Fenchel-Gemüse. Die Mango-Möhren-Suppe ist ebenso begehrt wie die Pflaumen-Pilz-Lasagne. Inspiriert von Omas Kochbuch kommt das Mecklenburgische Himmel und Erde als modernes Apfel-Kartoffel-Curry auf den Tisch. Schon am Morgen duftet es betörend nach Apfelkuchen. Süßeste Versuchung sind die Schwarzwälder Kirsch- und die Käsetorten, wie sie einst schon die Vorfahren von Olaf Vollbrecht ge-

Seeteufel-Medaillons auf Birnen, Bohnen und Bacon
Dieses Rezept finden Sie auf der Seite 351

backen haben, als noch anstelle des Hotels nur eine Backstube stand. Seit dem Jahr 2004 betreiben die Hoteliers Anette Gundlach und Olaf Vollbrecht das Rosendomizil mitten im Herzen der alten Inselstadt. Die Lage am Malchower See ist herrlich. Von der Seeterrasse aus lässt sich das Treiben der Boote an der historischen Drehbrücke beobachten. Der moderne Baukörper des Hauses hat Stil. Außen wie Innen. Hier kreiert Annette Gundlach nicht nur das passende kulinarische Konzept, sie schafft auch für jeden Anlass, wie Hochzeits- und Geburtstagsfeiern, einen ganz persönlich zu-geschnittenen Rahmen. Romantisch-elegant geschmückt sind Räume, Tafeln und Torten. Annette Gundlach liebt die schöne Lebensart so sehr, dass sie sogar ein gleichnamiges Interieurgeschäft im neuen, nur wenige Schritte entfernten, Tagungshotel Domizil Hofgarten, eröffnet hat. Am Ende des Festes sinken die Gäste in die Kissen der komfortablen Hotelzimmer mit Namen wie: Hoffnung, Sehnsucht, Leichtsinn oder Sonnenlicht.

HOTEL ROSENDOMIZIL MALCHOW
Annette Gundlach
Lange Str. 2–6, 17213 Malchow
Tel.. 03 99 32 / 1 80 65
Fax 03 99 32 / 1 80 64
www.rosendomizil.de
info@rosendomizil.de

DER BESONDERE ORT

Die Wildkräuter für aromatische Öle wachsen auf den Gutswiesen

Kalbsrücken „Sou vide"
im Gemüsekörbchen und
Kartoffelbaumkuchen
*Dieses Rezept finden Sie
auf der Seite 352*

Es liegt ein Gutshof am Tangahnsee, dessen Geschichte so geheimnisvoll anmutet, wie der Name des kleinen Haussees, ein Relikt der einstigen Sumpflandschaft, in der sich in frühester Zeit die Slawen genau an jener Stelle, an der heute das Gutshotel steht, eine Fluchtburg errichtet hatten. Über 600 Jahre residierte hier auch die Familie von Flotow, ein zur Urbarmachung dieser wilden Region aus dem Westelbischen berufenes Adelsgeschlecht, dessen musikalischster Spross später als Komponist der romantischen Oper „Martha" berühmt wurde. Wenig romantisch sah das verfallene Anwesen allerdings Mitte der 1990er-Jahre aus, als der Berliner Arzt und Freizeitmusiker Wolfgang Droll beschloss, mit den Gebäuden auch das kulturelle Erbe zu bewahren. Bereits 1998 fand in der großen Scheune das erste Konzert einer bis heute nicht abreißenden musikalischen Folge mit Jugendorchestern statt. Das 200 Jahre alte Gutshaus wurde bauhistorisch und -ökologisch zum Landhotel mit großzügigem Wellnessbereich saniert. Im ehemaligen Waschhaus, wo früher auch Würste geräuchert wurden, geht es heute mit Yoga ran an den eigenen Speck. Für eine

GUTSHOF WOLDZEGARTEN
Angelika Hübener-Droll
und Dr. Wolfgang Droll
*Walower Straße 30
17209 Woldzegarten
Tel. 03 99 22 / 82 20
Fax 03 99 22 / 8 22 55
www.gutshof-woldzegarten.de
info@gutshof-woldzegarten.de*

authentische und frische Gutshofküche im edel-schlichten Ambiente sorgen Marco Meyer und sein Team. „Essen soll Spaß machen – und Kochen auch", ist die Devise des gebürtigenThüringers, der schon lustvoll am Küchenschürzenzipfel seiner Großmutter hing. Die Summe seiner späteren Erfahrungen in deutschen, österreichischen und Schweizer Küchen lassen ihn heute handwerklich gekonnt und fantasievoll „im scheinbar Alltäg-lichen das unerwartet Besondere entdecken". Dabei entstehen überraschende Kreationen wie Schokoladensauerkraut, Zander mit Marillenragout, Jakobsmuscheln mit Heidelbeeren oder Tafelspitz mit Sauerkirschen. Zum süßen Schluss lockt ein lauwarmer Schokoladenkuchen mit weißer Canache, Goldstaub und Moosbeere. Die Pâtissière Monika Tress backt echte Landkuchen, „hoch und breit und saftig".

ZU GAST AUF DEM GUTSHOF

Bei der Restaurierung enthüllten sich barocke Deckengemälde

Das Beste vom Hirsch mit Steinpilzen und Semmelknödeln
Dieses Rezept finden Sie auf der Seite 352

Mecklenburg Vorpommern ist das Land der Schlösser und Herrenhäuser. Etwa 1 500 von einst 2 200 haben überlebt, manche jedoch nur als Schatten ihrer glanzvollen Vergangenheit. Mehr als 1000 stehen heute unter Denkmalschutz, rund 300 davon wurden mit großem persönlichen Engagement restauriert. Das Gutshaus Ludorf ist eines der schönsten Beispiele für den authentischen Erhalt eines mecklenburgischen Landadelssitzes. 1698 vom Oberkammerjunker Adam Levin von Knuth erbaut, bewahrte es, trotz zeitweise fremdartiger Nutzung und Verfall, seine Gestalt im Stil der dänischen Klinkerrenaissance. Heute gehört das Anwesen auf einer Halbinsel in der Müritz Manfred und Keril Achtenhagen, die ihm auch seine Seele als Mecklenburgisches Gutshaus zurückgaben. Wer eines der 23 stilvollen Zimmer bucht, kommt zu Besuch, so wie es einst Sitte auf

den Gutshöfen war. „Wir sind Teil des Hauses", sagt Gutsherr Achtenhagen. Der Weg durch das umgebende Naturschutzgebiet ist eine Zeitreise in eine entschleunigte Welt, der sich die Slowfood-Philosophie der Küche anpasst. „Gut Ding will Weile haben", steht in der Speisekarte, denn „alle Gerichte werden hier stets frisch zubereitet". Thomas Köpkes feine Landhausküche entspricht dem Stil des Hauses, wobei sich der gebürtige Pommer nicht zu fein ist, den Morazinerbraten, einen köstlich mit Backpflaumen, Äpfeln und Rosinen gefüllten mecklenburgischen Rippenbraten auf den Tisch zu bringen. Die ayurvedisch-vegetarische Karte empfiehlt Süßes als Vorspeise, denn das wirke besänftigend aufs Gemüt. Dergleichen Wirkung kann man auch einem Spaziergang durch den englischen Landschaftspark zum Müritzstrand mit Bootshafen nachsagen, ebenso dem Besuch der kleinen oktonalen Patronatskirche aus dem 13. Jahrhundert, die berühmt für ihren Grundriss nach dem Vorbild der Jerusalemer Grabeskirche ist. Auch eine ornithologische Wanderung durch das hiesige Vogelparadies wirkt Wunder.

ROMANTIK HOTEL
GUTSHAUS LUDORF
Manfred und Keril Achtenhagen
Rondell 7, 17207 Ludorf / Müritz
Tel. 03 99 31 / 84 00
Fax 03 99 31 / 840 20
www.gutshaus-ludorf.de
info@gutshaus-ludorf.de

DIE HERRIN DER PILZE

Pilzzüchter schonen Wald und Wiese

Pilze sind der besondere Kick in der Küche. Speisepilze lassen sich vielfältig zubereiten, so kann man sie schmoren, braten, kochen oder als Gewürz verwenden. Als Suppe, Auflauf oder als Ragout, als Beilage zu Fisch, Fleisch und Omeletts, bieten sie für jeden Feinschmecker eine passende Variante. Neben dem Genussfaktor haben frische Pilze zudem einen hohen ernährungsphysiologischen Wert, sie sind eiweißreich und enthalten die wichtigen Vitamine D und B2. Doch mit den Pilzen aus dem Wald ist das so eine Sache, sie wachsen nicht jederzeit, und wer ist sich schon beim Pilzbestimmen ganz sicher. Gefahrlos hingegen kann man der Expertin vom Müritzer Pilzhof vertrauen. In ihrem Keller gedeihen bei einer Luftfeuchtigkeit von über 90 Prozent und einer Temperatur von circa 16 °C Zuchtpilze in Bio-Qualität. Organische Spezialsubstrate versorgen das Myzel mit den notwendigen Nährstoffen. Der gelbe Limonenseitling wächst in dichten Trauben und eignet sich gut als Beilage zu Fischgerichten. Stellenweise wirken die Kellerregale voller Pilze wie ein Stück aus der Unterwasserwelt. An Korallen erinnert der Weiße Buchenpilz, auch Shimeji genannt, der mit seinem Aroma von Nuss, Veilchen und Anis ein wahrer Gaumenschmaus ist. Der muschelförmige Austernseitling, der mitunter auch Kalbsfleischpilz genannt wird, kann einen Durchmesser von 15 Zentimetern erreichen.

Feiner im Geschmack ist der Kastanienseitling, von festem Fleisch der Kräuterseitling, der gebraten prächtig mit Steaks harmoniert. Shiitake schmeckt ein wenig nach Knoblauch. Restaurants und Bio-Frischhändler sind die Kunden des Müritzer Pilzhofes, der wöchentlich 120 bis 150 Kilogramm Pilze erntet. Herrin der Pilze ist die Landwirtin Gerda Lichtenau, die sich seit 2006 um die Pilzzüchtung kümmert, einst ein gefördertes Projekt und inzwischen Teil der Agrar GmbH Lärz-Krümmel, und auch gerne Besucher durch ihr Pilzreich führt. Kostproben inbegriffen.

MÜRITZER PILZHOF
(ALTE BRENNEREI)
AGRAR GMBH
LÄRZ-KRÜMMEL
Gerda Lichtenau
Am Burgberg
17209 Wredenhagen
Tel. 01 60 / 4 47 93 80
www.mueritzer-pilzhof.de
glichtenau@t-online.de

BIBERBURGER UND BLUTWURST FRANZÖSISCHER ART

Manuel Regolin schwört auf geklärte Butter

Südöstlich der Müritz beginnt die Klein-seenplatte – ein Labyrinth von Fluss-läufen, Seen und Wasserwegen – ein Sommerferienparadies. Direkt an der Diemit-zer Schleuse am Kleinen Peetschsee wurde hier ein alter Mecklenburger Dreiseitenhof liebevoll zum Biber-Ferienhof umgebaut, zu dessen Attraktivität seit 2011 die Kochkunst von Manuel Regolin einen wesentlichen Teil beiträgt. In der Gaststätte Zum Biber gelingt dem jungen Koch das Kunststück, sowohl den Bedürfnissen vorbei eilender Fahrradtouristen als auch denen des Genuss-Gastes gerecht zu werden. Zum Renner avancierte in kürzester Zeit der Fischburger mit Hecht, Rucola, Toma-ten, Zwiebeln und zwei hausgemachten Soßen im Ciabattabrötchen, länger verweilt der À-la-carte-Gast natürlich beispielsweise bei der von den Müritzfischern frisch gefangenen und von Manuel Regolin zu grünen Bohnen, Bratkartoffeln und hausgemachtem Kräuter-quark gebratenen Maräne. Ob fein oder rusti-

kal – die Speisekarte richtet sich nach saiso-nalen und regionalen Angeboten. Manuel Regolin hat sein Handwerk im Binzer Hotel Am Meer beim damaligen deutschen Vize-top-Ausbilder Holger Mootz gelernt, unter des-sen fachkundiger Anleitung er erfolgreich an nationalen und internationalen Wettbewerben teilnahm. Erste Sporen verdiente er sich mit dem Achenbachpreis auf dem Bundes-jugendwettbewerb des Verbandes der Köche

Gebratene Maräne mit grünen Bohnen, Bratkartoffeln und hausgemachtem Kräuterquark
Dieses Rezept finden Sie auf der Seite 353

Deutschlands e.V., zudem glänzte er in der Silbernen Schauküche der Internorga in Ham-burg und auf der Internationalen Fischmesse in Bremen. Nicht wie einst, noble Cuisine française, sondern gepflegte, regional orien-tierte bürgerliche Küche ist nun sein Ziel, wo-bei die Ausbildung in klassischer französischer Manier noch immer sein Qualitätsbewusstsein prägt. Versiert im Umgang mit frischen Pro-dukten, nutzt Manuel Regolin weitestgehend das Angebot hiesiger Lebensmittelerzeuger. Altmeisterlich französisch aber beharrt er noch immer auf punktgenaues Garen.

GASTSTÄTTE „ZUM BIBER"
Manuel Regolin
17255 Wustrow / OT Canow
Tel. 0151 / 25 30 73 95
www.biberferienhof.de
manuel-regolin@t-online.de

DER GOURMET-BAUERNHOF
Überwiegend regional und bio-logisch

Rinderfilet an Holunderbeer-Reduktion mit Wirsingkohl-wickel, Rote Bete-Confit und Pastinakenpüree
Dieses Rezept finden Sie auf der Seite 353

GOURMETHOF
Rita Dubbe
*Belowerstr. 2
17255 Wesenberg / OT Below
Tel. 03 98 32 / 26 582
www.gourmethof.de
info@gourmethof.de*

Der Gourmethof in Below, umgeben von den Flusswiesen des Woblitz-Sees, ist ein ideales Ausflugsziel. Spielplatz und Tiergehege beschäftigen die lieben Kleinen, Auslauf ist garantiert, aber immer im Blickfeld der Erwachsenen, die sich mit gutem Gewissen dem herzhaft kulinarischen Vergnügen hingeben können. Entspannt schweift der Blick über den Tellerrand auf die Weide. Die 50 Angusrinder und etwa 70 Damtiere werden in und um Below artgerecht gehalten. Circa 100 Hektar groß ist heute der Biobetrieb, in dem die Tiere mit hofeigenem Futter, ohne Antibiotika oder Masthilfsmittel ernährt werden. Das Besondere hier ist, dass die Rinder ganzjährig auf der Weide gehalten werden und die Kälber bei den Müttern bleiben. Angefangen hat alles 2002 mit ein paar Damtieren, doch Rita Dubbe hatte Visionen. Das alte Bauernhaus, nur „Küche, Zimmer, Plumpsklo", wurde saniert und ausgebaut. Kein leichtes Unterfangen, musste die junge Frau doch auch ihr Studium der Betriebswirtschaft bewältigen – im bayrischen Rosenheim. Aber gemeinsam mit ihrem Lebenspartner schuf sie einen Ort, an dem sich nun Genuss, traditionelles Handwerk und moderner Zeitgeist verbünden. Stück für Stück wuchsen Hof und Fachwerkhaus, dessen tragendes Gerüst aus den Kieferbäumen des eigenen Waldes gezimmert und dessen Gefache mit alten Ziegeln ausgemauert wurden. In der Küche variiert das Team um Küchenchef Robert Rausch kreativ klassische Gerichte und umhüllt beispielsweise das Schnitzel vom Jungrind mit einer Sesampanade. Ideenreich verarbeitet Robert Rausch Damwild, Rind, Schwein und Lamm von der Zunge bis zur Haxe. Tierisches in seinem Reich, das nicht zuvor auf eigener Weide graste, stammt vorzugsweise von umliegenden Bio-Bauernhöfen. Viele Produkte aus der Speisekarte des Hofrestaurants kann man auch direkt im Laden kaufen. Zum hochwertigen Fleisch gibt es sogar den passenden Fond.

Aber auch Wurst, Sülze, Obst, Gemüse, Kräuter, Tee, Gelee, Pesto, Chutney, Sirup und mehr werden angeboten. Locker und lecker geht es bei den sommerlichen Grillabenden mit Livemusik zu. Dann ist es mit der Ruhe auf dem Hof vorbei.

HAVELKRUG GRANZIN

Es duftet nach Pizza, Pasta und Ragù di Capriolo vom Müritzer Reh

Pizza Focaccia Aurelia
*Dieses Rezept finden Sie
auf der Seite 354*

„Wenn ich jemals ein Restaurant eröffnen würde, dann nur mit diesen urigen holzbeheizten Pizzaöfen", sagte sich der heutige Bauingenieur Nico Mißler, als er noch als Zimmermann auf Wanderschaft ging und im Schwarzwald zum ersten Mal diese kuppelförmigen, gemütlichen Holzbacköfen sah. Inzwischen lässt er mitten im Müritz-Nationalpark die Schornsteine rauchen. Gemeinsam mit seiner Frau Kristina Möhring hatte er 2006 den über 100 Jahre alten Havelkrug im stillen Granzin gekauft – ein Rundlingsdorf mit viereckigem Anger und neogotischer Kirche. Ringsum viel Wasser, denn das Dorf liegt im Havelquellgebiet, von wo aus der Fluss sich Richtung Berlin ergießt. So nähert man sich diesem Ort ohne Durchgangsstraße am schönsten paddelnder Weise – das Gasthaus hat einen eigenen Kanuanleger – oder auch mit dem Fahrrad über den Europäischen Radwanderfernweg

Berlin-Kopenhagen. 2006 umgebaut und nach einem Brand 2008 im heutigen großzügigen Landhausstil wiedereröffnet, hat sich das Wirtshaus mit italienischem Charme längst viele Stammkunden gemacht, selbst unter Italienern. Denn weit und breit gibt es keine so köstlichen Pizzen, wie die aus den Granziner Pizzaöfen.

HAVELKRUG GRANZIN
Nico Mißler
*Granzin 1, 17237 Kratzeburg
Tel. 03 98 22 / 2 02 32
Fax 03 98 22 / 2 99 62
www.havelkrug.de
info@havelkrug-granzin.de*

Schon gar keine mit Salsiccia fresca, der nach sizilianischem Rezept von einem Berliner Fleischermeister für den Havelkrug hergestellten Frischwurst. Das Pizza-Repertoire reicht von der klassischen Margherita bis zur raffiniert schlichten Foccacia Aurelia mit Olivenöl, Antipasti-Gemüse, Ziegenkäse und Parmaschinken. „Dazu sind unsere handgemachten Pizzen ‚German-like' üppig belegt", betont Kristina Möhring. Ansonsten wird klassisch italienisch gekocht: schlicht und himmlisch wie Pasta mit Trüffel und Parmesan. Oder Bolognese – aus heimischem Wollschwein. Die deutsch-italienische Liaison im Havelkrug Granzin zeichnet sich vor allem durch italienische Rezepturen und die Wertschätzung bester heimischer Grundprodukte aus, wie Ziegenkäse, Fisch, Gemüse und Salaten aus der nahen Umgebung.

AUS FREUDE AM GLAS

Bettina Paesler stellt zauberhafte Glaskunststücke her

Vor der Glasmanufaktur, direkt am Fernradweg Berlin-Kopenhagen, sitzen die Gäste bei Kaffee und Kuchen, bei Flammkuchen und Eis. Der Blick auf den Käbelicksee ist herrlich, doch der Einblick in die Werkstattgalerie der Glaskünstlerin Bettina Paesler macht ihm wahrhaft Konkurrenz. Schalen in klassisch-geradliniger Form brillieren in kräftigen Farben, auch die Fensterbilder und Perlen strahlen pure Lebensfreude aus. Jedes Stück ist ein Unikat. Die gelernte Textilingenieurin hielt es in ihrer Kreativität nicht bei nur einem Material. Neben Textilem und der Malerei faszinierte sie auch der zerbrechliche Werkstoff Glas. Die Grundlagen im gestalterischen Umgang mit Glas eignete sie sich bei dem weltweit etablierten Glashersteller Schott an. 2011 machte sie ihren früheren

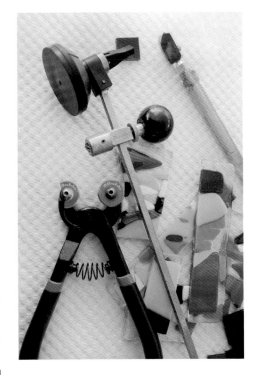

Urlaubsort nahe dem Nationalpark Müritz zum Lebensmittelpunkt und zur Wirkungsstätte. In der Galerie steht der spezielle Brennofen, in dem die Gebrauchs- und Dekorationsobjekte durch den Prozess des Fusing, also durch Verschmelzen, bei etwas über 800 °C, gestaltet werden. Erst im zweiten Arbeitsgang wird das Glas bei einer Temperatur von 700 °C geformt. Zur Gestaltung der Objekte dienen vor allem Formzuschnitte aus farbigem Flachglas, Glaskrösel, Glasstringer, zerstoßenes Glas und Glas-Pulver. Manche Glas-Objekte schmückt die Künstlerin auch mit Bemalungen zwischen zwei Glasplatten. Vieles entsteht ganz nach Wunsch der Kunden. Zur Herstellung von Glasperlen wendet Bettina Paesler das älteste und aufwendigste Verfahren, die Wickeltechnik an. Hierbei wird die Spitze eines Glasstabes erhitzt und die weiche Glasmasse um einen Dorn gewickelt. Wer beim Anblick all dieser Glaskunststücke Lust zum eigenen Gestalten bekommt, kann sich in der Wintersaison zu den Tageskursen bei Bettina Paesler anmelden.

GLASMANUFAKTUR DALMSDORF
Bettina Paesler
Dalmsdorf 1, 17237 Kratzeburg
Tel. 03 98 22 / 29 60 57
info@glasmanufaktur-dalmsdorf.de
www.glasmanufaktur-dalmsdorf.de

AUS LIEBE ZU MECKLENBURG

Mit Leib und Seele für regionale Erzeugnisse

Eigentlich ist Jörg Godenschweger Diplom-Geograf, doch erweist sich bei näherem Hinsehen, dass diese Wissenschaft von der räumlichen Struktur und Entwicklung der Erdoberfläche, vor allem in ihrer Disziplin der Wirtschafts- und somit auch der Agrargeografie durchaus etwas mit seinem jetzigen Beruf als Bioladen-Besitzer zu tun hat. Es geht in beiden Fällen um Raumbezug, Kreisläufe und Regionalität. Agrargeografie untersucht die Wechselwirkungen zwischen den natürlichen Geofaktoren wie Klima, Relief, Boden, Wasser, und den anthropogenen Geofaktoren wie Politik, Wirtschaft, Bevölkerung des Agrarraumes. Jörg Godenschweger setzt die Erkenntnisse vernünftigen Umganges mit der Erde und seine Heimatliebe ganz pragmatisch um und bietet in seinem Feldberger Laden vor allem Bio-Produkte regionaler Erzeuger an. Noch heute schmücken die alten Jugendstilfliesen der hier 1912 eröffneten urgroßelter-

lichen „Fleischerei- und Schlachterei Godenschweger" den vorderen Verkaufsraum. Im Nebenraum erinnern Kachelofen, Anrichte und Standuhr an die einstige gute Stube der Großmutter, die in DDR-Jahren noch bis zur Rente in dem zwangsläufig zu Konsum und HO umgewandelten Geschäft angestellt war. 2007 eröffnete Jörg Godenschweger hier seinen Bioladen mit Bistro und entwickelte nach und nach, entsprechend eigener Vorlieben und denen der Kunden, das heute so umfassende Sortiment. Dafür reiste er landauf, landab zu Bauern, Fischern, Jägern, Imkern, Gärtnern, Mostern, Schäfern, Bäckern, Käsern, Kunsthandwerkern und auf Ziegenhöfe. Inzwischen beliefern ihn große Ökohöfe aber auch engagierte Einzelkämpfer. Im Bistro „füttert" Jörg Godenschweger die Gäste mit Produkten, die man auch im Laden kaufen kann. Vegetarisch sind die leckeren Gemüsesuppen, die man sich auch beispielsweise mit würziger Wildknacker aufpeppen kann. Der „Mecklenburger" ist hier ein Rindfleischburger. Es gibt auch Quiche, Pasta und Fisch, Eis und Kuchen. Und „den besten Kaffee der Stadt".

LEIB & SEELE
LADEN UND GASTSTUBE
Jörg Godenschweger
Fürstenberger Straße 28
17258 Feldberger Seenlandschaft /
OT Feldberg
Tel. 039 831 / 52 98 05
www.regionalhof.de
joerg.godenschweger@web.de

LÄMMERSCHWÄNZE UND ZIEGENWURST

Ökologische Schafhaltung in der Feldberger Seenlandschaft

Wenn die Schäferin Josephine morgens auf die Weide geht, ist sie in der Weite der Wiesen mit ihren Rauhwolligen Pommerschen Landschafen und den Ziegen noch ganz allein. Erst am Vormittag kommen die Wanderer auf dem von Brombeerranken, Schlehenbüschen und Ginster gesäumten Weg über den Hauptmannsberg, die mit 121 Metern höchste Erhebung des gleichnamigen Naturschutzgebietes. Sie genießen den herrlichen Blick über die blühenden Margerrasen dieser Landschaft, inmitten des Naturparks Feldberger Seenlandschaft, die hier von den mehr als 350 Muttertieren

SCHÄFEREI HULLERBUSCH
Hullerbusch 2
17258 Feldberger Seenlandschaft
Tel. 03 98 31 / 2 00 06
Fax 03 98 31 / 2 24 36
www.schaeferei-hullerbusch.de
schreiben@schaeferei-hullerbusch.de

und ihren Lämmern vor Verwilderung bewahrt wird. Ein Bild wie aus vergangener Zeit. „Dabei ist Schafhaltung noch heute überraschend artgerecht, aber nicht überall richtet sie sich nach der EU-Bioverordnung", sagt Jospehine Hermühlen. Die Hofstelle der Schäferei Hullerbusch ist ein beliebtes Ausflugsziel. Kristallklar und smaragdgrün spiegelt der nahe Schmale Luzin die Buchen der Uferhänge, über die so mancher von Feldberg her kommende Urlauber den Weg zum Hullerbusch nimmt, um sich auf Holzbänken und fellbedeckten Findlingen an Schafssoljanka, Lammwiener, Ziegenmilcheis und frisch gebackenem Kuchen zu stärken. Tee aus der benachbarten Bio-Gärtnerei löscht den Durst. Im Hofladen gibt es frisches Lammfleisch, Schaf- und Ziegenwurst sowie Schinken. „Die ökologische Schafhaltung, also der Verzicht auf synthetischen Dünger, Pestizide und vorbeugende Medikamentengabe, schont nicht nur die Natur, sie garantiert auch hohe Fleischqualität." Schäferin

Josephine Hermühlen betreibt den Familienbetrieb gemeinsam mit ihrem Bruder Jacob, der sich auch um die Futteranbauflächen kümmert. Die feste graue Wolle der Schafe wird zu Strickwolle, Socken, Wollflorwesten und Plüschtieren verarbeitet. Neben eigenen Produkten bietet der Hofladen auch Ziegenkäsespezialitäten, frisches Brot und Honig von mecklenburgischen Bio-Höfen an.

FEINSTE LANDKÜCHE

In der einstigen Dorfschule erteilt Daniel Schmidthaler Genuss-Stunden

Sanddorn/Birne/Ingwer/
Schokoessig
*Dieses Rezept finden Sie
auf der Seite 355*

Das Ensemble von Gotteshaus und alter Schule auf dem Fürstenhagener Kirchberg ist so idyllisch wie weltabgeschieden. Niemand vermutet in dieser dünnbesiedelten Region – nichts als glasklare Seen, Felder, grüne Hügel, winzige Dörfer – ein Gasthaus der Spitzenklasse. Doch hat sich das Können des österreichischen Küchenmeisters Daniel Schmidthaler in Windeseile herumgesprochen. Schon 2010, im Jahr des Neubeginns, schwärmt Berlins Gastrokritiker Bernd Matthies: „Wenn es etwas Schöneres geben sollte, als dort im Garten unter dem Kirchturm zu sitzen und marinierte Maränenfilets mit Wassermelone und Passe-Pierre-Algen zu essen …, dann bitte ich um Nachricht." 2011 legt Gault Millau mit 15 Punkten und der Bemerkung nach: „… erstaunlich, wie Schmidthaler diese Köstlichkeiten handwerklich einwandfrei auf den Teller bringt." Seit 2012 erleuchtet der Michelin-Stern die „Genussstunden in der einstigen Dorfschule", die somit eines der rustikalsten und abgeschiedensten Sterne-Restaurants Deutschlands beherbergen dürfte. Die Atmosphäre im großen, sparsam möblierten ehemaligen Klassenzimmer ist entspannt.

Gemeinsam mit seiner Frau Nicole schuf Schmidthaler hier eine Oase feinster ländlicher Gourmandie, die nun zwar kein Geheimtipp mehr, aber immer noch so erstaunlich ist, wie die spannenden Geschmackskompositionen des Kochkünstlers, der seine wesentlichen

ALTE SCHULE
Daniel Schmidthaler
*Zur Alten Schule 5
17258 Feldberger Seenlandschaft /
OT Fürstenhagen
Tel. 03 98 31 / 22 023
Fax 03 98 31 / 22 031
www.hotelalteschule.de
hotelalteschule@googlemail.com*

Erfahrungen in den Küchen der Spitzenköche Stefan Hofer und Bobby Bräuer gesammelt hat. Mit Erfindungsreichtum und Liebe zum Grundprodukt hat er seine eigene Handschrift entwickelt, mit der er gerne kulinarische Kindheitserfahrungen modern übersetzt, wobei Omas Gerichte, wie Szegediner Gulasch oder Brettljause zwar Pate stehen, aber edle, zumeist regionale Zutaten raffiniert die erinnerten Aromen inszenieren. Der Blick auf die Karte gibt nur die Grundkomponenten eines Gerichtes preis, etwa Reh, Blumenkohl, Speck und Holunder. Der Rest ist Überraschung, bei der jeder Bissen zum Erlebnis wird.

KUCHENPARADIES

Die Bäckerin kombiniert kühn und klassisch

Carwitz liegt auf einem schmalen Bergrücken zwischen vier Seen. Vor allem seinem berühmtesten ehemaligen Bewohner, dem Schriftsteller Hans Fallada, hat das adrette Straßendorf im Sommer viele Gäste zu verdanken. Es ist ein kleiner Ort mit blühenden Vorgärten und hohen Bäumen, mit Holländerwindmühle und einer Dorfkirche. Gegenüber der Fachwerkkirche aus dem 18. Jahrhundert gibt es seit 2009 ein kleines Café, so zauberhaft, das es alleine schon Grund genug wäre, nach Carwitz zu reisen. Maria Garlet, man könnte meinen, die junge Wirtin hätte diesen Namen passend zum romantischen Ambiente gewählt, deckt hinter den blassblau gerahmten Fenstern im roten Mauerwerk des über 100 Jahre alten Backsteinhauses die Tische, legt auf die Teller winzige bunte Deko-Küchlein. Puppenstubenzierlichkeit. Die Stehlampen verbreiten ein bisschen Retro-Charme. Die Armlehnstühle tragen weinrote Samtbezüge, an den lilafarbenen Wänden hängen die fröhlich-naiven Gemälde der Mama, Simone Garlet, die auch die Bäckerin der köstlichen Torten und Kuchen ist. „Sie ist Spezialistin für Hefekuchen in allen Varianten", sagt Tochter Maria stolz. „Es gibt sogar Anfragen, ob sie nicht Hefekuchenbackkurse geben könnte." Simone Garlet ist ein Naturtalent, das mehr nach Gefühl als nach Rezept backt. Ihre Himbeer-Mohntorte passt nicht nur

CAFÉ SOMMERLIEBE
Maria Garlet
*Carwitzer Straße 37
17258 Feldberger Seenlandschaft
Tel. 03 98 31 / 5 91 09
www.hausgarlet.de
mariagarlet@web.de*

farblich wunderbar zum Interieur, sie schmeckt auch so gut, dass sie ebenso wenig in der Kuchenvitrine fehlen darf wie der saftige Schokoladenkuchen. Wer es weniger klassisch mag, den überrascht Simone mit „verrückten" Kombinationen wie Camembert-Pflaumen-Kuchen und Erdnuss-Bananen- oder Hagebutten-Ingwer-Torte. Wer mit gutem Gewissen naschen will, sollte zur Buchweizentorte oder zum Dinkelkuchen greifen. Auch laktose- und glutenfreie Naschereien garantieren Schlemmen ohne Reue. Bis zu 20 verschiedene Kuchen und Torten stehen in der Hauptsaison zur Auswahl. Natürlich gibt es auch Eis und Kaffee in vielen Variationen.

DAS POWER-SLEEPING-HOTEL

Und am Morgen gibt es Frühstück auf der Seeterrasse

Ein schmales Asphaltband schlängelt sich durch Felder und über Endmoränenhügel bis dicht an den Tollensesee. Glücklicherweise hat der Reisende noch den Rat im Ohr: „Wenn Sie glauben, jetzt kommt gar nichts mehr, sind Sie am Ziel." Was sich wie eine buddhistische Weisheit anhört, ist die exakte Wegbeschreibung. Plötzlich steht man vor einem modernen Klinkerbau, der nicht ganz den westfälischen Ursprung der Bauherren verleugnen kann. 1991 erbaut, 2012 noch einmal grundlegend modernisiert, entwickelte sich das Haus zum Wellness- und Gesundheitshotel. Das Wasser im Schwimmbecken hat eine der Ostsee vergleichbare Salzkonzentration von 1,8 Prozent. „Das regt den Stoffwechsel an", sagt Britta Budeus-Wiegert. Als erstes Gesundschlafhotel Deutschlands wurden alle Betten mit dem Samina-Schlafsystem ausgestattet.

Terrine vom Mecklenburger Bio-Hähnchen
Dieses Rezept finden Sie auf der Seite 354

Bewegung, erholsamer Schlaf und gesundes Essen sind hier die Grundlage einer rundum gelungenen Regeneration. Im Restaurant Lisette sorgt Torsten Räth kontinuierlich für zufriedene Gäste. Der ehemalige Schiffskoch heuerte 1992 an und entwickelte sich entsprechend dem Konzept des Hauses zum Diät- und Gourmetkoch für Vollwerternährung sowie zum Ernährungsberater. Für seine Gerichte setzt der Küchenmeister möglichst auf ökologisch erzeugte Qualitätslebensmittel aus Mecklenburg-Vorpommern und der Grenzregion, wobei sich die Karte nach dem jeweiligen Frischeangebot richtet. Torsten Räth, der die Wildkräuter für seine Pesti, Salate und Suppen gerne selber sammelt, ist auch immer auf der Suche nach Kleinproduzenten der Umgebung. Oftmals verrät schon die Karte die Herkunft der Produkte wie Strelitzer Rehrücken, Hullerbuscher Lamm, Havelländer Apfelschwein, Müritzsaibling und Ostseedorsch. „Im Winter koche ich eher französisch, im Sommer italienisch", sagt Torsten Räth und vermählt rosa gebratene Gewürzentenbrust mit Rosmarin-Wacholdersoße und Feigenrotkohl, an warmen Tagen gesellt er zur Tollensemaräne gerne Gurkentagliatelle und Maränenkaviar.

HOTEL BORNMÜHLE
Britta Budeus-Wiegert
Bornmühle 35
17094 Groß Nemerow
Tel. 03 96 05 / 600
Fax 03 96 05 / 603 99
www.bornmuehle.de
info@bornmuehle.com

REZEPTE

REHRÜCKEN MIT FRISCHEN PFIFFERLINGEN, SCHUPFNUDELN UND PREISELBEERBIRNE
Kurhaus am Inselsee, Seite 306

ZUTATEN für 4 Personen
800 g Rehrücken, dressiert | Salz | Pfeffer | 80 g Sonnenblumenöl |
120 g Matignon, bunt (Karotten, Sellerie, Zwiebeln, Lauch) |
100 ml Rotwein | 240 ml Wildjus | 40 ml Gin | 40 ml Sahne |
400 g Pfifferlinge, frisch | 20 g Schalotten | 20 g Olivenöl |
2 g Thymian | 2 g Rosmarin
Garnitur: 240 g Birnen, geschält | 80 ml Weißwein | 80 ml Wasser |
15 ml Zitronensaft | 40 g Zucker | 80 g Preiselbeeren | Kompott
Schupfnudeln: 400 g Kartoffeln, mehlig kochend | 3 Stück Eigelb |
130 g Weißmehl | 5 g Salz | Muskatnuss, gerieben | 30 g Butter

ZUBEREITUNG
Birnen längs halbieren und das Kerngehäuse ausstechen. Birnenhälf-
ten mit Weißwein, Wasser, Zitronensaft und Zucker pochieren und im
Sud erkalten lassen. Nun den Rehrücken salzen und pfeffern und im
heißen Öl im Ofen anbraten. Unter häufigem Begießen bei reduzierter
Hitze fertig braten, herausnehmen und warm stellen. Überschüssiges
Öl abgießen, das Matignon andünsten. Bratensatz mit Rotwein ablösen
und fast vollständig einkochen lassen. Mit Wildjus auffüllen, zur Hälfte
einkochen lassen und passieren. Gin und Vollrahm beigeben, die Soße
abschmecken. Pfifferlinge und fein gehackte Schalotten sautieren.
Gehackte Kräuter beigeben und mit Salz und Pfeffer abschmecken.
Schupfnudeln: Kartoffeln in Salzwasser knapp gar kochen, schälen,
pürieren, Eigelb beigeben und auskühlen lassen. Weißmehl untermischen, abschmecken, zu Rollen von 1 bis 1,5 Zentimeter Durchmesser
formen. Mit einem Teighorn Stücke von 1 Zentimeter Länge abstechen
und mit dem Handballen in 4 bis 6 Zentimeter lange, seitlich dünn
auslaufende Nudeln abschupfen. Schupfnudeln auf Pergamentpapier
legen und anschließend im Salzwasser pochieren. Wenn die Schupfnudeln obenauf schwimmen, herausnehmen, würzen und in erhitz-
ter Butter unter zeitweisem Wenden goldgelb sautieren.

GESCHMORTE OCHSENBACKE MIT SALAT-HERZEN UND STEINPILZEN
Schloss Ulrichshusen, Seite 312

ZUTATEN für 4–6 Personen
3 ganze Ochsenbacken | Salz | weißer Pfeffer | 1 Staude Bleich-
sellerie, gewürfelt | 1 Karotte, gewürfelt | 10 Zwiebeln, gewürfelt |
4 Knoblauchzehen, geschält und halbiert | 5 EL Butter | 1 EL weiße
Pfefferkörner, zerstoßen | 1 EL Senfkörner | 1 EL Korianderkörner |
2 Lorbeerblätter | 1 Zweig Rosmarin | 3 Zweige Thymian | 1 Dose
Pelati (Schältomaten) | 1 l Portwein | 750 ml Rotwein | 0,3 l dunkler
Balsamicoessig | 250 g Rübensirup | 2,5 l Kalbsfond | feine Gemüse-
chili-Juliennen | geröstete Pinienkerne und Berberitze für die fertige
Soße
Kopfsalatherzen mit Steinpilzen: 4 Kopfsalatherzen | 300 g frische
Steinpilze | 80 g Butter | Öl | 2 EL Blattpetersilie | 12 Fingerkarotten

ZUBEREITUNG
Ochsenbacken: rundherum salzen und pfeffern und in Öl anbraten.
Die Ochsenbacken herausnehmen und das Fett abgießen. Das
Gemüse mit dem Knoblauch in den Topf geben, Butter hinzufügen
und das Gemüse darin anrösten. Gewürze und Kräuter zufügen und
mit den Pelati aufgießen. Kurz durchkochen lassen. Abwechselnd mit
etwas Portwein, Rotwein und Rotweinessig auffüllen und wieder
einkochen lassen. Vorgang wiederholen, bis man einen sirupartigen
Schmoransatz erhält. Ochsenbacken wieder in den Topf legen, mit
Kalbsfond aufgießen und den Rübensirup dazugeben. Backen in
3–4 Stunden bei 140 °C weich schmoren, dann aus dem Topf nehmen und mit einem feuchten Tuch abdecken. Soße passieren und
um die Hälfte reduzieren.
Kopfsalatherzen mit Steinpilzen: Die Steinpilze nicht zu klein schneiden. Kopfsalatherzen in einzelne Blätter zupfen. Die Pilze in heißem
Öl anbraten, dann die Hitze etwas verringern und Butter dazugeben.
Jetzt den Salat hinzufügen und mehrmals schwenken, bis der Kopf-
salat etwas zusammenfällt. Mit Salz und Pfeffer würzen, gehackte
Petersilie dazugeben. Die vorblanchierten Fingerkarotten in etwas
Butter erwärmen.

GEBRATENE RIESENGARNELEN MIT ANANAS-CHUTNEY UND FELDSALAT

Restaurant & Café Leddermann, Seite 315

ZUTATEN für 4 Personen

500 g Riesengarnelen ohne Kopf (ca. 20 Stück) | Salz | Pfeffer aus der Mühle | 1 Knoblauchzehe | 2 EL Olivenöl | 15 g Butter | 150 g Feldsalat (gewaschen und geputzt) | 20 Kirschtomaten, rot Ananas-Chutney: 1 Ananas | 100 g Rohrzucker | 1 Chilischote | 50 g Zwiebelwürfel | 1 Stange Zitronengras | 20 g Ingwer | 1 Limette | 20 g frischer Koriander | Salz Dressing: 50 ml Aceto Balsamico | 50 ml Apfelsaft | 250 ml mildes Olivenöl | 1 EL Senf | Honig | Salz | Pfeffer

ZUBEREITUNG

Chutney: Rohrzucker karamellisieren lassen, Zwiebelwürfel zugeben, dann Ananaswürfel und feingeschnittenen Chili zugeben. Ingwer, geschält und gewürfelt, mit dem angeklopftem Zitronengras in den Topf geben. Von der Limettenschale Abrieb herstellen, die Limette auspressen und zur Ananas geben. Alles bei kleiner Hitze zu konfitü-renartiger Konsistenz einkochen. Den Koriander in feine Streifen schneiden und mit etwas Salz beifügen.

Dressing: Aceto Balsamico, Apfelsaft und Senf in einen Standmixer geben. Bei eingeschaltetem Gerät langsam das Olivenöl zugeben, bis es eine sämige Konsistenz hat, mit Salz, Pfeffer und Honig ab-schmecken.

Riesengarnelen: Zusammen mit der angedrückten Knoblauchzehe circa 1 Minute von jeder Seite in Olivenöl goldgelb anbraten, dann mit Salz und Pfeffer würzen und die Butter zusammen mit allen Zutaten schmelzen lassen.

ANRICHTEN

Kirschtomaten im Kreis legen, dazwischen einen Teelöffel Ananas-Chutney geben. Den Feldsalat mit dem Dressing anmachen und in der Mitte des Tellers anrichten. Die Riesengarnelen auf das Ananas-Chutney geben.

SEETEUFEL-MEDAILLONS AUF BIRNEN, BOHNEN UND BACON

Hotel Rosendomizil Malchow, Seite 322

ZUTATEN für 4 Personen

1 kg frisches Seeteufelfilet | 200 g Schalotten | 250 g Bacon | 600 g frische Bohnen | 3 Birnen (am besten eignet sich die Sorte Abate) | 200 ml Birnensaft | 800 g kleine festkochende Kartoffeln (am besten eignet sich die Sorte Drillinge) | 1 Zweig Rosmarin (frisch) | 1 Limette

ZUBEREITUNG

Seeteufelfilet in Medaillons schneiden, mit Limettensaft und Olivenöl beträufeln und abgedeckt in den Kühlschrank stellen. Schalotten schälen und längs in Spalten schneiden. Birnen entkernen und ebenfalls in längliche Spalten schneiden. Den Bacon in feine Streifen oder Würfel schneiden.

Nun den Bacon und die Schalotten in Butter anschwitzen und anschließend die Birnen dazugeben, leicht anbraten und mit dem Birnensaft ablöschen und leicht einreduzieren lassen.

Zum Schluss die zuvor gekochten Bohnen dazugeben und mit Salz und Pfeffer würzen.

Die gekochten Kartoffeln (am besten mit Schale kochen) halbieren und in Olivenöl anbraten, mit Salz und Pfeffer würzen und den gezupften Rosmarin unterheben.

Zum Schluss die Seeteufelmedaillons mit Salz würzen und in heißer Butter oder Olivenöl anbraten.

REZEPTE

KALBSRÜCKEN „SOU VIDE" IM GEMÜSE-KÖRBCHEN UND KARTOFFELBAUMKUCHEN

Gutshof Woldzegarten, Seite 324

ZUTATEN

200 g mehlig kochende Kartoffeln | 50 ml Sahne | 70 g Butter |
2 Eier | 500 g Kalbsrücken | 200 ml Rotwein | Kräuter | Fett
zum Braten | 2 Knollen Fenchel | 4 Karotten | ½ Kopf Sellerie |
4 Stangen grünen Spargel | 2 Pastinaken

ZUBEREITUNG

Kartoffelbaumkuchen: Kartoffeln weich kochen und mit Salz, Pfeffer,
Sahne und Butter pürieren. Püree auf ein mit Backpapier ausgelegtes
Backblech streichen und bei Oberhitze goldbraun werden lassen.
Dann mit Ei bestreichen, halbieren, übereinander legen, anschließend diese Hälfte nochmals halbieren und auch übereinander
schichten. So entstehen 4 Schichten „Baumkuchen". Den Baum-
kuchen zum Kalbsfilet in den Ofen schieben, um die Schichten zu
„verkleben".
Kalbsrücken: Kurz und scharf von beiden Seiten anbraten, mit Salz,
Pfeffer, sowie frischen Kräutern wie Rosmarin und Thymian bestreuen. Anschließend Rotwein angießen und bei 80 °C im Ofen
garen bis der Rücken eine Kerntemperatur von 55 °C erreicht hat.
Kalbsrücken aus dem Ofen nehmen und sofort aufschneiden.
Gemüsekörbchen: Fenchel waschen und zu Schälchen halbieren.
Das restliche Gemüse schälen und mit dem Fenchel zusammen
blanchieren. Sellerie länger kochen lassen, anschließend mit etwas
Sahne pürieren. Mit dem Fenchel beginnend das Gemüsebett
zusammenbauen.

DAS BESTE VOM HIRSCH MIT STEINPILZEN UND SEMMELKNÖDELN

Romantik Hotel Gutshaus Ludorf, Seite 329

ZUTATEN für 4 Personen

Hirsch: 800 g Hirschfleisch aus der Keule | 400 g Hirschrücken ohne
Knochen | 50 g Butterschmalz | 2 Zwiebeln | 2 Möhren | ¼ Sellerie-
knolle | ½ Porreestange | 1 EL Tomatenmark | 600 ml Jus | 1 Glas
Rotwein | 10 Wacholderbeeren | 1 TL Preiselbeergelee
Serviettenknödel: 8 Brötchen vom Vortag | 1 Zwiebel | 120 g Butter |
4 EL Petersilie | 1 EL Basilikum, feingehackt | 1 TL Salz |
1 Prise Muskat | 250 ml lauwarme Milch | 6 Eiweiß | 6 Eigelb
Steinpilze: 700–800 g Steinpilze | 1 Zwiebel | 40 g Butterschmalz

ZUBEREITUNG

Hirschkeule in Butterschmalz anbraten, salzen, pfeffern. Gemüse mit
anbraten. Tomatenmark dazu geben, alles mehrmals mit Jus und
Rotwein angießen und reduzieren. Restlichen Jus eingießen, Wacholderbeeren dazugeben und bei geschlossenem Deckel circa 1,5–2 Stunden bei 160 °C schmoren. Braten und Wacholderbeeren herausnehmen, Röstgemüse mit Jus pürieren, dann passieren. Hirschrücken mit
Salz und Pfeffer würzen, von beiden Seiten 5–6 Mal kräftig anbraten,
danach 15 Minuten bei 80 °C ruhen lassen.
Serviettenknödel: Brötchen und Zwiebel würfeln. Zwiebeln in 20 g
Butter glasig andünsten, Kräuter untermischen. Die restliche Butter
mit den Eigelben schaumig rühren, mit Salz und Muskatnuss abschmecken. Die Brotwürfel mit lauwarmer Milch übergießen, durchziehen
lassen, Zwiebel-Kräutermischung und Eigelb-Buttermasse untermischen. Das zu steifem Schnee geschlagene Eiweiß hinzufügen und
unter die Masse heben. Ein feuchtes Tuch ausbreiten und die Knödel-
masse mit feuchten Händen oder einem Löffel in Form einer Wurst
auflegen. Locker in das Tuch einrollen und dieses an den Enden mit
Küchengarn abbinden. In siedendem Salzwasser bei etwas geöffne-
tem Deckel etwa 1 Stunde garen. Nach der Hälfte der Garzeit wenden.
Steinpilze: Zwiebelwürfel in ausgelassenem Butterschmalz glasig
schwitzen. Steinpilze mit Zwiebeln 5 Minuten braten, mit Salz und
Pfeffer würzen.

GEBRATENE MARÄNE MIT GRÜNEN BOHNEN, BRATKARTOFFELN UND HAUSGEMACHTEM KRÄUTERQUARK

Gaststätte „Zum Biber", Seite 333

ZUTATEN für 4 Personen

8 frische Maränen à 120–150 g | 600 g Buschbohnen | 600 g vorwiegend festkochende Kartoffeln (vom Vortag) | 250 g Speisequark | 100 g Speck | 100 g Zwiebel | 1 Zehe Knoblauch | frisches Bohnenkraut | frische Petersilie, gehackt | frischer Dill, fein geschnitten | frischer Thymian, gehackt | 250 g Butter | Sonnenblumenöl | Salz | Pfeffer aus der Mühle

ZUBEREITUNG

Quark mit Dill, Petersilie und Thymian verrühren. Knoblauchzehe in den Quark pressen, alles mit Salz und Pfeffer abschmecken. Die Maränen außen und innen salzen. Bohnen in Salzwasser blanchieren. Bratkartoffeln in etwa 5 Millimeter dicke Scheiben schneiden. Zwiebel und Speck in ähnliche Kantenlängen würfeln. In der Zwischenzeit Butter erhitzen und vorsichtig die Molke abschöpfen, damit nicht zu viel von der geklärten Butter verloren geht. Nun die Bohnen durch ein Sieb abgießen und sofort mit kaltem Wasser herunterkühlen, gut abtropfen lassen. Kartoffeln in Öl und die Märanen in geklärter Butter goldgelb braten. Dann in einer dritten Pfanne die Bohnen in geklärter Butter warm ziehen lassen. Kurz bevor die Bratkartoffeln auf der zweiten Seite goldgelb sind, den gewürfelten Speck dazugeben und durchschwenken. Bohnen ebenfalls durchschwenken, salzen, gezupftes Bohnenkraut dazu geben. Sind die Maränen auf beiden Seiten goldgelb, die Hitze auf ein Minimum reduzieren, noch einmal wenden und durchziehen lassen. Zwiebelwürfel zu den Kartoffeln geben und nochmals durchschwenken. Salzen, pfeffern und Petersilie darüberstreuen. Noch einmal alles durchschwenken und dann sofort mit den Maränen und den Bohnen und zu guter Letzt mit dem Kräuterquark anrichten.

RINDERFILET AN HOLUNDERBEER-REDUKTION MIT WIRSINGKOHLWICKEL, ROTE-BETE-CONFIT UND PASTINAKENPÜREE

Gourmethof, Seite 334

ZUTATEN für 4 Personen

4 x 150 g Rinderfilet
Rote-Bete-Confit: 1 Rote Bete | 50 ml roter Balsamicoessig | 50 ml guter Rotwein | 1 Sternanis | 5 Pfefferkörner | 75 g Zucker
Wirsingkohlwickel: ½ Wirsingkohl | 20 g Speck | 2 kleine Zwiebeln | 100 g Butter | 300 ml Sahne | Pfeffer | Salz | Muskatnuss
Pastinakenpüree: 300g Pastinaken | 200ml Milch | 1 Karotte | 1 Kohlrabi
Holunderbeer-Reduktion: 300 ml Holunderbeersaft 100% | 100 ml guter Rotwein | 100 g Honig

ZUBEREITUNG

Wirsingkohlwickel: Die äußeren Blätter abschneiden, blanchieren, den restlichen Kohl klein schneiden. Speck und Zwiebeln mit Butter glasig anschwitzen, darauf kommen der Kohl und die Sahne. Alles einkochen, mit Pfeffer, Salz und Muskatnuss würzen. Die äußeren Blätter des Kohls von Strunken befreien und immer zwei Hälften in eine kleine Kelle legen. Darauf den Rahmkohl geben, mit den überstehenden Blättern zudecken, leicht in die Kelle pressen.
Pastinakenpüree: Die Pastinaken schälen, zerkleinern und zu gleichen Teilen mit Wasser und Milch kochen, salzen, pfeffern. Dann Pastinaken pürieren. Das Püree mit tournierten Karotten und Kohlrabi dekorieren.
Rote-Bete-Confit: Die Rote Bete samt Schale weichkochen, abschrecken, schälen und würfeln. Nun einen Sud aus Balsamicoessig, Rotwein, Gewürzen und Zucker herstellen, etwas einkochen lassen und im Anschluss die Rote Bete hinzugeben.
Soße: Holunderbeersaft, Rotwein und Honig solange reduzieren, bis die Masse sämig wird.
Rinderfilet: Von beiden Seiten scharf anbraten, mit Salz und gestoßenem Pfeffer würzen und zusammen mit dem Wirsingkohlwickel in einer Auflaufform für 20 Minuten bei 80 °C in den Ofen schieben.

REZEPTE

PIZZA FOCACCIA AURELIA
Havelkrug Granzin, Seite 336

ZUTATEN für 4 Personen
Teig: 400 g Mehl | 42 g frische Hefe | 225 ml Wasser |
3 EL Olivenöl | 1 TL Salz | ½ TL Zucker
Focaccia Belag: Aubergine | Zucchini und Paprika | eingelegtes
Antipastigemüse wie getrocknete Tomaten | Oliven | Kapernäpfel

ZUBEREITUNG
Hefe zerbrechen, mit Zucker bestäuben und 225 ml warmes Wasser
dazugießen. Dann Umrühren, bis sich der Zucker und die Hefe
aufgelöst haben. Eine halbe Stunde zugedeckt ruhen lassen.
Mehl in eine große Schüssel sieben und die Hefemischung, Salz,
Olivenöl und 75–100 ml Wasser zugeben. Alles zu einem glatten
Teig kneten, dann zu einer Kugel formen und nochmals
eine Stunde an einem warmen Ort zugedeckt ruhen lassen. Der
Hefeteig sollte in dieser Zeit das doppelte Volumen entfalten.
Für den Focaccia Belag Aubergine, Zucchini und Paprika längs
aufschneiden und in Olivenöl anbraten.
Dann den Pizzateig ausrollen und mit Olivenöl bestreichen.
Anschließend mit Ziegenfeta und Anti Pasti Gemüse belegen
und bei 200 °C circa 25 Minuten backen.
Nach dem Backen mit Parmaschinken belegen und mit Olivenöl
leicht beträufeln.

TERRINE VOM MECKLENBURGER BIO-HÄHNCHEN
Hotel Bornmühle, Seite 348

ZUTATEN für 2 Terrinenformen à 1 Liter
Hähnchenleberterrine: Bauchspeck, mager | 480 g geputzte Bio-Häh-
chenleber | 380 g geklärte Nussbutter | 100 g Bio-Gänseschmalz |
1 kleine Zwiebel, fein gewürfelt | 1 kleine Knoblauchzehe, gehackt |
2 cl Cognac | 4 cl Madeira | 1 EL Majoran, gerebelt | 1 TL Pökelsalz |
Pfeffer aus der Mühle | Muskat | 2 Bio-Eidotter | Trüffel, gehackt |
1 Bio Hähnchen, ca. 1,6 kg | Thymian | Korianderkörner | Lorbeer |
Piment | Madeira | 2 Beutel Gelatine | gehackter Trüffel

ZUBEREITUNG
Hähnchenleberterrine: Terrinenform dünn mit Bauchspeck auslegen.
Zwiebelwürfelchen und Knoblauch mit einem Esslöffel Gänseschmalz
anschwitzen, mit Cognac und Madeira ablöschen, auf 1/3 reduzieren,
abkühlen lassen und über die geputzte Hähnchenleber geben. Abgedeckt
circa 15 Minuten marinieren. Marinierte Leber mit Pökelsalz, Majoran,
Muskat und Pfeffer würzen, fein pürieren, durch ein Sieb streichen, die
Eidotter zugeben und mit warmer Nussbutter-Gänseschmalzmischung
aufmixen. Dabei das Fett bei laufender Maschine in dünnem Strahl zugeben. Nach Belieben gehackten Trüffel hinzufügen und in die Terrinenformen füllen und den Speckmantel umklappen. Die gut verschlossene
Terrine im Wasserbad eine Stunde bei 120 °C pochieren. Über Nacht
auskühlen lassen. Die ebenfalls am Vortag vakumierten Hähnchenviertel
(dazu wurden in jeden Beutel eine Priese Pökelsalz, Pfeffer, einige Kori-
anderkörner, 1 Lorbeerblatt, 1 Pimentkorn, 1 Esslöffel Wasser und Madeira
gegeben) im Wasserbad oder Dampfgarer bei 78 °C circa sechs Stunden
garen. Danach in Eiswasser abkühlen. Dann den Beutel öffnen, Fond in
einen Topf geben und aufkochen, durch ein feines Sieb passieren, mit in
kaltem Wasser eingeweichter Gelantine versetzen und kräftig abschmecken. Nach Belieben fein gehackten Trüffel zugeben. Hähnchenfleisch
vom Knochen zupfen. Zwei mit Klarsichtfolie ausgeschlagene Terrinenformen auslegen, circa zwei Drittel der Hähnchenleberterrine
abschneiden, Speckmantel entfernen und in 1 Zentimeter lange und breite Streifen schneiden. Die Terrinenformen abwechselnd mit Hähnchenfleisch und Hähnchenleberterrine füllen und mit Trüffelgelee aufgießen,
Folie umschlagen und mit einem passenden Brettchen abdecken, über
Nacht im Kühlschrank ziehen lassen.

SANDDORN / BIRNE / INGWER / SCHOKOESSIG
Alte Schule, Seite 344

ZUTATEN

*Schokoladen-Essigsorbet: 100 g dunkle Kuvertüre | 50 g Vollmilch-
kuvertüre | 25 g Kakaopulver | 100 ml Wermut | 50 g weißer Port-
wein | 20 g Wodka | 200 g Zuckersirup | 3 EL Glukosesirup |
500 ml Wasser | 30 ml Birnenbalsamessig*

*Sanddorntiramisu: 100 g Sanddornpüree | 3 Eier | 1 Vanillestange |
100 g Zucker | 500 g Mascarpone | 150 ml Orangensaft |
3 cl Sanddornlikör*

*Sanddorndaquoise: 225 g Eiweiß | 2 Tropfen Limettensaft |
300 g Zucker | 200 g Mandelgrieß | 40 g Sanddornpüree*

*Birnenkugeln und Mus: Für die Kugeln: 3 Birnen | 1 Zweig
Thymian | 50 g Zucker | 1 g Safran | 1 Kardamomkapsel
Für das Mus: 70 g Zucker | 1 Vanilleschote | 2 Scheiben Ingwer |
300 ml Apfelsaft*

*Ingwergelee: 500 ml Ginger Beer | 25 g Vegi Gelatine |
30 g frischer Ingwer | etwas Salz*

*Kaffeekrokant: 67g Butter | 75 g Zucker | 20 g gemahlenen Kaffee |
50 g gemahlenes Mandelmehl (Mandelgries) | 25 g Glucosesirup |
1 Kardamonkapsel*

ZUBEREITUNG

Schokoladen-Essigsorbet: Kuvertüre mit Kakao schmelzen. Die restlichen Zutaten zugeben und aufkochen. Kalt rühren und dann in der
Eismaschine abfrieren.

Sanddorntiramisu: Eier trennen. Eigelb in eine große Schlagschüssel
geben. Eiweiß kalt stellen. Vanilleschote längs halbieren, das Mark
mit dem Messerrücken herauskratzen. Eigelb mit Vanillemark und
50 g Zucker in der Schüssel verrühren. Dann die Schüssel auf ein
heißes Wasserbad stellen und die Masse dickschaumig aufschlagen.
Schüssel vom Wasserbad nehmen und den Mascarpone und das
Sanddornpüree unter den warmen Eierschaum heben.

Das Eiweiß mit einer Prise Salz schaumig schlagen, 50 g Zucker nach
und nach einrieseln lassen und den Eischnee vorsichtig unter die
Mascarponecreme heben. Orangensaft, Sanddornlikör und Zitronenschale mischen, dann die fertige Sanddorncreme abwechselnd mit den
Sanddorndaquoise in Gläser schichten.

Sanddorndaquoise: Das Eiweiß mit dem Limettensaft anschlagen und
nach und nach den Zucker einlaufen lassen. Das Eiweiß schlagen, bis
es eine cremige Konsistenz hat. Anschließend den Mandelgrieß und
das Sanddornpüree vorsichtig unter das Eiweiß heben, damit das
Volumen erhalten bleibt. Ein Blech mit Backpapier auslegen und
die Masse mit einem Spritzbeutel rund nebeneinander auf das Blech
dressieren. Die Dacquoise bei 170 °C etwa 35 Minuten backen,
anschließend im Dehydrator etwas nachtrocknen lassen.

Birnenkugeln und Mus: Für die Birnenkugeln die Birnen schälen und
mit einem Parisienausstecher Kugeln aus der Birne stechen. Aus der
restlichen Birne und den Schalen ein Mus kochen. Dafür den Zucker
karamellisieren lassen, die Birnenabschnitte und Schalen beigeben und
mit dem Apfelsaft ablöschen und die Gewürze hinzufügen. Bei kleiner
Hitze so lange kochen, bis eine musartige Konsistenz entstanden ist.
Mit einem Zauberstab pürieren und durch ein feines Sieb streichen.
Für die Birnenkugeln den Zucker karamellisieren, die restlichen Zutaten beigeben und die Birnenkugeln in diesem Sud weich schmoren.

Ingwergelee: Ginger Beer mit dem frischen Ingwer bei 50 °C wie
einen Tee ziehen lassen. Wenn er eine schöne Schärfe erreicht hat,
den Ingwer entfernen und die vegetarische Gelatine einrühren und
einmal aufkochen. Danach leicht mit Salz abschmecken und in ein
Gefäß etwa 5 Millimeter hoch eingießen.

Kaffeekrokant: Den Zucker, Butter und die Glucose schmelzen. Kaf-
feepulver, Kardamom und Mandelgries dazugeben. Dann die Masse
auf ein Backpapier geben, eine zweite Lage Backpapier darüberlegen
und ausrollen. Anschließend die obere Lage Backpapier abziehen und
das Backpapier mit der Masse in einem Ofen bei 200 °C circa sechs
Minuten backen. Im noch lauwarmen Zustand das Krokant formen
oder schneiden.

REZEPTVERZEICHNIS

ADRESSVERZEICHNIS

ländlich *fein*

ADRESSVERZEICHNIS

GUTSHAUS NEU WENDORF *166*
Hans-Hellmuth und Verena Eben
Am Gutshaus 7, 18190 Sanitz /
OT Neu Wendorf
Tel. 03 82 09 / 3 40 oder 8 02 70
Fax 03 82 09 / 8 02 71
info@gutshaus-neu-wendorf.de
www.gutshaus-neu-wendorf.de

GUTSHAUS PARIN *74*
Gertrud Cordes
Wirtschaftshof 1, 23984 Parin
Tel. 0 38 81 / 75 68 90
Fax 0 38 81 / 7 56 88 95 55
info@gutshaus-parin.de
www.gutshaus-parin.de ländlich fein

GUTSHOF LIEPEN *282*
Hotel & Restaurant Am Peenetal
Stefan Wollert
Dorfstraße 31, 17391 Liepen
Tel. 03 97 21 / 56 75 81
Fax 03 97 21 / 56 79 12
info@gutshof-liepen.de
www.gutshof-liepen.de

GVB GUT VORDER
BOLLHAGEN *88*
Johannes Lampen
Hauptstr. 1, 18209 Vorder Bollhagen
Tel. 03 82 03 / 1 64 79
Fax 03 82 03 / 1 40 17 ländlich fein
GVB@ech-heiligendamm.com
www.gutvorderbollhagen.de

GUTSHOF WILSICKOW *292*
Ilsa-Marie von Holtzendorff
Wilsickow 2
17337 Uckerland-Wilsickow
Tel. 03 97 52 / 2 06 99
Fax 03 97 52 / 2 06 98
info@gutshof-wilsickow.de
www.gutshof-wilsickow.de

GUTSHOF WOLDZEGARTEN *324*
Angelika Hübener-Droll und
Dr. Wolfgang Droll
Walower Straße 30
17209 Woldzegarten
Tel. 03 99 22 / 82 2-0
Fax 03 99 22 / 8 22 55
info@gutshof-woldzegarten.de
www.gutshof-woldzegarten.de

H

HAFENHOTEL
POMMERNYACHT *286*
Martin Wünscher
Altes Bollwerk 1b, 17373 Ueckermünde
Tel. 03 97 71 / 21 50
Fax 03 97 71 / 2 15 39
info@pommernyacht.de
www.pommernyacht.de

HANGAR10 *250*
Air Fighter Academy GmbH
An der Haffküste 1 / Hangar 10a
17419 Zirchow
Tel. 0 38 376 / 29 51-0
Fax 0 38 376 / 29 51-29
info@hangar10.de
www.hangar10.de

HANSE HANDELSKONTOR
STRALSUND GMBH *184*
Uwe Saldsieder
Lindenstraße 142, Gewerbehof
„Lindenstraße“, 18435 Stralsund
Tel. 0 38 31 / 29 74 60
Fax 0 38 31 / 29 74 64
info@hhks.de
www.kraeuterbeer.de

HAVELKRUG GRANZIN *336*
Nico Mißler
Granzin 1, 17237 Kratzeburg
Tel. 03 98 22 / 2 02 32
Fax 03 98 22 / 2 99 62
info@havelkrug-granzin.de
www.havelkrug.de

HELMSGARD *284*
Norbert und Tino Helm
Alt Teterin 26, 17392 Butzow
Tel. 01 60 / 97 96 61 74
info@helmsgard.de
www.helmsgard.de

HOF ALTE ZEITEN *60*
Frauke und Norbert Koop
Hauptstraße 29, 23923 Schattin
Tel. 03 88 21 / 6 64 92
Fax 03 88 21 / 6 59 59
koop@reetdachurlaub.de
www.hof-alte-zeiten.de

HOFLADEN
VILLA KUNTERBUNT *230*
Anja Debniak
Zinnowitzer Straße 6
17440 Neuendorf
Tel. 03 83 77 / 4 30 18
anja.debniak@t-online.de
www.hofladen-usedom.de

HOF SCHAALSEE *58*
Martina Zieger
Hof Zieger 1, 19243 Waschow
Tel. 03 88 52 / 5 21 33
Fax 03 88 52 / 90 64 51
kontakt@hof-schaalsee.de
www.hof-schaalsee.de

HOTEL BORNMÜHLE *348*
Britta Budeus-Wiegert
Bornmühle 35, 17094 Groß Nemerow
Tel. 03 96 05 / 6 00
Fax 03 96 05 / 6 03 99
info@bornmuehle.com
www.bornmuehle.de ländlich fein

HOTEL DE WEIMAR *36*
Wilfried Glania-Brachmann &
Petra Fuchs
Schlossstrasse 15, 19288 Ludwigslust
Tel. 0 38 74/ 41 80
Fax 0 38 74 / 41 81 90
info@hotel-de-weimar.de
www.hotel-de-weimar.de

HOTEL HITTHIM *216*
Hafenweg 8, 18565 Kloster/Hiddensee
Tel. 03 83 00 / 66 60
Fax 03 83 00 / 6 66 18
hitthim@hitthim.de
www.hitthim.de

HOTEL
NIEDERLÄNDISCHER HOF *22*
Martina Lux-Grella
Alexandrinenstrasse 12–13
19055 Schwerin
Tel. 03 85 / 59 11 00
Fax 03 85 / 59 11 09 99
hotel@niederlaendischer-hof.de
www.niederlaendischer-hof.de

HOTEL HAFENRESIDENZ /
SUNDPROMENADE *180*
Uwe Colberg
Seestraße 10–13, 18439 Stralsund
Tel. 0 38 31 / 28 21 20
Fax 0 38 31 / 2 82 12 99
info@hotel-hafenresidenz.de
www.hotel-hafenresidenz.de

HOTEL HAFERLAND *132*
Bernd Evers
Bauernreihe, 18375 Wieck a. Darß
Tel. 03 82 33 / 6 80
Fax 03 82 33 / 6 82 20
info@hotelhaferland.de
www.hotelhaferland.de ländlich fein

HOTEL & GASTHOF
ZUR LINDE *202*
Steffen Leistert und Mirko Liencke
Dorfstrasse 20, 18586 Middelhagen
Tel. 03 83 08 / 55 4-0
Fax 03 83 08 / 55 4-90
info@zur-linde-ruegen.de
www.zur-linde-ruegen.de

HOTEL / RESTAURANT
HAUS LINDEN *140*
Claudia Schossow
Gemeindeplatz 3, 18375 Prerow
Tel. 03 82 33 / 6 36
Fax 03 82 33 / 6 37 36
info@haus-linden.de
www.haus-linden.de

ADRESSVERZEICHNIS

ländlich *fein*

ländlich *fein*

SEEHOTEL
AM NEUKLOSTERSEE 80
Johanne und Gert Nalbach
Seestraße 1, Nakenstorf b. Neukloster
Tel. 03 84 22 / 45 70
Fax 03 84 22 / 4 57 17
seehotel@nalbach-architekten.de
www.seehotel-neuklostersee.de

SEEKISTE ZUR KRIM 100
Alexander Kadner
Am Strom 47, 18119 Warnemünde
Tel. 03 81 / 5 21 14
info@seekiste-zur-krim.de
www.seekiste-zur-krim.de

STRANDHAUS 1 196
Michael Schubert
Nordstrand 1, 18586 Göhren
Tel. 03 83 08 / 2 50 97
Fax 03 83 08 / 2 54 60
I.n.f.o@strandhaus1.de
www.strandhaus1.de

STRANDHOTEL
OSTSEEBLICK 240
Sibylle und Uwe Wehrmann
Kulmstraße 28
17424 Seebad Heringsdorf
Tel. 03 83 78 / 54-0
Fax 03 83 78 / 54-299
info@strandhotel-ostseeblick.de
www.strandhotel-ostseeblick.de

T

TEESCHALE 138
Monika Schmidtbauer
Waldstraße 50
18375 Ostseebad Prerow
Tel. 03 82 33 / 6 08 45
Fax 03 82 33 / 6 08 46
info@teeschale.de
www.teeschale.de

TONICUM KERAMIK 192
Annette Pomp und Lydia Budnick
Margaretenstraße 20
18609 Ostseebad Binz
Tel. 03 83 93 / 43 63 12
kontakt@tonicum-keramik.de
www.tonicum-keramik.de

TORHAUS BAD DOBERANER
KLOSTERLADENTORHAUS 94
Klosterküche im alten Pfarrhaus
Tillmann Hahn
Klosterstraße 1a / Ecke Beethoven-
straße 19, 18209 Bad Doberan
Tel. 01 71 / 4 32 77 10
Fax 03 82 03 / 7 39 63
info@torhaus-doberan.de
www.torhaus-doberan.de ländlich *fein*

TOURISMUSVERBAND
FISCHLAND-DARSS-ZINGST 112
Raimund Jennert
Barther Straße 16, 18341 Löbnitz
Tel. 03 83 24 / 64 00
Fax 03 83 24 / 6 40 34
info@tv-fdz.de
www.finschland-darss-zingst.de

U

UPSTALBOOM 86
Hotelresidenz & Spa Kühlungsborn
Thomas Peruzzo
Ostseeallee 21
18225 Ostseebad Kühlungsborn
Tel. 03 82 93 / 4 29 90
Fax 03 82 93 / 4 29 99 99
www.upstalsboom.de/hotelresidenz
hotelresidenz@upstalsboom.de

USEDOM TOURISMUS
GMBH 226
Dörthe Hausmann
Waldstraße 1, 17429 Seebad Bansin
Tel. 03 83 78 / 4 77 10
Fax 03 83 78 / 47 71 18
info@usedom.de
www.usedom.de

V

VILLA DOROTHEA 238
H.K. Zimpel
Strandstraße 15
17424 Seebad Heringsdorf
Tel. 03 83 78 / 2 23 32
Fax 03 83 78 / 2 23 36
villa-dorothea@web.de
www.villa-dorothea.de

VINETA MUSEUM 150
Dr. Gerd Albrecht
Lange Straße 16, 18356 Barth
Tel. 03 82 31 / 8 17 71
museumsleiter@vineta-museum.de
www.vineta-museum.de
www.panoptikum-siebert.de

W

WALFISCHHAUS 124
BioPension – Café – Restaurant
Anett M. Fulfs
Chauseestraße 74, 18375 Born a. Darß
Tel. 03 82 34 / 5 57 84
Fax 03 82 34 / 5 57 85
info@walfischhaus.de
www.walfischhaus.de ländlich *fein*

WASSERSCHLOSS
MELLENTHIN 254
Jan Fidora
Dorfstraße 25, 17429 Mellenthin
Tel. 03 83 79 / 2 87 80
Fax 03 83 79 / 2 87 82 80
info@wasserschloss-mellenthin.de
www.wasserschloss-mellenthin.de

WELTENBUMMLER 188
Strandpromenade 42, 18609 Binz
Tel. 03 83 93 / 13 13 08
info@weltenbummler-ruegen.de
www.weltenbummler-ruegen.de

WEISSE DÜNE
SEGELTOUREN 270
Jane und Detlef Bothe
Lange Str. 52, 17489 Greifswald
Tel. 0 38 34 / 2 31 08 01
Fax. 0 38 34 / 2 31 08 02
kontakt@weisse-duene.com
www.weisse-duene.com

WERKSTATTGALERIE
UND MOSTEREI 304
Tine und Wolf Schröter
Rothener Mühle 3, 19406 Mustin
Tel. 03 84 85 / 2 52 65
Fax 03 84 85 / 5 08 64
rothener-mueble@gmx.de
www.rothener-mueble.de

WILHELMS RESTAURANT &
WINTERGARTEN 82
im Neptun Hotel
Wolfgang & Kristian Dierck
Strandstraße 37, 18225 Kühlungsborn
Tel. 03 82 39 / 6 30
Fax 03 82 39 / 63 29
info@neptun-hotel.de
www.neptun-hotel.de

Z

ZUM KLEINEN INSELBLICK 214
Franz Freitag
Birkenweg 2, 18565 Kloster/Hiddensee
Tel. 03 83 00 / 6 80 01
franzfreitag@gmx.de
www.zum-kleinen-inselblick.de

ZUR KUTSCHERSCHEUNE 54
Hannelore von Witzendorff
Lindenallee 15, 23883 Groß Zecher
Tel. 0 45 45 / 8 01
Fax 0 45 45 / 8 00
cafe@kutscherscheune.de
www.kutscherscheune.de

ZUR PFERDETRÄNKE 228
Ralf Reschke
Dorfstraße 31, 17440 Krummin
Tel. 0 38 36 / 23 10 23
zur_pferdetraenke_krummin@
botmail.de
www.zur-pferdetraenke-krummin.de

Besondere Adressen für Sie entdeckt

Bremen und Umgebung
144 Seiten, Hardcover
978-3-86528-537-9

Düsseldorf und Umgebung
208 Seiten, Hardcover
978-3-86528-548-5

Linz und Umgebung
192 Seiten, Hardcover
978-3-86528-541-6

Zürich und Umgebung
160 Seiten, Hardcover
978-3-86528-544-7

Berlin und Umgebung
184 Seiten, Hardcover
978-3-86528-477-8

Freiburg und Breisgau
200 Seiten, Hardcover
978-3-86528-514-0

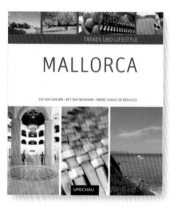

Mallorca
248 Seiten, Hardcover
978-3-86528-524-9

Wipptal und Eisacktal
128 Seiten, Hardcover
978-3-86528-543-0

**Bestes Handwerk vom
Schwarzwald bis zum Neckar**
144 Seiten, Hardcover
978-3-86528-519-5

Bestes Handwerk Wien
160 Seiten, Hardcover
978-3-86528-468-6

Raum & Design München
200 Seiten, Hardcover
978-3-86528-546-1

**Faszination Welterbe
– Band 1 – Deutschlands Norden**
256 Seiten, Hardcover
978-3-86528-545-4

Weitere Empfehlungen aus der Region

bau.stil.
Christian Bau
288 Seiten, Hardcover mit Schutzumschlag
978-3-86528-739-7

Wild
Harald Rüssel
208 Seiten, Hardcover
978-3-86528-734-2

Ganz Natürlich
Thomas Dreher
192 Seiten, Hardcover
978-3-86528-747-2

Drunter & Drüber
Das Brotback- und Aufstrichbuch
208 Seiten, Hardcover
978-3-86528-746-5

Klitzekleine Glücklichmacher
Daniela Klein
144 Seiten, Hardcover
978-3-86528-759-5

Schlau kochen
Ein Entdeckerkochbuch für
neugierige Kinder und Erwachsene
264 Seiten, Hardcover
978-3-86528-608-6

UMSCHAU
Die genussvollen Seiten des Lebens

Für weitere Informationen über unsere Reihen
wenden Sie sich direkt an den Verlag:

Neuer Umschau Buchverlag
Moltkestraße 14
D-67433 Neustadt / Weinstraße

☎ + 49 (0) 63 21 / 8 77-852
🖨 + 49 (0) 63 21 / 8 77-859
@ info@umschau-buchverlag.de

Besuchen Sie uns
auch im Internet:
www.umschau-buchverlag.de

IMPRESSUM

© 2013 NEUER UMSCHAU BUCHVERLAG GMBH
Neustadt an der Weinstraße

Alle Rechte der Verbreitung in deutscher Sprache,
auch durch Film, Funk, Fernsehen, fotomechanische
Wiedergabe, Tonträger jeder Art, auszugsweisen
Nachdruck oder Einspeicherung und Rückgewinnung
in Datenverarbeitungsanlagen aller Art, sind vorbehalten.

RECHERCHE
Angela Liebich, Leipzig

TEXTE
Hanne Bahra, Potsdam

PRODUKTION
Angela Liebich, Leipzig

FOTOS
Angela Liebich, Leipzig

GESTALTUNG
Kassler Grafik-Design, Leipzig

KARTE
Thorsten Trantow, Kenzingen
www.trantow-atelier.de

DRUCK UND VERARBEITUNG
NINO Druck GmbH, Neustadt an der Weinstraße
www.ninodruck.de

Printed in Germany
ISBN: 978-3-86528-460-0

Besuchen Sie uns im Internet:
www.umschau-buchverlag.de

DIE AUTOREN

Die Potsdamer Journalistin und Buch-Autorin Hanne Bahra schreibt
für renommierte Zeitungen, Journale und Verlage und berichtet als Reise-
reporterin immer wieder über Mecklenburg-Vorpommern und den Rest
der Welt. So kennt sie als Verfasserin vieler kulinarischer Publikationen
nicht nur die Gourmet-Szene dieses Bundeslandes. Fazit: Mecklenburg-
Vorpommern überrascht mit ambitionierter Küche und kreativen Köpfen.
Es gibt viel zu entdecken – nicht nur in den Töpfen der Köche, sondern
auch auf Bauernhöfen und in vielen kulinarischen Werkstätten. Das beste
am Norden sind eben doch die Menschen.

Die Fotokünstlerin und Buchproduzentin Angela Liebich recherchierte in
Mecklenburg-Vorpommern nach „besonderen Adressen" der Kulinarik und
fand darüber hinaus ein fotografisch interessantes Thema.
Beeindruckt von der Landschaft, Licht, der rauen Herzlichkeit der Menschen
und schließlich der kulinarischen Vielfalt des Landes, macht sie den Zauber
Mecklenburg-Vorpommerns in ihren Fotos sichtbar. Mit pointierter Bildsprache
und Lust an fotogener Inszenierung hat sie die spannenden und herzlichen
Begegnungen mit den Menschen Mecklenburg-Vorpommerns eingefangen.

Unser Dank gilt allen, die zum Gelingen dieses Buches beigetragen haben,
all den gastfreundlichen Menschen Mecklenburg-Vorpommerns, die uns mit
Rat und Tat zu Seite standen.

Wir danken den Grafikerinnen Katja und Steffi Kassler aus Leipzig, die mit
viel Geduld und Engagement das Projekt begleitet haben und schließlich mit
ihrer grafischen „Handschrift" zum Gelingen des Buches beigetragen haben.